신비와의 만남

이 책은
여옥례(루치아) 남균(베드로) 이명진(율리안나) 남도현(사도 요한) 남성현(사도 야고보)
가족의 신실한 봉헌으로 출판되었습니다.

Encountering the Mystery: Understanding Orthodox Christianity Today
Copyright © 2008 by The Ecumenical Patriarchate of Constantinople
All rights reserved

Translated by PARK Noyang
Korean Translation Copyright © 2018 Orthodox Editions,
Ecumenical Patriarchate Orthodox Metropolis of Korea

Permission for this edition was arranged through
The Ecumenical Patriarchate of Constantinople

신비와의 만남

현대 세계와 정교회 신앙

바르톨로메오스 세계총대주교

정교회출판사

FOREWORD

It is with great joy that we learned about the publication of the Korean translation of *Encountering the Mystery*. Since our enthronement as Ecumenical Patriarch, we have had the unique joy of visiting Korea three times – in the years 1995, 2000, and 2005 – and we treasure our memories and experiences from that time. A fourth journey to the Republic of Korea is currently scheduled for the end of this year, which clearly demonstrates the genuine affection and admiration that we reserve for the culture and civilization of the Korean people. We look forward to meeting new faces and making new acquaintances during our visit in December of 2018.

In this theological and spiritual book, we speak in a very personal manner about the history of the Orthodox Church through the unique lens of the Ecumenical Patriarchate, as well as about the beauty of the Orthodox Liturgy, which lies at the very heart of its theology and worldview. However, without prayer, history is futile and theology remains sterile. "If you know how to pray, then you are truly a theologian" is the lesson we have learned from the mystical and spiritual tradition of the early Christian Church. Therefore, this essay also describes the power of prayer, the importance of monasticism, while at the same time discerning the vital and essential role of the Orthodox Church in the contemporary world.

In the pages that follow, the reader should pay particular attention to the notion of human freedom, a supreme gift and inalienable right from God that confers extraordinary dignity along with exceptional responsibility to all human beings. The reader will also observe a special emphasis on one of our cherished ministries, the preservation of God's creation, which each of us is called to protect and preserve. Finally, the reader will discover that many and manifold challenges in our world – including human rights and social justice, religious tolerance and international relations, wealth and poverty, secularism and globalisation, war and peace, as well as fundamentalism and racism – are not merely matters that should concern or be addressed by politicians and economists, or scientists and sociologists, but rather affect and involve everyone, including devout believers who can provide a unique contribution on the pressing issues of our time. These problems can and must be addressed from the core convictions of Scripture and Tradition, which are neither irrelevant nor obsolete to our world, but remain vital and integral for a compassionate and balanced response to global questions of our age.

For this reason, we personally believe that "dialogue" is a critical and key term for today's world. We sincerely need more dialogue among Orthodox Churches, among Christian Confessions, among religious communities, among all members of civil society, and indeed among all citizens of our globalized world. Dialogue is not denial of individual creeds or betrayal of inner convictions. It involves a shift in perspective and a change of attitude, what in spiritual terminology we call "transformation." Dialogue is the start of a long and patient process of conversion, and not an exchange of ideas aimed at some vague contract based on compromise. Dialogue promotes truth and justice, advances knowledge and science, abolishes fear and prejudice, cultivates relationships and broadens horizons. Dialogue enriches everyone, while whoever refuses dialogue remains impoverished.

We wholeheartedly hope that this book may provide a modest introduction and initiation into the Orthodox Church, its teachings and worldview, but also a humble offering to the Korean people and culture with their sensitivity and commitment to family and community, as well as peace and reconciliation.

At the Ecumenical Patriarchate, on September 1, 2018

✠ BARTHOLOMEW
Archbishop of Constantinople-New Rome
and Ecumenical Patriarch

한국어판 저자 서문

『신비와의 만남』(*Encountering the Mystery*)이 한국어로 번역 출판된다는 소식을 들으니 매우 기쁘다. 세계 총대주교가 된 이래, 나는 1995년, 2000년, 2005년 이렇게 세 번이나 한국을 방문하는 큰 복을 누렸고, 늘 그때의 아름다운 경험과 추억을 간직하고 있다. 올 해 말에는 네 번째 한국 방문을 계획하고 있는데, 이는 우리가 한국인들과 그 문화와 문명을 얼마나 깊이 사랑하고 존경하는지를 잘 보여준다. 우리는 2018년 12월 초에 예정된 한국 방문을 계기로, 새로운 얼굴들을 만나고 새로운 것들을 배울 수 있으리라는 기대에 가슴이 벅차다.

신학적이고 영적인 이 책에서, 나는 매우 개인적인 방식으로 세계 총대주교청의 렌즈를 통해 정교회의 역사뿐만 아니라 정교회 신학과 세계관의 중심에 놓여있는 정교회 전례의 아름다움에 대해 말했다. 하지만 기도가 없다면, 역사는 헛되고, 신학은 건조하다. "우리가 기도할 줄 안다면, 그때 우리는 참으로 신학자이다"라는 명제는 초기 그리스도교회의 신비적이고 영적인 전통으로부터 배운 귀한 가르침이다. 그러므로 이 글들은, 현대 사회에서 정교회가 감당해야할 역동적이고도 본질적인 역할을 분별하는 가운데, 또한 기도의 능력, 수도원 영성의 중요성을 서술한다.

이어지는 글들 속에서 독자는 인간의 자유라는 관념에 특별히 관심을 기울여야 한다. 인간의 자유는 하느님이 주신 최고의 선물이고 양도할 수 없는 권리이니, 모든 인간은 인간의 특별한 책임성과 더불어, 이 인간의 자유로 인해 놀라운 존엄성을 부여받는다. 독자는 또한 우리가 하느님의 창조세계 보전을 특별히 중요한 사역 중 하나로 강조하고 있음을 발견하게 될 것이다. 우리 각자는 이 피조세계의 보호와 보전을 위해 부름 받고 있다. 마지막으로 독자는 인권, 사회 정의, 종교적 관용, 국제 관계, 부와 가난, 세속주의와 세계화, 전쟁과 평화, 근본주의와 인종주의 등 다양한 차원에서 제기되는 우리 세계의 많은 도전들이, 단지 정치가나 경제학자 혹은 과학자나 사회학자만의 문제가 아니라, 모든 사람에게 영향을 미치고 포괄하는 문제임을 깨닫게 될 것이다. 물론 우리 시대의 긴급한 이슈들의 해결에 특수한 방식으로 공헌할 수 있는 모든 신실한 신자들을 포함해서 말이다. 이 문제들은 성경과 전통의 핵심적인 신념들을 통해 다뤄질 수 있고 또 그래야만 한다. 그 신념들은 우리 세계와 무관하지도 않고 뒤떨어져 있지도 않다. 오히려 우리 시대의 세계적 문제들에 대한 자애롭고도 균형 잡힌 대답을 제공함에 있어서, 여전히 필수적이고 통합적인 사상으로 남아있다.

이런 까닭에, 개인적으로 나는 "대화"야말로 오늘의 세계에서 가장 중요한 개념이라고 믿는다. 우리는 정교회들, 다양한 그리스도교 교파들, 다양한 종교 공동체들, 시민 사회의 모든 구성원들, 그리고 세계화된 우리 세계의 모든 시민들 사이에 진정 더 많은 대화가 필요하다고 확신한다. 대화는 결코 각자의 신념 혹은 신조를 부정하는 것이 아니다. 각자의 내적 확신을 배신하는 것도 아니다. 그것은 신학적 용어로 "변모"(transformation)라고 일컫는, 관점의 전환, 태도의 변화를 포함한다. 대화는 회심이라고 하는, 인내심을 요하는 오랜 과정의 출발이지, 타협에 기초하여 어떤 애매한 계약을 맺기 위한 아이디어의 교환이 아니다. 대화는 진리와 정의를 드높이고, 지식과 학문을 진전시키며, 공포와 편견을 없애고, 관계들을 일구고, 지평들을 확장시킨다. 대화는 모두를 부유하게 만들지만, 반면 대화를 거부하는 사람은 누구나 빈곤 속에 머물게 된다.

우리는, 이 책이 정교회에 대한, 그리고 정교회의 가르침과 세계관에 대한 소박한 안내와 입문을 제공할 수 있기를, 그리고 한국인들과 한국의 문화가 가족과 공동체, 평화와 화해에 대한 감수성과 헌신성을 진작시키는 데 조금이나마 기여할 수 있기를 희망한다.

2018년 9월 1일, 세계총대주교청에서
새로마-콘스탄티노플의 대주교이자 세계 총대주교

† 바르톨로메오스

세계총대주교청 인증서   4
한국어판 저자 서문   5

Ⅰ 역사적 전망들
정교회와 세계 총대주교청   11

Ⅱ 찬양과 공간
예술, 건축, 그리고 전례   37

Ⅲ 신학의 은사
기초적 원리와 관점들   61

Ⅳ 사랑의 소명
선택과 소명으로서의 수도 생활   89

Ⅴ 영성과 성사들
기도와 영적 삶   113

Ⅵ 피조세계의 경이로움
종교와 생태학   133

Ⅶ 신앙과 자유
양심과 인권   173

Ⅷ 세상을 변화시키는 것
1. 사회적 정의 : 가난과 세계화   205
2. 종교와 사회 : 근본주의와 인종주의   241
3. 전쟁과 평화 : 갈등과 대화   285

차 례

후기
우리 안에 있는 희망　319

추천사
만남의 신비와 희망의 영성　327

세계 총대주교 바르톨로메오스
지금까지 살아 온 길　352

참고 문헌　381

I 역사적 전망들
정교회와 세계 총대주교청

> 이것이 사도들의 신앙이다.
> 이것이 온 우주를 굳세게 하는 신앙이다.
>
> 정교회 『시노디콘』 (9세기)

책의 서두에서 먼저 정교회의 역사와 가르침 그리고 영성과 실천이 어떻게 전개되어 왔는지를 일반적으로 살펴봄으로써 정교회 세계를 개관하는 것은 독자들에게 매우 유익할 것이다.[01] 이어서 교회의 넓은 범위와 전체적인 구조를 제시하기 위해, 총대주교청의 역사와 역할에 대해 간략하게 소개할 것이다.

---

[01] 이 책 전체에서 "영성"(spirituality)은 교회 공동체의 경험 안에서 이해되어 온 바에 따라, "성령 안에서의 삶"을 지칭하기 위해 사용된다. 정교회에서 영성은 어떤 추상적인 개념이 아니다. 사실, 이 용어는 동방 교회 교부들의 신학 저작 어디서도 사용되지 않는다. 그들은 이보다는 "성령의 활동"으로서의 "영적인 삶"이라 말하기를 선호했다. St. John Chrysostom, *De prophetiarum obscuritate*, 2, PG 56, 182.

정교회 개관

정교회는 전 세계 3억 명의 신자를 헤아리고 있다. 지리적으로는 주로 지중해 북동쪽 연안 지역, 동유럽, 북유럽, 중동지방에 집중되어 있다. 다수의 독립적인 총대주교청으로 구성된 정교회는 일종의 국제적인 연합의 형태를 띠고 있고, 그 안에서 각 지역교회는 신앙과 전례의 일치 안에 머물면서 독립성을 유지한다.

정교회는 중앙화된 어떤 권위나 지도력을 가지지 않고, 독립적이고 동등한 민족 교회들의 성단(星團)을 포함한다. 그 중에서 세계총대주교청은 역사적으로 그리고 전통적으로 "동등한 자들 중 첫째"로서의 영예를 누린다. 이와 관련하여 세계총대주교청은 영예와 봉사의 수위권을 소유한다. 그 권위는 통치(administration)가 아니라 조화(coordination)과 관련된다. 이런 까닭에 그것은 서로 다른 정교회들 사이에서 합의를 일궈냄으로써 일치의 주된 중심으로 기능한다. 정교 안에서의 일치를 용이하게 하는 책임에 더하여, 세계총대주교청은 미국과 캐나다에 있는 그리스, 우크라이나, 카르파토-러시아, 알바니아 정교회 공동체들과, 유럽과 남아메리카과 오세아니아의 모든 그리스 정교회 공동체, 그리고 크레타와 마케도니아를 비롯하여 발칸 전쟁 후 오토만 제국의 지배에서 해방된 그리스 지역의 정교회 공동체 등을 직접적으로 관할한다.

분명 동방에 기원을 두었지만, 정교회는 "하나의 거룩하고 보편되고 사도적인" 교회이며, 오늘날에는 아메리카, 호주, 서

유럽, 일본과 아시아에 이르기까지 전 세계에 존재한다.[02] 이렇듯 정교회는 로마 가톨릭이나 프로테스탄티즘과 관련 혹은 대비해서가 아니라, 오히려 사도들, 순교자들, 고백자들, 수도사들, 교부들과 성인들의 초대 교회와의 분리될 수 없는 연속성, 영적인 계승성으로 자신을 규정한다.

"정통의"(orthodox, 정교의)라는 용어는, 규범적인(canonical) 교리와 신앙을 비정통 혹은 이단의 일탈과 구별하여 정립하기 위해, 4세기 초 그리스도 교회에 의해, 다시 말해 이 초기 교회의 위대한 교부들과 신학자들에 의해 채택되었다. 오늘날 이 용어는 동방 그리스도교회, 그리고 이 교회와의 친교 안에 있는 모든 이들의 공식적인 명칭이 되었다. 그것은 또한 5세기, 그리스도

---

[02] 이 책 전체에서 "동방의"(Eastern)라는 수식어는 교회와 관련하여 사용될 때만큼은 배타적이거나 문화적인 용어가 아니다. 그것은 무엇보다도 먼저 교회의 기원을 지리적으로 특정하는 것이지 그 본질을 규정하는 것은 아니다. "동방의"라는 용어가 동아시아의 타종교들에 적용되는 것이라고 한다면, 이 경우 정교회는 결코 이 용어와 등치될 수 없다. 사실 정교회는 일반적으로 "서방의"(Western)라고 특정되는, 고대 그리스, 로마, 유대적 뿌리에 바탕을 둔 서구문명의 역사적 문화적 경험에 더 가깝다. 게다가, 호주, 아메리카, 서유럽에서 살아가는 정교 그리스도인들은 그 기원과는 상관없이 서방의 주요 문화적 가치들을 받아들인다. 이 책에서 서구 문화에 가해지는 모든 비판은 정교 신앙에 속한 사람들을 포함하여, 이 문화의 가치들을 수용하거나 열망하는 모든 이들을 향한다. 어쨌든 동방 정교 영성은 이 동일한 서방 문명 안에서 하나의 구별되고 깊이 있는 대안을 보존하고 또 마련해준다. 다음을 참고하라. Costa Carras, "The Orthodox Church and Politics in a Post-Communist World", *The Orthodox Church in a Changing World*, ed. Paschalis Kitromilides and Thanos Veremis, (Athens, Hellenic Foundation for European and Foreign Policy, 1998), p. 15-38.

의 신성과 인성의 해석 문제와 관련하여 단일본성론을 둘러싼 신학 논쟁으로 인해 갈라져 나간 다른 몇몇 동방 교회에 대해서도 적용된다.

"총대주교"(Patriarch)라는 칭호는 여러 정교회의 수장에게 적용된다. 그것은 먼저 고대의 "5대 관구"(pentarchy)를 구성했던 로마, 콘스탄티노플, 알렉산드리아, 안티오키아, 예루살렘에 있는 교회들에 부여되었다. 이 교회들은 유스티니아노스 황제 치하(527-565)에서 법률을 통해 공식화된 지배적인 다섯 교회다. 이어서 이 칭호는 16세기에는 모스크바 수도 대주교에게, 20세기 초에는 세르비아와 불가리아 각각의 대주교에게, 그리고 20세기 중반에는 루마니아의 대주교에게도 부여되었다.[03] 그루지야 고대 교회는 예외적으로 자신의 수장에게 "카톨리코스"(Catholicos)라는 칭호를 채택했다.

정교회의 위계와 행정은 주교(bishop), 사제(presbyter 혹은 priest), 보제(deacon)라는 고대의 삼중직에 바탕을 둔다. 다른 교구(diocese)들과의 충만한 친교와 신앙의 일치 안에 있는 각각의 교구는 그 자체로 교회의 총체성의 충만한 표현이다. 많은 사람이 교회를 하나의 방대한 세계적 기관으로 이해하려는 유혹을 받는다. 하지만 보편성(universality 혹은 catholicity)은 각 지역 공동체 안에 표현되는 것으로 이해된다. 이것은 정교 신학과 전통의 근

---

03 "총대주교" 칭호는 비잔틴 제국 시대(10-14세기)에 세르비아와 불가리아 교회 수장에게도 부여된 바 있었지만, 이들 총대주교청은 그 뒤 사라지고 말았다.

본적인 요소다. 이에 따르면 각각의 지역 성찬 모임은 동일성의 원리로 연결되어 있고, 또 그리스도의 몸의 충만을 반영한다.

이것이 교회를 바라보는 일반적인 관점 혹은 교회론의 일반적인 구조이다. 이런 관점에서 단수로서의 "정교회"와 복수로서의 "정교회들"은 상호교환 가능한 용어라고 말할 수 있다. 교회는 "여러 지체"를 포함하는 "그리스도의 단 하나의 몸"이기 때문이다.

정교회의 역사

동방 정교회는 사도적 전통과의 연속성, 그리고 세계 공의회들에서 결정된 신앙과 실천의 고수(固守)로 특징지어진다. 하지만 정교회는 이 역사적 전망으로만 규정되지는 않는다. 고대의 신 야누스가 그렇듯이, 정교회는 두 방향을 다 본다. 뒤로는 역사적 교회의 원천들을 향해 있고, 앞으로는 하늘 왕국을 향해 있다. 이것은 역사적 관점에서만 그런 것이 아니다. 분명 정교는 초대 교부 모두의 가르침과 성인들의 삶으로부터 비롯되는 권위를 통해 매 시대마다 시대의 정신을 분별해 왔다. 하지만 정교회가 현재의 현실에 의미를 부여하기 위해 다가올 세상(하느님 나라)으로부터 영감을 길어올린다는 점에서, 이것은 또한 영적으로도 정당한 말이다. 첫 번째 측면은 '전통'(tradition)이라는 용어로 요약된다. 두 번째 차원은 '종말론'(eschatology)[04]이라는

---

04 '종말론'은 '마지막 때'를 의미하는 그리스어 단어 '에스카톤 (ἔσχατον)'과 '말, 이야기, 학문 혹은 이성'의 의미하는 '로고스(λόγος)'가 합성된 것이다.

말로 요약되는 세계관이다.

　이런 까닭에 정교는 그 본질에 있어서 과거에 뿌리를 내림과 동시에 미래를 바라보는 교회다. 바로 이 이중적 본질이 정교회로 하여금 초대 교회의 교리적 결정과 거룩한 관습을 확고하게 존중하는 동시에 현시대의 중대한 문제들에 대해 담대함을 가지고 말할 수 있게 해준다. 우리가 즐겨 말하는 '살아있는 전통'은 바로 이를 두고 하는 말이다. 과거와의 연속성과 미래와의 친교, 다시 말해 이 땅에서 거룩한 삶을 살았던 이들과의 연속성뿐만 아니라 '승리의 교회'에서 거룩하게 살아가고 있는 이들과의 친교에 대한 이 생생한 느낌은, 모든 것에 대해 생각하고 느끼고 경험하는 정교 신자들의 고유한 방식을 정초한다.

　게다가 정교회에는 순교와 수난의 정신이 깊이 새겨져 있다. 그리스도가 십자가 위에서 뿌리신 피를 통해서, 정교회는 초대 교회를 덮쳤던 박해와 고난들이야말로 그리스도의 교회를 성장시킨 씨앗이었다는 것을 배웠다. 실제로 최근 세기에도, 특별히 소아시아와 러시아에서, 정교회의 역사는 정교회의 정체성을 형성하고 그 영성을 규정케 해준 박해와 찢김으로 점철되었다. 고난에서 비롯되는 겸손은 정교회의 독특한 덕이고, 그것은 세기를 거치면서 정교회 신학과 영성을 가장 적절하게 규정지었고 심오하게 만들었다.

　이렇게 정교회 역사를 읽는 사람은 누구나, 역사적으로 가장 빛나는 순간이나 사건들 한 가운데서도, 동시에 어두운 순간들을 인정하고 통합시켜나가는 법을 배워야 한다. 예를 들어서,

'적색 순교'(피의 순교)가 같은 시기 수도운동의 발전이라는 '백색 순교'로의 길을 열어주었다는 것을 보여주지 않고는, 첫 3세기 동안의 순교자들의 고난에 대해 말하는 것은 불가능하다. 이집트의 안토니오스는 동료 그리스도인 순교자들을 지지하기 위해 이집트 광야에서의 금욕적 수도 생활을 잠시 제쳐두기도 했다. 박해가 끝나자, 그는 알렉산드리아를 떠나, 자신의 은둔처가 있는 곳을 부를 때 즐겨 쓰곤 했던 바로 그 '내적 광야'로 다시 돌아왔다. 그리고 그곳에서 금욕적 수도 생활, 다시 말해 육신의 순교를 대신하는 영의 순교를 향해 질주했다. 순교자들처럼 초기의 수도사들은 마치 죽을 준비가 다 되어있는 사람처럼 매일매일 살아갔다. 세상에서 언제나 하느님 말씀이신 그리스도를 증거할 준비가 되어 있었던 그들에게 찬사를 보내야 마땅하다.

더 나아가, '수도 운동의 아버지'로 알려진 이집트의 안토니오스와 정통 신앙을 흔들림 없이 수호한 첫 세대에 속하는 알렉산드리아의 아타나시오스, 이 둘 사이에 확립된 깊은 관계, 친밀한 우정, 상호 존중을 알지 못한다면, 초기 그리스도인들뿐만 아니라 그들의 참다운 계승자로서의 정교 그리스도인들이 신학적 교리와 영적인 삶을 어떻게 인식했는지 그 방식을 이해할 수 없다.

이런 까닭에 정교회는 교리적 정의의 정확한 구성을 매우 중요하게 여긴다. 그것이 최종적인 하느님 인식, 하느님 정의의 방식이기 때문이 아니다. 그 어떤 이성적 개념이든 그 어떤 글이든 신성의 충만을 이해하거나 담아내는 것은 불가능하기 때문이다. 그럼에도 신적인 에너지의 서광을 경험한 한 성인의 경험적 증언이나 순교자의 피가 반영된 것일 때, 그 단어 하나, 편지 하나는 그 자체로 결정적인 것이 된다. 이런 까닭에, 알렉산드리아의 아타나시오스 시대에 열린 325년의 1차 공의회로부터 거룩한 이콘들에 대한 공경[05]을 수호하고 인정한 787년의 7차 공의회에 이르는, 일곱 번의 위대한 세계(에큐메니칼)공의회는 형언할 수 없고 결코 고갈되지 않는 신적 경험을 묘사하기에 가장 적절한 어휘들을 아주 세심하고 정확하게 선택하기 위해 심혈을 기울였던 것이다. 알렉산드리아의 성 아타나시오스가, 성삼위 하느님 안에서 아버지(성부)와 아들(성자) 사이의 관계를 묘사함에 있어서, '오모이우시오스'(ὁμοι-ούσιος, 유사한 본질)라는 단어를 거부하고 '오모우시오스'(ὁμο-ούσιος, 동일한 본질)라는 단어야말로 정확한 표현임을 그토록 강력하게 주장한 까닭에, 다섯 번이나 유배를 당했던 것은 결코 놀라운 일이 아니다. 한 통의 편지, 단 하나의 철자(이오타 'ι')는 신학적 정확성을 추구함에 있어서 그토록 중요했던 것이다. 그래서 8세기 거룩한 이콘의 수호자였던 다마스커스의 성 요한(675-749)은 이렇게 썼다.

"우리는 우리 교부들이 그어놓은 영원한 한계들을 변경시키지 않고 우리가 전해 받은 그대로 전통을 지킨다."[06]

값을 메길 수 없는 신앙의 보화를 "그 어떤 것도 보태거나

---

05   이콘의 중요성과 의미에 관해서는 다음 장을 보라.
06   *On the Divine Images* 2, 12, PG 94, 129.

빼내지 않고"⁰⁷ 온전하게 온 정성과 존경을 다해 보존하는 것이야말로 정교 그리스도인들에게는 언제나 중요한 일이었다.

이 논쟁들은 결코 전문가들의 독점물이 아니었다. 신학은 어떤 경우에도 비교(秘敎)적이거나 학문적인 활동이 아니었다. 일반적인 그리스도인도 신학 논쟁에 개입되어 있었다. 그들은 교리적 문제에 대해 의견을 달리하는 진영으로 나뉠 수 있었다. 교회의 논쟁에 참여할 수도 있었다. 니싸의 성 그레고리오스는, 2차 세계공의회(381)가 열렸을 때, 콘스탄티노플 도시 전체가 끝날 줄 모르는 토론으로 크게 들썩였다고 푸념하기도 했다.

> "도시 전체가 토론으로 가득하다. 광장, 시장, 교차로, 거리. 허름한 옷의 장사꾼들, 환전꾼들, 식료품 가게 주인 등 모두가 논쟁에 열중한다. 당신이 누군가에게 돈을 요구하면, 그는 하느님의 '출생'과 '출생하지 않음'의 본질에 대해 철학할 것이다. 또 다른 사람에게 빵 값을 물어보면, 그는 아버지는 아들보다 더 크시다고 대답할 것이다. 하인에게 목욕물이 준비되었냐고 물어보면, 그는 아들은 무로부터 창조되었다고 말할지도 모른다."⁰⁸

정교회는 역사 속에서 역사적 순결성과 일관성뿐만 아니라 역사적 연속성에 똑같은 가치를 부여한다. 예를 들어, 20세기 이스탄불(콘스탄티노플, 세계총대주교청이 있는 도시)에서도 총대주교청은 여전히 터키어로 '룸 파트리카네시'(Rum Patrikhanesi)" 다

---

07 *Letter of the Eastern Patriarch* (1718)
08 *On the Deity of the Son*, PG 46, 557B.

시 말해 '로마의 총대주교청'이라고 지칭되었다. 더 나아가 '폴리스'(다시 말해 비잔틴 제국의 수도로 지칭된 콘스탄티노플)의 그리스인들은 계속해서 스스로를 '로메이'(Ρωμαῖοι) 혹은 '로미이'(Ρωμιοί), 즉 '로마인들'로 여겼다. 다소 낯설고 분명 시대착오적인 이 전통 배후에는 매우 중요한 역사적 씨앗이 있다. 야만족의 침입이라는 압박으로 서로마 제국은 5세기에 멸망했다. 결과적으로 그 멸망 속에서 솟아오른 중세 사회는 분명 서로마 제국과 어떤 관계를 유지할 수 있었지만 동시에 그 직접적인 과거와는 근본적으로 다른 것이 되었다. 반대로 동방은 역사 속에서 그와 같은 갑작스런 단절을 경험하지 않았다. 동방에서 로마제국은 15세기 중반까지 거의 천년 이상을 더 살아남았다. 종교, 경제, 정치, 사회 각 부분에서 수많은 변화가 일어났음에도, 또 크기와 자원에 있어서 비극적인 쇠퇴를 겪었음에도, 비잔틴 제국은 적어도 1453년 콘스탄티노플이 함락되기 전까지 아우구스투스가 통치하던 시기, 그리스도교가 태동한 그 1세기의 제국과 동일한 로마제국으로 머물렀던 것이다.

11세기에서 15세기에 이르는 고유한 의미에서의 '비잔틴 시대'든, 15세기에서 19세기에 이르는 '유배 중인 교회'[09]의 시대든, 나뉘지 않았던 그리스도교의 첫 번째 천년에 뒤 이은 이 시

---

09 '유배 중인 교회'라는 표현은 스티븐 런치만이 그의 위대한 저작의 제목으로 고안해 낸 것이다. Steven Runciman, *The Great Church in Captivity : A Study of the Patriarchate of Constantinople from the Eve of the Turkish Conquest to the Greek War of Independence* (Cambridge Paper back Library).

기는 동 서방 교회의 관계가 점진적으로 소원해진 시기, 선교를 통한 팽창과 급격한 발전이 이룩된 시기, 신학 저작들과 전례 주석과 영적 경험의 놀라운 갱신이 일어난 시기로 특징지어진다. 오랜 세기를 거치며 점진적으로 틈이 벌어지다가 급기야 11세기(1054)에 절정에 달한, 정통 교회(가톨릭교회와 정교회로 나뉘기 이전 하나의 교회)의 대분열을 치유하기 위해서, 리용 공의회(1274)와 피렌체 공의회(1437-1438) 등을 통해 2세기 동안이나 기울여졌던 노력은 결국 열매를 맺지 못했다. 마침내 안티오키아(1098)와 예루살렘(1099)의 함락 이후, 1204년, 콘스탄티노플의 신뢰를 철저하게 배신한, 제4차 십자군의 불법무도하고 야만적인 콘스탄티노플 약탈은, 서방의 형제들에 대하여, 동방 그리스도인들의 기억 속에 결코 지울 수 없는 깊은 상처로 남게 되었다.

그러나 같은 시기는 또한 10세기부터 본격적으로 시작된 슬라브족의 그리스도교화, 그리고 14세기 헤지카스트 수도승들의 경험에 기초한 매우 풍부한 영적 가르침의 발전으로 특징지어진다. 이 신학은 헤지카스트들의 대변자, 성 그레고리오스 팔라마스(1296-1359)의 영적 저작들과 성 니콜라스 카바질라스(1322-1390)의 전례에 관한 저작들을 통해 확립되었다.[10] 이슬람교가 비잔틴 세계를 지배했던 1453년에서 1821년까지의 기간 동안, 정교회는 역사상 유례가 없었던 처절한 수난과 생존, 질

---

10 '헤지카스트'(hesychast, ἡσυχαστής)는 "고요 혹은 침묵(hesychia, ἡσυχία)을 실천하는 이들"이라는 의미이다.

식과 불안의 시기를 경험하였음에도, 이전 세기의 영적인 빛은 결코 사라지지 않았다. 예를 들어, 19세기 '마음의 기도'(prayer of the heart)에 초점을 둔 광범위한 영적 갱신 운동이 『필로칼리아』(Φιλοκαλία)라는 저작으로부터 영감을 받았다. 더 나아가 정교회는 늘 종교적 민족주의(ἐθνοφυλετισμός)를 반대하고 정죄하는 입장을 고수했지만, 어쨌든 발칸 지역과 유럽에서는 새로운 민족 교회들이 등장하여 번영했다. 마지막으로 20세기 들어, 전 세계 특별히 아프리카와 아시아에서의 새로운 선교의 물결과 함께, 세계총대주교청은 정교회들 간의 형제적 협력과 타교파 교회들과의 교회일치를 위한 대화 그리고 타종교들과의 대화를 강조해왔다.

신학의 역사

정교회는 역사적인 차원에서만 아니라 가르침의 차원에서도 사도적 교회와의 연속성에 대한 뿌리 깊은 감각을 가지고 있다는 특징을 지닌다. 신앙과 실천에 있어서, 정교회는 일곱 번의 세계공의회 결정들을 계승한다. '정통'(Ὀρθοδοξία)이라는 말은 '참된 신앙'과 '참된 예배'를 동시에 의미한다. 이로부터 정교회는, 참된 신앙이 참된 예배를 통해 경험되는, 단절됨이 없는 살아있는 전통의 담지자로 인정되어 왔다.

신앙과 예배를 표현할 때, 정교회는 성경과 전통의 일관성을 추구한다. 실제로 교회와 초대 교부들의 삶 안에 잘 나타나 있듯이, 교회는 성경과 전통에 깊이 뿌리 내리고 있다. 하지만 진리의 외적 기준은 중요하지 않다. 정통 그리스도교는 진리에 대한 살아있는 경험을 추구하고, 이 경험은 하느님의 어머니 테오토코스(Θεοτόκος)가 그 안에서 전적으로 특별한 영예의 자리를 차지하는 바의 '성인들의 친교'(Communion of saints) 안에서 가능하다. 순교자들에 대한 고대의 예식에서 비롯된 공경의 대상이 되는 성인들은 일반적으로 세례 받은 모든 신자의 소명이기도 한 충만한 체험의 증인들로 공경 받고, 또 그러하기에, 모든 그리스도인의 중보자로 여겨진다. 대부분의 정교회 문화권에서 신자들은 한 성인의 이름을 받으며 세례를 받는다. 성인의 축일은 종종 신자의 생일을 대체하며 경축되곤 한다. 슬라브 정교회의 몇몇 문화권에선 온 가족이 특별히 어떤 성인을 가족의 수호성인으로 공경하며 대대로 이 전통을 전해주기도 한다.

정교회에서 성 삼위 하느님에 대한 교리, 다시 말해 단조로운 하나의 신성이라기보다는 구별되는 위격으로 존재하시는 하느님에 대한 가르침은 모든 신학과 영성의 전제가 된다. 구원은 인격적인 개념들로 이해된다. 그것은 언제나 인격성과 특수성을 함축한다. 하지만 구원은 또한 공동체적이다. 그것은 친교와 나눔을 함축한다. 정교회의 공의회적이고 위계적인 구조 전체는, 권위와 권력이라는 세속적 개념이 아니라 바로 이 성 삼위 하느님 교리의 토대 위에 있다. 더 나아가 성 삼위 하느님의 신비는, 육신을 수용하신 하느님 말씀, 그리하여 은총을 통해 신화(神化, deification, 테오시스, θέωσις)되어 온 피조세계를 화해시키고 성화시키며 또한 신적 에너지를 통해 변모되도록 부름 받은 온 인류를 껴안고 치유하신 하느님 말씀의 육화, 바로 그 신적 사랑의 궁극적 행위 안에 계시된다.

교회의 구성원들은 그리스도의 고귀한 몸을 구성한다. 그 안에서 영위하는 그리스도교적 삶의 궁극 목표는 예수 그리스도의 신화(神化)된 인성에 참여하는 것이다. 더 나아가 참여를 통한 이 구원은 교회의 성사적 삶 안에서 성령을 통해 성취된다. 정교회는 신학을 전례와 경험을 통해 표현한다. 이것은 힘겨운 시기 교회가 어떻게 살아남았는지를 암시해준다. 교회의 이 전례적 차원이야말로 오토만 제국이 비잔틴 세계를 지배한 4백 년 동안(1453-1821), 또한 20세기 초부터 중후반에 이르는, 러시아 공산 혁명 이후의 박해의 시기 동안, 정교회 신자들을 격려하고 교육했다.

정교회의 전례와 영성은 모든 감각에 호소한다. 이런 까닭에 이콘, 거룩한 형상은 아름다움과 영성의 감각을 반영한다. 이렇게 해서 가장 인상적이고 널리 인정받는 정교회의 특징이 만들어진다. 이콘의 특수성과 다양성은 정교회 세계만의 오랜 신학적 성찰의 열매이다. 그런데 이콘은 영예를 누리고 공경 받지만 결코 우상숭배 혹은 흠숭(예배)의 대상이 아니다.[11] 그것은 색깔로 표현된 신앙이고, 동시에 변모된 우주의 일부를 구성한다. 고대 그리스도교 시대 이래 특별히 787년 7차 세계공의회

---

11 정교 그리스도인들은 '이콘'(εἰκών)이라는 용어를 그려진 형상과 모자이크로 된 형상 모두를 지칭하는데 사용하고 있음을 주목해야 한다.

이래, 거룩한 이콘은 하느님의 육화 교리를 확증하였고 신앙의 가장 일반적인 가르침을 전해주었다. 843년, 이콘에 관한 오랜 논쟁의 종식은 매년 대사순절 첫 번째 주일에 '정교 주일'이라는 이름으로 장엄하게 기념된다.

마지막으로 하느님의 신적 현존과 내재성을 확신하면서 동시에 하느님의 신비와 초월성을 강조하는 부정 신학(apophatic 혹은 negative theology)의 중요성은, 윤리적 주제에 대해 정의하거나 고압적으로 가르치려는 자세를 꺼리는 것과 일맥상통한다. 우리의 가장 심오한 확신은, 신앙은 대상화될 수도 철저하게 파헤쳐질 수도 없는 것이라는 사실, 하느님의 형상에 따라 유일무이하게 창조된 각 인격은 하나의 신비일 뿐 그 어떤 것으로도 환원될 수 없는 존재라는 사실에 확고히 머물러 있을 것이다.

세계총대주교청의 역사

전통에 의하면, 콘스탄티노플 교회는 '첫 번째로 부름 받은' 사도이자 성 베드로의 형인 성 안드레아에 의해 세워졌다고 한다. 비잔티움의 첫 번째 주교는 성 안드레아 사도의 제자였던 스타키스(Stachys, 34-54)였다.

4세기 초, 콘스탄티노플이 로마 제국의 수도로 세워진 뒤,[12] 일련의 의미 있는 교회적 사건들은, 당시 '이 폴리스'(ἡ Πόλις)라고 마치 고유명사처럼 불렸던 새 로마의 주교를 그 위상에 있어

---

12 '이 폴리스'(ἡ Πόλις, 콘스탄티노플)의 공식적 개시는 330년에 기념되었다.

서 현재의 영예와 특권을 누리는 위치로 급격하게 상승시켰다. 330년, 콘스탄티노스 황제는 로마제국의 수도를 비잔티움으로 옮겼다. 이 도시는 콘스탄티노폴리스(콘스탄티노스의 도시), 새 로마라는 이름을 부여받았고, 그 주교좌는 대주교좌로 승격되었다. 그 전까지 형식상 비잔티움 교구를 관할하고 있던 이라클리아(Ἡράκλεια)의 대주교는 오히려 콘스탄티노플 관구 안에 들어가게 되었고, 그 관구의 가장 오래된 주교좌로서, 에페소와 케사리아 교구들보다 더 큰 특권과 영예를 누렸다.[13] 381년 콘스탄티노플에서 개최된 2차 세계공의회에서 확정된 카논(교회규범) 3항은 이 콘스탄티노플의 주교에게 로마의 주교 다음의 서열을 부여했다. 한 세기가 가기도 전인 451년 칼케돈에서 개최된 4차 세계공의회는 콘스탄티노플에 로마와 동등한 서열과, 나머지 세계 전체에 미치는 특권들을 부여했고, 그래서 그때까지만 해도 주장되지 않았던 다른 지역에까지 자신의 관할권을 확장시켰다.

6세기로 소급되는, '세계총대주교'(Ecumenical Patriarch), '세계총대주교관구'(Ecumenical Patriarchate)라는 칭호는 배타적으로 콘스탄티노플의 대주교에게만 귀속되었다. 처음에 이 표현들은 '이쿠메니(οἰκουμένη)의 주교', 다시 말해 실제로 사람이 살고 있는

---

13 소아시아 카파도키아의 케사리아와 팔레스타인에 있는 같은 이름의 도시를 구분해야 한다. 예를 들어, 소아시아에 있는 케사리아 대주교구의 가장 유명한 주교는 성 대 바실리오스(330-379)인 반면, 팔레스타인에 있는 케사리아의 가장 유명한 대주교는 역사가 에브세비오스(265-340)이다.

땅의 주교, 실제로는 로마제국 전체를 관할하는 주교라는 것을 의미했다. 이렇게 이 모든 용어는 로마 교회 내부의 일에 대한 혹은 로마 교회에 대한 관할권을 결코 함축하지 않는다. 이 두 용어는 금식가 성 요한(St. John the Faster)라고도 불리는 총대주교 요한 4세(582-595)에 의해 처음으로 채택되었다. 그는 콘스탄티노플 교회의 보다 광범위한 사목적 책임성과, 비잔틴 제국 전체와 정교회들의 연대 안에서 제 민족을 초월하여 가지는 콘스탄티노플 교회만의 특성을 승인했다.

수 세기를 걸쳐 점점 '소원해져왔던 과정'의 절정을 이룬 1054년의 대분열은 동방 교회와 서방 교회의 공식적인 분리로 귀결되었다. 이제 콘스탄티노플 교회는 전 세계 모든 정교회에 대한 유일한 권위와 관할권을 소유하게 되었고, 이로써 여러 독립된 혹은 교회적 자치를 누리는(αὐτοκεφαλία) 교회들 가운데서 '동등한 자들 중의 첫째'(First among equals)로 봉사하는 이른바 '영예상의 수위권'(honorary primacy)이 콘스탄티노플 교회에도 부여되었다. 어쨌든, 1054년 이후에도 정교회와 로마 교회 사이에는 친밀한 접촉들이 있었고, 이런 상황은 17, 18세기 초까지 지속되었다.

4차 십자군 원정 때(1206) 라틴 사람들이 콘스탄티노플을 점령하자, 세계총대주교좌는 니케아로 이전하였고(1206), 1261년에서야 팔레올로고스 왕조의 미카엘 8세 황제에 의해 수도가 회복하였다. 1453년 이 도시가 오토만 제국의 수도가 되었을 때, 당시 총대주교였던 게나디오스 2세는 모든 정교회 민족들의 지도자(ἐθνάρχης)로 인정되었고¹⁴, 이것은 동방의 다른 총대주교관구들, 발칸 반도와 그 너머의 모든 정교회에 대한 콘스탄티노플 총대주교관구의 권위를 증대시켰다.

1453년 콘스탄티노플이 오토만에 의해 정복된 후, 세계총대주교관구의 영향력은 감소되었다. 6세기, 황제 유스티니아노스에 의해 건축된 성 소피아 대성당을 비롯하여 총대주교관구의 재산과 성당들은 압류되었고, 교회 지도자들의 권한은 매우 제한되었다. 그러나 매우 적대적인 환경 속에서 생존해야했음에도 총대주교관구는 전 세계를 향해서 화해의 역할과 영향력을 매우 신속하게 보존하고 재확인했다. 역사가 스티븐 런치만 경이 즐겨 지적한 것처럼, "총대주교관구의 가장 위대한 성취는, 굴욕과 가난과 모멸에도 불구하고 정교회로 하여금 위대한 영적 힘을 유지했고 또 유지해나갈 수 있게 했다는 것이다."

이때로부터 세계총대주교관구는 동방의 교회들에게 봉사와 연대를 제공하는 일치의 강력한 상징이 되었다. 힘겨운 시기와 사건들을 겪을 때마다, 다른 정교회들은 문제를 해결하기 위해 총대주교의 의견을 물었다. 종종 그리고 특별히 큰 혼란 혹은 박해의 시기에, 다른 교회의 총대주교들은 콘스탄티노플에 머

---

14 '에트나르키스'(ἐθνάρχης)'라는 용어는 한 민족 혹은 한 백성의 지도자를 의미한다. 한 에트나르코스는 역사적 영적 유산을 가진 한 백성에게 지정된 지도자로 여겨진다. 이 단어의 기원은 아마도 헬레네 세계의 유대 민족으로 소급될 수 있다. 하지만 1453년 이후 정교 역사에서, 이 용어는 정교회의 최고 성직자들, 특별히 오토만 시대의 세계 총대주교에게 짊어지워진 매우 광범위한 시민적 영적 책임의 담지자를 지칭하기 위해 채택되었다.

물렸고, 도시는 총대주교에 의해 주재되는 거룩한 공의회(Holy Synod)의 장소가 되었다.

세계 총대주교관구는 수 세기 동안 선교활동을 강력하게 후원해왔다. 그중 가장 놀라운 선교활동은 의심할 필요도 없이 10세기 키예프 러시아의 개종으로 귀결되었다. 그리고 가장 최근의 괄목할만한 선교 활동은 19세기 동남아시아에서의 선교활동이었다. 이 사목적 역할과 선교적 책임감은 세계 총대주교관구로 하여금 "그리스도교의 지지 않는 광채를 간직한 정교회의 금빛 횃불"이라는 명성을 누리게 했다.

현재 세계총대주교관구는 다양한 교회 사역과 활동에 참여하고 있다. 그중 몇 가지는 이 책에서 후술될 것이다. 더 나아가 최근세기를 지나며 세계총대주교관구는, 시초부터 세계교회협의회(WCC)에 참여하고, 또 지역적인 차원의 에큐메니칼 운동에서 비(非)정교 그리스도인들과, 또한 다른 유일신 종교들과의 양자간 신학적 대화들을 창조하고 주재하는 등, 에큐메니칼 운동의 역동적 지도자임을 확인시켜주었다.

세계총대주교관구의 역할

세계총대주교관구는 전 세계 정교회의 가장 높은 주교좌, 가장 거룩한 중심으로 여겨진다. 그것은 17세기를 헤아리는 역사를 가진 제도로서, 그 동안 항상 콘스탄티노플에 행정 관저를 두어왔다. 총대주교청은 각 지역의 모든 정교회와 자치 교회들에 대하여 행정과 치리가 아니라 범 정교회의 일치와 정교회 전체의 다양한 활동의 조화를 일구는 그 사역 안에서 수위권을 행사하면서 제 교회들을 지도한다는 의미에서 영적 중심이다. 특별히 아테나고라스 세계총대주교의 지도 아래서 개방성과 대화의 분위기를 누리며 자라난 나는 어려서부터 '이쿠메니'(οἰκουμένη)의 공기를 호흡하는 것, 신학적 담론의 폭을 인정하는 법, 그리고 교회간의 화해의 세계를 껴안는 법을 배웠다. 최근 몇 년간 나는 교회와 환경 사이에서도 그와 같은 관련성을 깨닫게 되었다.

> 우리 세계(에큐메니칼) 총대주교청에서, 에큐메니칼이라는 용어는 단지 한 단어 이상의 무엇이다. 그것은 하나의 세계관이고 하나의 삶의 방식이다. 주님은 피조세계에 개입하시고, 지속적으로 관계를 맺으시며, 그것을 그분의 신적 현존으로 가득 채우신다. 그러므로 하늘과 땅의 이 조화를 새롭게 할 수 있도록, 삶의 모든 세밀한 차원과 매 순간을 변모시킬 수 있도록, 함께 나서서 노력하자. 우리 서로 서로 사랑하자. 우리가 알고 있는 것, 특히 하느님의 거룩한 이름의 영광을 위하여 그분의 피조세계를 성화시킬 수 있도록 모든 종교적인 사람을 가르치는데 유익한 것이라면 무엇이든지 사랑으로 서로 나누자.[15]

전체 정교회 세계의 삶에서 세계총대주교관구가 가지는 탁월한 중심으로서의 기능은, 정통 신앙을 증언하고 보호하고 확

---

15 An address at the Scenic Hudson in New York, Nov. 13, 2000. *Cosmic Grace, Humble Prayer:The Ecological Vision of the Green Patriarch Bartholomew I.*, ed. John Chryssavgis (Grand Rapides, Michigan, Eerdmans, 2003), p. 292.

산시켰던 십 수 세기 동안의 사역으로부터 흘러나온다. 바로 이런 주된 까닭으로 인해, 세계총대주교관구는 민족과 지역을 넘어서는 특징을 가진다. 그리스도교 백성을 향한 이 고귀한 의식과 책임성으로부터, 종족과 언어를 막론하고, 카스피해로부터 발틱해까지, 발칸반도에서 중부 유럽에 이르기까지, 동방 지역에서 새로운 교회들이 탄생했다. 이 관할권의 폭은 오늘날 극동과 아메리카 그리고 오스트레일리아에까지 이른다.

독립(Autocephalous) 교회들 혹은 자치(autonomous) 교회들의 관할 하에 있지 않는, 모든 대륙의 정교 그리스도인은 세계총대주교관구의 직접적인 관할 아래 있다. 가장 중요한 독립교회로는, 알렉산드리아와 안티오키아와 예루살렘(시나이 산의 오래된 대주교좌를 포함하여)의 고대로부터 이어오는 총대주교관구, 그리고 러시아, 세르비아, 루마니아, 불가리아, 그루지야의 총대주교관구, 그리고 키프로스, 그리스, 폴란드, 알바니아, 체코, 슬로바키아 교회가 있다. 자치교회로는, 핀란드와 에스토니아 교회가 포함된다. 더 나아가 유럽과 아메리카와 오스트레일리아와 영국의 정교회들 중에서 위에서 언급된 독립교회의 관할 하에 있지 않은 정교회들은 직접적으로 세계총대주교관구의 감독 책임 아래 있다. 어쨌든 모든 정교회는 "한 지체가 고통을 당하면 다른 모든 지체도 함께 아파하는"(I 고린토 12:26), 하나의 동일한 영적 공동체를 구성한다. 이것이야말로 다양성 안에서의 일치의 참된 의미이다.

세계총대주교관구의 직접적인 관할권을 개관하고 독자들로

하여금 그 감독 책임의 폭을 일견할 수 있게 해주기 위해, 나는 여기에 우리의 교회적 감독 책임 아래 있는 다양한 교회들의 목록을 제시하고자 한다.

- 콘스탄티노플 대교구와 소아시아의 4개 대교구(Metropolitan) : 칼케돈, 데르콘, 임브로스와 테네도스, 프린스 섬들.
- 북 그리스의 '새로운 영토들'에 속한 36개 대교구[16] : 1928년 사목적이고 관습적인 이유로 인해 그리스 독립교회의 관할 하에 잠정적으로 속해 있다.
- 크레타 반(半) 자치 대교구.
- 도데카니사의 5개 대교구.[17]
- 북 아메리카 대교구.
- 오스트레일리아 대교구.
- 티아티라와 영국(서유럽, 말타, 아일랜드 포함) 대교구.
- 프랑스 대교구.
- 독일과 중유럽 대교구.
- 오스트리아(헝가리 포함) 대교구.

16 알렉산드루폴리스, 베로이아(와 나우사), 구메니싸(와 악시우폴리스와 폴리카스트론), 그레베나, 디디모티콘(과 오레스티아스), 드라마, 드리이누폴리스(포고니아니와 코니차), 에데사(와 펠라), 엘라쏜, 엘레프테루폴리스, 지츠나(와 네브로코피온), 테살로니키, 이에리 쏘스(아토스 산과 아드라메리온과 함께), 이오니아, 카싼드라, 카스토리아, 키트루스, 라가다, 렘노스, 마로니아(와 코모티니), 니코폴리스(와 프레베자), 크산티, 파라미티아(필리아타와 기로메리온과 함께), 폴리아니(와 킬키시온), 사모스(와 이카리아), 세르비아(와 코자니), 세레스(와 니그리티), 시데로카스트론, 시싸니온(과 시아티스타), 필립피(와 네아폴리스와 타쏘스), 플로리나(프레스파와 에오르다이아와 함께), 키오스.
17 로드, 코스와 니시로스, 칼림노스(레로스와 아스티팔레아와 함께), 카르트파토스(와 카소스), 그리고 시미.

- 스웨덴과 스칸디나비아 대교구.
- 벨기에(네덜란드와 룩셈부르크 포함) 대교구.
- 뉴질랜드 대교구.
- 스위스 대교구.
- 이탈리아(남유럽) 대교구.
- 토론토와 카나다 대교구.
- 카나다 우크라이나인 대교구.
- 미국, 오세아니아, 서유럽, 남아메리카의 우크라이나인 교구.
- 부에노스아이레스(아르헨티나와 남아메리카) 대교구.
- 파나마(중아메리카) 대교구.
- 홍콩(인도, 필리핀, 싱가포르, 인도네시아) 대교구.
- 스페인과 포루투칼 대교구.
- 한국 대교구.
- 싱가포르 대교구.
- 서유럽 러시아인 사목구들의 총대주교관구 소속 대리교구(Exarchate)
- 상당수의 총대주교 소속 기관들과 파트모스(Patmos)섬의 복음사도 성 요한 수도원, 아토스 산의 20개 대 수도원과 수많은 은둔수도처의 수도원 공화국, 테살로니키의 역사적인 블라타디스 수도원과 성 아나스타시아 수도원 등과 같은 스타브로피기온(Stavropegic) 수도원.[18]

18 역자주) 스타브로피기온(σταυροπήγιον) 수도원 : 정교회에서는 수도원들이 일반적으로는 지역 주교의 관할 감독 아래 있는데, 특별히 지역 주교의 관할 하에 있지 않고 그보다 높은 교회적 권위(총대주교, 혹은 거룩한 주교회의(시노드) 등)의 직접적인 관할 감독 하에 속하는 특권을 지닌 수도원을 일컫는다. 수도원을 세울 때 관할 감독하는 교회적 권위의 표상인 십자가를 세우는 관습에서 이 용어가 나왔다.

- 세계총대주교관구에 속한 일련의 국제적인 기관들.
  이를테면 테살로니키의 교부 신학원, 제네바 샹베지(Chambesy) 정교 센터, 크레타의 정교 아카데미 등이 있다.
- 세계적인 차원의 일련의 조직들.
  이를테면 세계교회협의회의 상임 대표부, 유럽 연합에 파견된 정교 연합 대표부, 아테네의 총대주교관구 대표부 등이 있다.

결론 : 서방의 감춰진 보물, 정교회

동방에 뿌리를 둔 정교회는 현재 서방에도 폭넓게 존재하지만, 많은 점에서 그 풍부한 전통과 영성은 세상 사람들에게 많이 알려져 있지 않다. 전 세계적으로 정교회에 대한 학문적 흥미가 점점 커가고 있고 관심도 증대하고 있지만, 출판과 교육에서 비잔틴 제국의 역사와 신학은 항상 소홀하게 취급되어 왔다. 이리하여, 예수 그리스도와 사도들로부터 시작되는 그리스도교의 역사에 대해서 말하는 것을 들을 때마다, 몇몇 예외가 있지만, 그것은 늘 서방 제국과 로마 가톨릭 교회, 그리고 프로테스탄트 종교개혁을 거쳐 오늘에 이르곤 한다. 대부분의 사람은 동방 교회의 엄청난 기여와, 사도시대 이래로 지속된 동방 교회의 끊임없는 연속성을 아직도 알지 못한다. 명성이 자자한 학자들조차, 마치 정교회가 이색적인 과거에서 비롯된 낯선 유물인양, 정교회에 대한 잘못된 생각들을 퍼뜨리고 있다. 서방에서 비잔티움은 철저하게 감춰진 비밀로 남아 있다.

하지만 고전 문명과 로마법의 문학적 저작들을 보존하여 서방 르네상스에 전해준 것은 동방의 비잔티움이었다. 플라톤과 아리스토텔레스는 중세 초기의 아랍어 번역이 아니었다면 서유럽에 알려지지 않았을 것이다. 북쪽의 슬라브 민족들을 그리스도교화 하고 고트족과 비시고트족의 침입으로부터 남부 유럽을 보호해준 것도 동방의 비잔티움이다. 로마 제국의 서방은 급속하게 힘과 위엄을 상실했지만 반면 비잔티움의 조용한 현존은 계속해서 지속적인 영향을 주었다. 식탁에서 사용하는 포크이건 아플 때 찾는 병원이건 혹은 심도 깊은 지식을 얻는 대학이건, 비잔티움의 유산은 지속적이고 큰 영향력을 발휘했다.

그리스도교 신앙의 정의들과 제반 정식들을 내놓은 고대 교회의 모든 공의회는 이탈리아나 그리스가 아니라 바로 소아시아의 여러 도시에서 열렸다. 5세기 서로마 제국의 멸망 이후 서방은 소위 '암흑 시대'로 알려진 시기에 빠져버렸지만, 제국의 동방인 동로마제국은 천 년 이상 동안이나 계속해서 지혜의 샘물을 흐르게 했고 문화의 중심이 되었다. 비잔티움의 화폐였던 비잔틴 금화는 7세기 동안이나 그 가치를 유지했고 그렇게 해서 역사상 가장 안정된 화폐가 되었다. 사회적인 차원에서도 비잔틴 사람들은 그 역사가 5세기로 거슬러 올라가는 병원과 재활 센터들을 가지고 있었다. 비잔틴 법은 법적으로 고문을 엄격히 금지했다. 마지막으로 정교회는 동유럽과 지중해 연안 지역에 엄청난 영향을 주었고, 역사적으로 적어도 18세기 중반 이후부터는 서방에서도 매우 활발하게 현존해 왔다.

정교회는 비잔티움의 영적 상속자이고, 오늘날까지 이 문명의 신학적 신비적인 보화들을 선포하고 있다. 정교회는 그 어떤 박물관 혹은 도서관보다 뛰어난, 초대 교회의 웅변적 표현이고, 또 비잔티움의 살아있는 정신이다. 서방은 여전히 비잔티움과 동방 교회를 향해 자신이 진 빚이 얼마나 심대한지 다양한 차원에서 인정해야 마땅하다.

II | 찬양과 공간
예술, 건축, 그리고 전례

> 당신의 영광 가득한 성전에 서니,
> 하늘에 서 있는 것 같나이다.
>
> 정교회 대사순절 성가

땅에 임한 하늘 : 전례와 이콘

키예프의 블라디미르 대공과 관련된 유명한 전설 하나가 『러시아 초기 연대기』(The Russian Primary Chronicle)에 전해져 오는데, 그에 따르면, 대공은 전 세계에 한 무리의 사신을 보내어 어떤 종교가 가장 참된 종교인지를 알아보게 했다. 블라디미르 대공은 사신들의 보고에 기초해서 이 종교로 개종할 결심을 하고 있었던 것이다. 사신들은 불가리아, 독일, 로마를 돌며 그 나라의 종교적 관습과 전통을 탐문했다. 그들은 마지막으로 콘스탄티노플을 방문했고, '성 소피아 대성당'으로 알려진 '그리스도의 위대한 교회'(The Great Church of Christ)에서 예배를 드리는 경험을 하게 되었다. 고국에 돌아와서, 그들은 그곳에서 경험했던 예배의 매혹적인 아름다움에 대해 "거기서는 신이 사람들 가운데 거하신다"라며 확신에 차서 보고하였다. 그들이 자신들의 경험을 블라디미르 대공에게 어떻게 묘사했는지 보자.

> "우리는 하늘에 있는지 땅에 있는지 분간할 수 없었습니다. 이땅 어디서도 그토록 찬란한 아름다움은 없을 것이기 때문입니다. 우리는 대공께 이를 설명할 수조차 없습니다. 우리가 분명 알고 있는 것은 그곳에선 신이 사람들 가운데 사신다는 것입니다. … 우리는 이 아름다움을 잊을 수가 없습니다."

9세기 성 소피아 대성당 예배는 비잔틴 제국의 찬란함과 위대함을 온전히 반영한 것이었기에, 오늘날의 기준으로 보면 지나치게 사치스럽게 여겨질 수도 있다. 장엄하고 화려한 예식, 수많은 성직자, 경이로운 성가는 그 어떤 방문자에게라도 결코 잊을 수 없는 경험을 제공했을 것이다. 게다가 이콘의 아름다움과 건축물의 경이로움은 그 어떤 예배에도 빛나는 배경을 제공해주었을 것이다.

항상 그랬던 것은 아니지만 이콘은 이미 콘스탄티노플 도시에 정착되었다. 성당 입구 혹은 제단 앞에 있는 성화벽(이코노스타시스)의 이콘들에 공경을 표하는 것과 같이, 현대의 많은 정교 그리스도인들에게는 아주 당연하게 여기는 것들은, 보다 앞선 세기들에는 단지 맹아의 모습으로만 존재했을 뿐이었다. 하지만 많은 혼란과 논쟁의 시기들을 거쳐, 최근 세기들에 와서는 보다 공식적이고 충분하게 발전했다.

그리스도교의 첫 몇 세기 동안만 해도, 몇몇 교회 저술가들은 종교적 형상이라는 개념에 즉각적으로건 자발적으로건 호의적이지 않았다. 그들은 여전히 헬레네 문화의 요소보다는 유대교적인 전통에 더욱 영향을 받고 있었기 때문이다. 구약 성경은 신성의 형상에 대해 분명하게 유보의 입장을 천명하고 있다.[01] 더 나아가 이콘을 적대하는 자들(이콘파괴자, iconoclast[02])의 신학적 논거는 유대교에서, 더 특별하게는 이교도의 우상 숭배로부터, 또 어쩌면 그리스 철학 사상의 매우 혹독한 비판으로부터 비롯되었다.

하지만 실제로는 4세기 이전 고대 그리스도교회에 이미 종교적 형상들이 있었음을 고고학적 발굴의 결과들은 확인해준다. 교육적인 형상들, 장식으로서의 형상들, 이야기를 표상한 형상들, 혹은 상징적인 형상들이 이미 3세기부터 그리스도인들이 기도하던 집에, 그들의 집회 장소에, 그리고 공동묘지와 카타콤에 도입되었다. 이 형상들에는 '물고기' 혹은 '닻'과 같은 상징적 표상들, '선한 목자' 혹은 '사자 굴의 다니엘'과 같이 보다 발전된 표상들이 포함된다. 대부분 이 형상들은 성경을 상기시켜주거나 설명하는 것들이었다.

01 출애굽기 20:4-23, 레위기 19:4, 26:1.
02 iconoclast는 그리스어(εἰκονοκλάστης)로 "이콘을 파괴하는 자들"을 의미하는데, 문자적 의미뿐만 아니라 은유적인 의미로도 폭넓게 사용된다.

이콘 작법의 이 원시적 단계들과 첫 맹아들은 이후 세기 이콘의 발전에 결정적인 역할을 했다는 점에서 매우 큰 의미가 있다. 8세기, 거룩한 이콘의 수호자였던 다마스커스의 성 요한에 의해 명쾌한 방식으로 표현된 신학적 함의와 교리적 확신은 "하느님 자신이 제일 먼저 형상을 그리시고 제시하신 분"[03]이라는 것이었다.

이콘과 신학

최근 몇 년 동안, 교황 요한 바오로 2세(1978-2005)의 관대한 지지에 힘입어, 두 분의 유명한 세계총대주교, 신학자 성 그레고리오스(329-389)와 성 요한 크리소스토모스(347-407)의 성해(聖骸)가 4세기 말과 5세기 초 그들이 대주교로 봉직했던 콘스탄티노플로 돌아왔다. 이 두 성인은 고대 교회의 예술과 전례의 발전에 지대한 영향을 미쳤다.

성 그레고리오스는 381년 그 유명한 콘스탄티노플 제2차 세계공의회 기간 동안 콘스탄티노플 교회를 이끌었다. 이 공의회는 정교회 그리스도인들이 신성한 성찬 예배와 개인 기도에서 늘 암송하는 니케아-콘스탄티노플 신조를 보충 완성했다. 성 그레고리오스의 저작은 특별히 시적이고 화려한 수사와 더불어 예술의 원리들을 강조했다는 점에서 아주 유명하다. 실제로 그는, 그의 저작이 지닌 시적이고 신비적인 차원으로 인해, '신학

---

03   St. John Damascus, *On Sacred Images*, bk 2, 20.

자'라는 별칭으로 알려진 세 명의 교부 중 하나가 되었다.[04] 성 그레고리오스는 인간의 예술과 회화를 창세기에 묘사된 하느님의 지고한 예술과 연결 짓는다. 실제로 그는 예술을 '제2의 창조 행위'[05]라고 묘사한다.

성 요한 크리소스토모스[06]는, 역사상 가장 유명하고 위대한 그리스도교 설교자로 알려져 있다. 그는 신학적 확신들을 경건하게 실천적으로 적용해야 한다고 줄곧 강조했다. 성 요한의 설교들은 하늘 왕국으로 하는 시선을 강조하고, 이 전망은 인간의 예술과 문화 속에 반영된다고 말한다.[07] 이 위대한 신학자들의 영적 사상은 그들의 선임자인 소아시아 케사리아의 대주교였던 성 대(大) 바실리오스(330-379)의 개척자적인 저작에 대한 반향이다. 성 바실리오스에 의하면, 인간의 예술의 발전은 인간 영혼의 경이로운 형성과 관계된다.[08]

이렇듯 초대교회 때부터, 정교 그리스도인들은 그리스도교 신앙의 근본적인 원리만 아니라 예술적 문화적 가치의 발전에 대한 존중의 정신 또한 물려받았다. 그렇지 않다면, 성 소피아 성당을 건축한 천부적 재능의 건축가, 안티모스와 이시도로

---

04 역자주) 정교회에서 특별히 '신학자'라는 별칭을 얻은 세 성인은 성 사도 요한과 나지안조스의 성 그레고리오스와 신(新)신학자 성 시메온이다. 3장의 "누가 신학자인가?"라는 부분을 참고하라.

05 *Homily 11, On Gregory of Nyssa*, 4-5.

06 그의 별칭 '크리소스토모스'는 문자적으로 '황금의 입'을 의미한다.

07 *Commentary on Ephesians* 2, PG 62, 19.

08 *Homily on the Forty Martyrs*, 19, 2.

II 찬양과 공간 예술, 건축, 그리고 전례

스의 노력을 어떻게 설명할 수 있겠는가? 성 소피아 성당이 판테온 신전의 완전에 도달하고 심지어 그것을 능가할 수 있게 하려고, 그들은 단 2세기 동안 고대 그리스의 고전적인 스승들을 뛰어넘고자 노력했던 것이다. 성 소피아 대성당이 경이로운 돔(천장), 모자이크 혹은 벽화, 기둥과 빛의 문법에 따라 신학을 표상하고 있다는 것을 그 누가 부정할 수 있겠는가? 신학에서 강조된 단어, 이콘 위에 주어진 붓질, 성가로 불리는 음표, 소성당 혹은 대성당에 조각된 돌 하나하나가, 모든 살아있는 존재, 주님을 찬양하길 갈망하는 모든 이에게 영감을 준 이 신적 아름다움을 재창조해보려는 시도들이었다.

세계공의회들

어쨌든, 이콘의 본질적인 역할을 최종적으로 확정하고 그 신학적 중요성을 규정한 것은, 첫 8세기 동안의 세계공의회들이었다. 이 공의회들은 성경에 기초해서 그 결정들을 내놓았고, 하느님의 육화 교리에 관한 신학을 확립했다. 신학자 성 그레고리오스에 따르면, 나자렛 예수 그리스도라는 한 인격 안에서 일어난 하느님 말씀의 육화는 '잉태될 수 없는 분'을 동정녀 마리아 안에서 '잉태될 수 있는 분'으로, '이해할 수 없는 분'을 인간의 마음 안에서 '이해될 수 있는 분'으로, '묘사할 수 없는 분'을 창조된 물질을 통해 '묘사될 수 있는 분'으로 만들었다.[09]

---

09 *Letter to Cleidonius*, PG 37, 176-180.

정교회 안에서 이 세계공의회들은 교리의 확정과 판단에 있어서 유일한 중요성을 띤다. 동방과 서방 교회 안에서 인정되고 수용된 "대(大)공의회" 혹은 "세계공의회"는 그리스도 교회의 근본적인 교리들을 확정하고 수호했다는 점에서, 전체 그리스도교 대부분에 의해 채택되었다. 세계공의회들은 모두 콘스탄티노플 혹은 그 인근 도시에서 개최되었다.

이렇게 해서, 예를 들자면, 1차 세계공의회(니케아, 325)는 그리스도의 신성을 확인했다. 나자렛 예수 그리스도, 살아계신 하느님의 육화하신 아들은 아버지와 동일한 본질을 공유하신다. 2차 세계공의회(콘스탄티노플, 381)는 예수 그리스도의 신성과 관련된 니케아 공의회 교리들을 다시 확인했고, 성령에 관한 이해를 포함시켜 발전시켰다. 이 공의회는 하느님의 성령 또한 아버지와 동일한 본질을 가지신다고 강조했다. 정교회가 고백하는 '신앙의 신조'(Symbol of Faith, 혹은 Creed)는 교회의 이 두 공의회에서 결정된 본래의 신조와 정확하게 같다. 신조는 대부분의 성사에서, 특별히 각 정교 신자의 세례 성사가 거행될 때마다, 그리고 신성한 성찬 예배가 거행될 때마다 암송되고 고백된다.

3차 세계공의회(에페소, 431)는 이 일을 이어갔고 예수 그리스도의 인성의 충만함을 제시하고 확정했다. 예수 그리스도의 위격은 서로 구별되는 두 본성의 연합으로 이해되었다. 4차 세계공의회(칼케돈, 451)는 그리스도 위격 안에서의 이 연합이 "혼동되지 않고, 변화되지 않고, 나뉘지 않고, 떨어지지 않는"[10] 것이

---

10 without confusion, without change, without division, without separation.

라고 선언했다. 그리스도는 아버지와 동일본질(ὁμοούσιος)이신 분일뿐만 아니라 동시에 인간과도 동일본질(ὁμοούσιος)인 존재로, 다시 말해 인간존재로서는 우리 각자와 똑같은 본성을 가진 존재로 이해되었다.

예수 그리스도 안에서의 인간 본성의 충만함은 5차 세계공의회(콘스탄티노플, 553), 6차 세계공의회(콘스탄티노플, 680-681), 그리고 5-6차(Quinisext) 공의회(콘스탄티노플 692)의 가르침들로 확실하게 날인되었다. 이 공의회 각각은 육화하신 하느님 아들의 인성과 인간적 의지와 영혼의 존재를 단호하게 주장했다. 하느님은 인간 본성의 모든 차원을 충만하게 자신의 것으로 삼으셨다고, 다시 말해 "우리와 마찬가지로 모든 일에 유혹을 받으셨지만 죄는 짓지 않으신 분"(히브리 4:15)이라고 강조한다.

마지막으로 7차 세계공의회(니케아, 787)는 거룩한 이콘을 사용하는 것이 하느님 육화 교리에 대한 참된 표현임을 승인했다. 이 마지막 세계공의회는 종교 예술의 중요성에 관한 논쟁 혹은 토론의 결과인 것만은 아니었다. 그것은 하느님 말씀이신 그리스도의 충만한 인성을 선언한 이전의 신앙 규범들에 대한 재확인이었다. 정교회에서 마지막 세계공의회로 알려진 이 공의회는 이전 세기들의 치열한 신학적 논쟁들에 대한 하나의 보완이었다. 이 공의회는 이전 논쟁들과 매우 밀접하게, 분리할 수 없도록 연결되어 있고, 그런 의미에서 그 논쟁들의 최종적이고 적절한 결론이다.

이콘에 대한 교리

이런 까닭에 가장 오래된 그리스도교 시대부터, 특별히 787년 7차 세계공의회 이래로, 거룩한 이콘은 하느님 육화 교리에 대한 하나의 특별하고도 가시적이고 대중적인 확인을 제공했고, 신앙과 관련하여 정교 그리스도인들을 교육하는 하나의 일반적인 형식으로 기능했다. 하지만 이 진리는 단지 교회에서만 형식적으로 선포되는 것이 아니라, 정교 신자의 모든 가정에서도 받아들여진다. 내가 자라났던 집은 지금 비어있다. 하지만 나는 우리 집 거실을 생생하게 기억하고 있는데, 그 한 쪽에는 교회의 성화벽과 같은 방식으로 어머니가 정성스럽게 꾸며놓은 이콘벽(εἰκονοστάσιον)이 있었고, 그 위에는 그리스도의 이콘이 자랑스럽게 자리 잡고 있었다. 또 그 곁에는 성모님, 세례자 성 요한, 성 요셉의 이콘이 있었다. 그리스도의 이콘은 높이가 25cm 정도 되는 것이었는데, 매우 큰 유리병 안에 담겨 있었다. 어렸을 때, 나는 병의 작은 입구로 이 이콘이 들어갈 수 있었던 것은 기적이라고 생각하곤 했다. 성 요셉의 이콘은 지금도 내 침대 맡에 걸려 있다. 그것은 내 집 이콘벽을 장식하고 있었던 것이었고, 내 어머니의 삼촌이 요셉이라는 이름을 가진 아토스 성산 바토페디 대(大)수도원의 수도사였기 때문에 특별히 소중했다. 내 어머니는 정기적으로, 특히 주일 전야인 토요일 저녁과 대축일 전야에, 온 신심을 다해 이 이콘들 앞에 향을 피우곤 했었다.

정교회 전통은 그 본질로는 '알 수 없는 분'이신 하느님 말씀이 또한 나자렛의 동정녀 마리아라는 한 인간의 태 안에 잉태

되었다고 고백하고 선포한다. 마리아를 통해서, 하늘에 계신 아버지의 이해할 수 없는 신성이, 마치 우리 집 거실에 있던 유리병 속의 그리스도 이콘처럼, 기적같이 신비롭게 인간의 마음 안에 이해되고 담길 수 있게 되었다. 살아계신 하느님의 '한계 지을 수 없고 범접할 수 없는' 본질은 인간의 육신으로 그리고 물질적 피조물을 통해 묘사할 수 있고 다가갈 수 있는 것이 되었다.[11] 이런 이유로 다마스커스의 성 요한(675-749)은 다음과 같이 주장할 수 있었다.

> "나는 그 볼 수 없는 신성이 아니라, 우리의 혈과 육을 공유하시어 볼 수 있게 되셨다는 사실로부터, 볼 수 없는 하느님을 표상한다. 나는 볼 수 없는 신성의 형상을 만드는 것이 아니라, 육화하신 하느님의 볼 수 있는 육신을 표상한다."[12]

오늘날, 정교 그리스도인들이 이콘이라 말할 때, 그것은 나무 위에 그려진 이동형 이콘, 벽화 혹은 세밀화 등 다양한 형태의 종교적 표현들, 다양한 재료와 그릇에 묘사된 형상 등을 두루 일컫는다. 일차적으로 중요한 의미는 이콘이 그려진 특별한 형태의 물질이라기보다는 표상된 형상과 하늘에 계신 원형 사이의

---

11 St. Gregory of Nyssa, *Against Apollinarious* 18, PG 45, 1160. St. John Damascus, *Homily* 4, 29, PG 96, 632.

12 St. John Damascus, *On the Sacred Images*, bk. I, 4 ; bk. 3, 6. 로마의 성 그레고리우스가 그의 편지(*Letter to Germanus of Constantinople*, PG 98, 149.)에서 밝히듯이, 이 가르침은 동방과 서방 모두에 의해 수용되었다.

관계이다. 결국은 이것이 우상숭배라는 모든 비판과 고발에 맞서서 정교회의 이콘 공경을 수호한다. 정교 그리스도인은 한 치의 의심도 없이 모든 흠숭과 궁극적인 기준을 오직 창조주와 관련시키기 때문이다. 피조세계는 결코 그 자체로 목적이 아니다. 목적은 표상된 성인들의 영적인 삶과 피조세계의 거룩한 아름다움을 통해 창조주께 도달하고 또 그분을 흠숭하는 것이다.

그러므로 이콘과 관련된 주장은 또한 성해(성인들의 유해) 공경(참고. II 열왕기 13:21)과 자연에 대한 정교회의 입장에도 적용될 수 있다. 이콘과 마찬가지로, 정교회에서 성해는 언제나 쉽게 접할 수 있고, 이것이 정교 신심의 주요 특징 중 하나이다. 성해는 하늘로부터 오는 소명을 가시적으로 상기시켜준다. 그것은 또 다른 궁극적 현실을 가리켜주는 표지들이다. 바로 이런 이유 때문에, 종종 이동형 이콘의 나무 표면은 안쪽으로 파이곤 한다. 이콘은 또 다른 세상, 내적인 세상으로의 초대이기 때문이다. 더 나아가 성당 벽화에 표상된 인물들은 평균적인 비율에 따라 그려지지만 예배로 모여 기도하는 이들보다 조금 높이 위치한다. 이것 또한 이 벽화들이, 비록 어떤 순진하고 비현실적인 의미는 아니지만, 그럼에도 일상적인 수준 이상으로 우리 자신을 드높이도록 초대하고 있음을 표현하고 보여주기 위한 것이다.

이콘의 영적 심미(深味)

한 마디로, 이콘은 만남과 관계라는 말로 가장 잘 이해된다.

단어의 의미가 보여주듯, 이콘은 어떤 경우든 항상 관계적인 신학의 표현이다. 거룩한 형상에 공경을 표하는 사람은 모두, 표상된 인물 혹은 사건과의 관계 속에 들어간다. 성 바실리오스는 "이콘에 드려지는 공경은 그 원형에게로 간다"[13]고 분명하게 주장한다. 이콘의 영적 심오함을 알아차리려면, 먼저 교회의 살아 있는 공동체, 신자들의 친교 안에 들어가서 참여해야 한다. 그래서 이콘은 언제나 기도, 예배와 밀접하게 결부되어 있다. '아름다움'과 '좋음'을 가리키는 그리스어는 '칼로스'(καλός)인데, 이 단어는 칠십인역 그리스어 구약성경에서 세상을 창조하신 후 하느님이 보이신 반응을 묘사하는데도 사용된다. '좋음'은 세상의 '아름다움'에 대한 하느님의 반응이었다.

> "하느님이 보시니 그 빛이 좋았다."(창세기 1:4)
> "하느님이 보시니 그것이 좋았다."(창세기 1:12, 18, 21, 25)
> "하느님은 그가 만드신 모든 것을 보았다. 그것은 매우 좋았다."(창세기 1:30-31)

이 단어 '칼로스'는 또한 어원적으로 그리고 상징적으로 '부르심'[14]의 의미를 포함한다. 아름다움은 지금 여기 있는 것 이상으로, 세상의 본래 원리와 의도로 향하라는 하나의 소명이다.

이런 까닭에 영적인 길은 창조된 물질세계와 결코 분리되

---

13 St. Basil the Great, *On the Holy Spirit* 18. 또한 다마스커스의 성 요한도 성 바실리오스의 이 구절을 인용하고 해설한다.(*On Sacred Images*, bk 1, 21 s.)
14 역자주) 그리스어로 '부르다'라는 동사는 '칼레오'(καλέω)로 '칼로스'와 어근이 같다.

지 않는다. 그것은 마지막 먼지 한 톨, "여기 있는 형제 중에 가장 보잘것없는 사람 하나"(마태오 25:40)에까지 이르는, 피조세계의 모든 차원, 모든 구석을 포함하고 함축한다. 정교 성당과 정교 신자의 가정에 이콘을 두는 것은 바로 이 소명과 확신을 상기시킨다. 똑같은 진리가 전례 안에서 빵과 포도주, 기름, 밀가루, 꽃, 나무 등을 사용하는 것을 통해 강조된다. 성화되고 신화(神化)되는 것은 단지 영혼만이 아니라 몸을 비롯하여 모든 물질적 피조세계다. 모든 사람, 모든 사물이 '좋은' 그리고 '아름다운' 것이 되도록 창조되었고 부름 받았다. 결론적으로 말해, 전체 만물과 각 개별적 존재 안에서 이 영적이고 이콘적인 차원을 깨닫는 것, 이것은 정교 신학과 영성의 본질적 특징이다.

그래서 피조세계에 주어지는 "상대적 공경과 상대적 영예"는 창조주께만 드리는 절대적 흠숭과 영광을 강조할지언정 절대 그것을 감소시키지 않는다.[15] 그것은 결국 참된 관계의 문제로서, 성인들은 십 수 세기를 거쳐 이를 구현했고 보존해왔으며, 우리 또한 그들을 본받아야 한다. 성인들은 지상에 살면서도 참으로 기도할 줄 알았던 이들이다. 그리고 지금은 하늘의 거처에서 세상의 생명을 위해 중보한다.

이콘이 머무는 장으로서의 전례

내 어머니는 내가 아주 어렸을 적부터 이콘의 영적 깊이와

15　St. John Damascus, *On Sacred Images*, bk 1, 14.

의미를 내게 가르쳐주셨다. 매일 아침, 어머니는 집에 있는 이콘 앞에 촛불을 밝히고 향을 피운 뒤, 하나의 작은 교회처럼 보고 여겼던 우리 가정의 안전과 구원을 위해 무릎 꿇고 기도하곤 했다. 실제로 정교 신자 가정의 이콘 벽은 영적 사색과 공경의 장소이다. 거기서 정교 그리스도인은 평안함 속에서 성인들과 함께 있음을 느낀다. 조개껍질이 진주를 담고 있듯이, 신자들의 소박한 믿음은 종종 정통 교리의 충만을 담고 있다. 그것은 어떤 지적 강론이나 토론도 충만하게 이해할 수 없는 "값진 진주"(마태오 13:46)이다. 그것은 개념들로 정의되기보다는 색으로 그려지고 노래로 불릴 때 더욱 잘 표현되는 진리이다. 그래서 기도와 전례는 이콘의 충만한 표현과 의미를 더욱 강화시킨다.

사실, 이콘이 물질적 공간을 통해 성취하는 것을, 전례는 영적인 찬양을 통해 성취한다. 다른 말로 하자면, 전례는 이콘의 부차적 의미가 아니라 본질적 의미를 드러낸다는 말이다. 전례 안에서 이콘은 예술적 가치만 아니라 본질적으로는 그 영적인 가치로 이해되기 때문이다. 비록 이콘이 정교 영성의 '신비적' 풍요 혹은 매력을 대표하는 것으로 소개되고 있고, 또 그것이 전혀 틀린 말은 아닐지라도, 불행한 것은 이콘이 정교회를 잘 모르는 이들에게는 너무 자주 전형적으로 동양적인 어떤 것, 이국적인 것, 혹은 미적인 것으로만 여겨진다는 것이다. 과거 서방의 학자들은, 이콘이야말로 정교회가 초대 그리스도교회에 대해 낯설어졌음을, 또 고대 그리스 종교의 제 요소들이 정교회에 침투하고 영향을 주었음을 보여주는 대표적인 예라고 믿었다. 이런 주장처럼 진실과 거리가 먼 것도 없을 것이다.

전례의 제 요소들 중에서, 이콘은 하느님과의 어떤 잠재적이고 인격적이고 동시에 신비적인 만남을 표현한다. 사실 "기도의 법이 곧 신앙의 법이다"(lex orandi est lex credendi)라는 고대 그리스도교 금언처럼, "신앙의 규범을 결정짓는 것은 기도의 규범"이다. 전례는 하느님이 영으로 올바르게 예배 받으시는 장(場)이요 순간이다.(요한 4:23-24을 보라.) "아무도 하느님을 본 적이 없지만, 아버지와 가장 가까우신 외아들이 그분을 알려 주셨다."(요한 1:18)는 것을 우리는 알고 있다.[16]

그것은 분명 할키에 있는 총대주교청 신학교에서 얻은 경험이다. 그곳에선 학문탐구가 총체적으로 전례와 연결되어 있었다. 학교는 수도원 안에 있었고, 학장은 수도원장이었다. 신학생들에게는 매일 그리고 한 주간 참석해야할 전례 예식과 수행해야할 소임의 목록이 있었다. 전례에 대한 우리의 이해는 언제나 전례 찬양과 연관되어 있었고, 우리의 신학 공부는 문자 그대로 향냄새로 짙게 배어 있었다. 책들과 공책, 교사들과 행정직원들, 강의실과 도서관이 있었고, 또 빵, 기름, 초, 유향, 꽃도 있었다. 우리의 신학 공부는, 결코 전례로부터 단절되지도 않았고 또 현실로부터 고립되지도 않았다. 그것은 보다 넓은 세계관

---

16   다음을 보라. St. Theodore the Stoudite, *Antirrheticus* 12, PG 99, 329. St. John Damascus, *On Sacred Images*, bk 3, 24 와 *Exposition of the Faith* 4, PG 94, 800.

에 통합된 한 부분이었다.

전례 안에서 신자 공동체는 "아버지와 함께 있다가 우리에게 분명히 나타난" 생명의 말씀을 "귀로 듣고 눈으로 보고 손으로 만진다".(I 요한 1:1-2) "수용되지 않은 것은 치유되지 않는다"[17]는 신학자 성 그레고리오스의 표현은, 이콘에 사용된 나무, 계란, 안료 등이, 하느님 나라의 전망 안에서 세상에 대한 새로운 관점을 통해, 신성한 성찬 예배 안에서 수용될 때, 충만하고 풍요하게 실현된다. 아무도 그 어떤 것도 이 경험에서 배제될 수 없다. 모두가 각각 하느님과의 이 만남에 참여한다. 모든 것이 신비적이고 성사적인 가치를 덧입는다.

"믿음을 가지고 이콘의 신비에 공경을 표하는 이들에게" 이콘이 제공해주는 것은 사실 하나의 새로운 전망이다. 이콘은 지성적 세계로 제한된 혹은 순전히 예술적인 그런 관점을 깨뜨린다. 이콘은 세상에 대한 새로운 시선을 드러낸다. 그것은 다가올 세상의 시선이다. 하지만 이런 방식으로 이콘은 또한 현세와 시간을 그것의 고유한 본질과 충만한 가능성 안에서 드러낸다. 이 삶과 이 세상이 어떻게 신적인 생명과 하느님 나라의 거룩함과 아름다움으로 젖어있는가를 우리가 알게 될 때, 만물은 새로운 차원, 새로운 의의를 덧입는다. 평범한 사건과 환경들 각각은 비범하고도 놀랍도록 의미심장하고 거룩한 것이 된다. 대사

---

17 다시 말해 "하느님의 육화 안에서 하느님에 의해 수용되지 않은 것은 구원받을 수 없다"는 말이다. *Letter to Cleidonius* 를 보라. 이것은 후에 그리스도론에 관한 주장들에서 매우 중요한 기준이 된다.

순절 조과(아침 기도 예식) 때, 정교 그리스도인들은 두려움과 겸손으로 이렇게 노래한다.

"당신의 영광 가득한 성전에 서니, 하늘에 서 있는 것 같나이다."

이것이 바로 우리가 느끼는 것이다! 이것이 바로 우리가 믿고 고백하는 것이다! 이것이야말로 참으로 당연한 것이다!

그러므로 이콘은 전례적 차원 안에서가 아니라면 그 정당한 가치를 평가받을 수도, 충분히 이해될 수도 없다. 전례가 그 자체로 온 세상의 구원에 관한 하느님의 계획을 하나의 형상으로 보여주고 있음에야 더 무엇을 말할 필요가 있겠는가. 실제로 전례 주기는 예수 그리스도의 생애에서 대표적으로 중요한 사건들을 기념하는 것으로 채워지고, 그 전체가 하느님 경륜의 이 신비를 잘 이해할 수 있게 해주는 하나의 해설이다. 예술적 성취는 전례 안에서 하나의 신비로운 만남이 된다. 그것은 하나의 '테오파니아'(Θεοφάνεια, 신현 神顯), 신적 에너지가 흘러넘치는 '에피파니아'(Επιφάνια, 공현 公現)가 되고, 그 앞에서 우리는 오직 경외감으로 서 있을 수밖에, 무릎 꿇고 기도할 수밖에 없다. 신학자 성 그레고리오스의 표현에 따르면, 이콘은 단순히 영감을 주는 것을 넘어서서, 하느님 나라를 기억하고 실현하는 인간 영혼의 "불타오름"이다. 성인들의 친교 안에 자기 자리가 있음을 생각하며, 영혼은 문자 그대로 불타오른다.

이콘과 건축

거룩한 형상으로 가득 찬 성당이 표현하는 것 또한 동일한 진리다. 전통적인 정교회 성당은 세 가지 차원을 가지는데, 이는 각각 세 개의 구분된 공간으로 표현된다. 전통적인 성당 구조는 고전적인 건축의 두 가지 요소의 종합을 보여준다. 4세기부터 도입된 반구형 천장(돔)과 가장 오래되고 또 가장 단순한 건축 양식인 바실리카 양식이 그것이다. 성당들은 나무나 돌 혹은 벽돌과 같이 그 지역에서 구할 수 있는 재료로 건축되었다.

어쨌든 그 구성의 가장 기본적인 양식을 넘어서, 정교회 성당은 전체가 세 가지 영적 차원으로 나뉜다. 이 세 가지 공간은 각각 아주 잘 구분되는 세 가지 건축학적 구역에 의해 규정된다. 반구형 천장은 첫 번째 공간이자 건축학적으로 가장 중요한 요소로서 '판토크라토르'(Παντοκράτωρ), 즉 "만물을 담으시고 지탱하시는 분"인 그리스도의 형상이 자리 잡는다. 이것은 건물 전체를 껴안고 비춰주는 중심 요소다. 반구형 천장은 아버지가 아들과 함께 계시면서 창조하고 구원하고 심판하는 하늘 왕국을 상징한다. 두 번째 공간은 엄밀한 의미에서의 성당, 곧 성당의 지상 공간(nave, ναός)이다. 이 구역은 성인들, 순교자들, 수도자들, 그리고 결혼한 사람들의 형상들로 채워진다. 그들은 예배 회중과 함께 뒤섞이기 위해 여기 나타난다. 마지막으로, 전통적인 정교회 성당에서 세 번째 공간은 성당 후진(apse)의 반원형 벽으로, 여기는 정교 그리스도인들이 '테오토코스'(Θεοτόκος, 하느님을 낳으신 분)라는 명칭으로 즐겨 부르는 성모님을 위한 곳이다. 성당 후진에 그려지는 테오토코스의 형상은 종종 '플라티테라'(Πλατυτέρα, 만물보다 "더 넓으신 분")라 불린다.

공간과 기하학적 구조 또한 이콘과 전례처럼 신학의 언어를 구사한다. 반구형 천장은 어디서나 원형이고 이렇게 해서 신성의 영원성과 제한할 수 없음, 시작도 끝도 없는 하나의 선을 상징한다.[18] 성당의 지표면은 직사각형으로, 시작과 끝을 가진 구체적인 경계선들을 통해, 한계가 있고 제한된 이 세상을 상징한다. 이 직사각형의 형태는 또한 우리의 집(이코스 οἶκος)과 같은 이 세상, 하느님의 경륜(이코노미아 οἰκο-νομία)을 받아들이는 이 세상을 표상한다. 마지막으로 성당 후진(apse)의 중간은 어느 쪽에도 속하지 않으면서 동시에 양쪽에 다 속하는 방식으로, 위쪽과 아래쪽을 함께 이어주고 연결시키는 역할을 한다. 이렇게 해서 천상을 지상과 연합시키고, 신자들로 하여금, 자신의 몸과 세상을 포함하는 피조세계 전체를 창조주와 화해시키도록 초대한다. 성모 이콘은 보통 이 후진 벽 중간에 그려지는데, 원형과 직

---

18 세계총대주교청의 원래 성당은 반구형 천장을 가지고 있었지만, 18세기와 19세기에 재건축된 현재의 성 요르고스 성당은 반구형 천장이 없다. 콘스탄티노플 함락 이후 그리스도교 건물은 지배적인 돔으로 덮을 수 없게 되었고, 성당 건축은 보다 오래된 바실리카 건축 양식을 따르게 되었다. 특별히 18세기에서 19세기 중반까지 지어진 성당을 비롯하여, 이 지역의 대부분의 성당은 돔 대신에 원형으로 된 판토크라토르(전능자, 만물의 주관자) 그리스도의 이콘만을 천장에 그려넣는 것으로 만족했다. 참고. *The Ecumenical Patriarchate : A Brief Guide* (Istanbul : Order of St. Andrew the Apostle, 2004). 건축물 해설은 허락을 받아 아래의 책을 참고했다. Chryssavgis, *Light Through Darkness*, (New York, Orbis Book), pp. 21-22.

사각형을 동시에 모두 받아들인다. 이렇게 해서 후진 벽은 역사 속에 돌연 개입해 들어오시고 시간 안에 들어오시는 하느님의 표징과 현존을 드러낸다. 전통적인 성당에는 의자가 없는데, 이것 또한 하늘과 땅의 분리를 깨뜨린다. 둥근 반구형 천장에 이어지는 여러 보충적인 천장은 십자 모양으로 배열되는데, 6세기 유스티니아노스 황제의 시대 이래로, 이것은 궁극적으로 화해와 변모를 상징한다.

네 복음경의 저자인 네 명의 복음사도 이콘들은 성당의 반구형 천장을 떠받치는 네 개의 기둥 위쪽에 각각 표상된다. 그리고 세례자 성 요한은 언제나 그리스도를 향해 손으로 그분을 가리키는 모습으로 성화벽에 표상된다.

전례와 세상

전례 안에서 기쁨으로 경축되고, 성가로 장엄하게 찬양되고, 강론들로 호소력 있게 설교되는 것 모두가 이콘과 건축 안에서도 예술적으로 보존된다. 이 모든 것을 통해 이뤄지는 신비는 결국 하느님과 세상 사이의 거룩한 관계, 우리 모두가 기도와 예배를 통해 참여하도록 부름 받는 그 성사적 만남이다. 정교 그리스도인이 집에서 이콘 앞에 향을 피울 때마다 상기되는 이 동일한 진리는, 정교 그리스도인들이 성당에 들어서며 이콘 앞에 초를 켜고 봉헌할 때도 실현된다. 실제로 성당에 들어서면서 정교 그리스도인들은, 평신도건 성직자건 주교이건 심지어 총대주교이건 상관없이, 천상의 "구름 같이 많은 증인들"의 형상인 이콘 앞에 멈추어 초를 켜고 분향한다. 우리 모두는 우리 자신의 생명보다 더욱 위대한 그 어떤 것의 일부이다.

각 사람은 "하느님의 형상대로"(창세기 1:26)로 창조된다. 하지만 이 고유한 날인은 배타성 혹은 분리로 이어지지 않는다. 실제로 그것은 하나의 공통된 관계와 연대로 귀결된다. 이렇게 해서, 성당 입구에서 하나의 초를 밝히면, 그것은 이미 켜져 타오르고 있는 다른 초들 곁에 봉헌되고, 그렇게 해서 우리는 고립된 개인이 아니라 반대로 신자들의 공동체, 그리스도의 살아 있는 몸이 된다는 것을 상징한다. 신자들은 이콘 앞에 초를 켜 봉헌하고 이콘에 입 맞추며 공경을 표한 후에야 성당에 들어간다. 이렇게 해서 "생명을 주시는 성 삼위 하느님께 삼성송을" 불러드리기 위해 "신비롭게 헤루빔을 본받는"[19] 공동체가 되는 것이다. 이것은 궁극의 신비이고, 우리는 그것에 참여하도록 부름 받는다. 14세기 성 니콜라스 카바질라스가 신성한 성찬 예배에 대한 자신의 주석에서 강조했듯이, 그것은 "이 이상으로 나아갈 수도 없고, 그 어떤 것도 더 보태질 수 없는, 만물의 목적과 의미"[20]이다. 전례 안에서 정교 그리스도인은 그들 자신보다 더욱 위대한 어떤 것의 일부가 됨을 느끼고, 이 세상을 초월하며 동시에 이 세상을 포함하는 또 다른 세상의 일부가 된다. 그들은 천상 세계의 일부가 된다.

---

19 「성 요한 크리소스토모스 성찬 예배」와 「성 대 바실리오스 성찬 예배」의 헤루빔 성가에서 인용.

20 *On the Life in Christ*, bk 4, 1, PG 150, 584.

성 니콜라스 카바질라스는 또 이렇게 말한다. "그리스도 안의 생명은 이 실존에서 싹을 틔우고 그로부터 첫 열매들을 얻는다. 하지만 그것은 미래에 성취된다. 우리가 기다리는 것은 바로 다가올 세상이기 때문이다."[21] 이콘의 빛은 실은 하느님 나라의 빛이다. 우리는 전례를 통해 바로 이 빛을 경험한다. 빠스카(부활절) 후 40일 동안, 또한 주일 성찬 예배 전에 드리는 조과에서, 정교 그리스도인들은 "그리스도의 부활을 보았으니 …"[22]로 시작되는 성가를 부르거나 읽는다. 또 성찬 예배의 성찬 교제 후 언제나 "우리가 참 빛을 보았고 …"[23]라는 성가를 부른다. 그들은 참 신앙을 믿는다거나, 참 그리스도를 선포한다고 말하지 않는다. 그들은 오히려 그리스도의 신성한 은총의 비추임을 경험했다고 확신한다.[24]

정교 신자들이 영적 삶을 이해하는 방식에 따르면, 모든 것

---

21 위의 책, bk 1, 1. PG 150, 493.
22 "그리스도의 부활을 보았으니, 홀로 죄 없으신 분, 거룩하신 주 예수를 흠숭합시다. 그리스도시여, 당신의 십자가에 경배하며, 당신의 거룩한 부활에 찬양과 영광 돌리나니, 당신은 우리 하느님이시고, 당신 외에 다른 어떤 신도 우리는 알지 못하나이다. 그러므로 우리는 당신의 이름을 선포하나이다. 모든 신자들이여, 와서 그리스도의 거룩한 부활에 경배합시다. 십자가를 통해, 기쁨이 온 세상에 임하였도다. 언제나 주님을 찬미하며 그분의 부활을 찬양하나니, 우리를 위해 십자가를 견디심으로써, 그분께서 죽음으로 죽음을 멸하셨기 때문이로다."
23 "우리가 참 빛을 보았고, 하늘의 성령을 받았으니, 우리는 참된 신앙을 발견했고, 우리를 구원하신 나뉘지 않는 성 삼위 하느님을 흠숭하나이다."
24 St. Symeon the New Theologian, *Catechetical Discourse* 13.

은 그 원천과 본질을 신성한 성찬 예배와의 관계 안에서 발견한다. 교회의 행정 활동조차 세상의 조직이나 구조를 반영하거나 본받지 않는다. 반대로 그것은 이 전례 예식 안에서 만나는 질서와 가치들을 거울처럼 비추는 형상, 참된 이콘이어야 한다. 정교회 수도원 식당의 식탁이, 건축학적으로나 영적으로나, 지성소 제단과 유기적 관계 속에 있는 것은 결코 우연이 아니다. 일반적으로 식당은 성당의 서쪽 방향 끝에 위치한다. 축일이 되면, 성당에서 식당으로 향하는 장엄한 행렬이 거행된다. 거룩한 선물, 즉 빵과 포도주의 축성은 온 피조세계로 퍼지고 확장되어야 한다. 실제로 정교회에서는 직제, 봉사, 예식, 권위, 행정적 관할 등, 모든 것이 거룩한 제단에서 흘러나온다고 믿는다. 이런 방식으로 우리는, 왜 고백자 성 막시모스(580-662)가 묵시록의 희생양을 해설하면서, 온 세상에 의해 봉헌되는 "우주적 전례"에 대해 말했는지 이해할 수 있게 된다.

결론 : 세상의 화해

라벤나에 있는 매우 아름다운 성 아폴리나리우스 성당에서 감사의 성찬 예배를 거행하는 특권을 누렸을 때, 나는 모든 것을 껴안는 '신성한 성찬 예배'의 이 의미를 매우 생생하게 느꼈다. 2002년 여름, 세계총대주교청의 종교 과학 위원회 주최로 아드리아해에서 4차 국제 환경 심포지엄이 열리고 있던 때였다. 6세기로 거슬러 올라가는 이 성당의 모자이크들은 전례 중에 일어나는 우주적 예배의 거행을 독특하게 구현한 하나의 상징을 제시한다. 그것은 피조세계와 자연 환경 모두가 기도하고 있는 모습을 표상하고 있다. 그것은 역사적인 계기였다. 정교회 예배가 거의 천년 만에 이 성당에서 거행되었기 때문이다. 이런 까닭에 전례는 그 자체로 세상을 화해시킬 뿐만 아니라 또한 과거와 현재를 연결해주는 것 같다. 세상의 기도 안에서 보면, 천년이라는 침묵의 세월은 기껏 한 순간의 쉼일 뿐이었다.

매일 밤 내 집무실 문을 닫을 때, 나는 낮에 만났던 사람들이나 문제들을 지나쳐버리지 않는다. 나는 그 모든 사람과 문제를 내 마음 안에 담아 총대주교청의 소성당으로 이끌어간다. 그곳에서 하루를 마감하는 석후과를 거행하며 기도 안에서 그 모두를 하느님께 봉헌한다. 이 소성당은 매일 홍수처럼 덮쳐오는 문제들을 피하는 하나의 작은 피난처요, 그곳에서의 기도는 우리 모두를 있는 그대로 사랑해주시는 하느님의 경이로움을 묵상하는 놀라운 기회이다. 내가 무엇을 더 간구하겠는가? 내가 무엇을 더 할 수 있겠는가?

III | 신학의 은사
기초적 원리와 관점들

> 하느님은 이해할 수 없는 신비이다.
> 달리 말해 하느님은 하느님이 아닐지도 모른다.
>
> 폰토스의 에바그리오스 (4세기)

교부들의 길

이 장에서는 정교 신학의 본질적인 특징들을 일반적으로 묘사해보고자 한다. 단도직입적으로 말해, 정교회에서 신학은 하나의 은사로 간주된다는 것을 주목해야 한다. 그것은 단순히 공부나 학문 연구를 통해 얻는 어떤 지식이 아니다. 그것은 도서관에서 평생을 보내는 몇몇 전문가들이 독점하고 있는 지적 담론의 복잡한 체계가 아니다. 그것은 받는 것이지 가르쳐지는 것이 아니다. 어떤 자의적인 표현이나 개인적 견해는 더더욱 아니다. 사실 신학은 전통의 살아있는 연속성 밖에서 주장될 수 있는 것이 아니다. 그렇다고 제도 교회에 의해 공개적으로 고백되거나 교리적으로 강제된 권위 있는 선언들의 결과도 아니다. 그것은 오히려 하나의 양심과 하나의 공통된 일치의 열매이다. 신학은 어떤 점에서도 하나의 유일한 원천 혹은 집단적인 원천에서 흘러나오는 오류가 없는 선언처럼 이해될 수 없다. 그것은 언제나 공동체 전체로부터 비롯되고 만들어지고 해석된다. 이런 이유로 인해 신학의 주제에 대해 개인적인 방식으로 숙고하는 대신에, 나는 교회 교부들의 경험과 가르침을 직접 인용하면서 정교회의 관점에서 신학의 은사란 무엇인가에 대해 간략하게 진술하는 편이 더욱 적절하겠다고 생각했다.

신학적이고 영적인 개관은 이 책 각 장의 기초가 된다. 하지만 이 장에서는 특별히 4세기에서 14세기까지 살았던, 그 중 몇몇은 총대주교좌에 있었던 나의 선임자와 선조들이기도 한, 동방 정교 영성 전통의 가장 대표적이고 고전적인 저자들을 개괄해보고자 한다. 적어도 정교회에서는 신학 사상 자체가 늘 교회 교부들에 대한 연구로부터 솟아난다. 정교 신학은 교회 교부들의 전통이라는 굳건한 토대 위에 굳게 서있다. 그들의 영감과 가르침은 세기를 거쳐 교회의 양심을 단조해왔다. 혁신과 자유가 사회와 문화의 주된 동력이 되는 우리 시대의 세상에서는, 이것을 바르게 평가하기가 쉽지 않다. 이 장은 인격적 경험을 통해 이어져 온 전통과 그 연속성, 그리고 모든 살아있는 것에 생명과 신적인 빛을 제공해주는 성령의 영감에 강조점을 둔다. 더 나아가 전통적인 신학의 근본적인 특징과 준거를 확정하고, 현대 세계에 줄 수 있는 몇 가지 함축을 개괄하기 위해, 몇몇 전례 본문과 현대 저자들의 글도 검토할 것이다.

전통, 바느질 없는 통옷

그리스도교 신앙에 대한 진술을 들을 때, 가끔은, 하느님이 2천 년 전에 혹은 적어도 그 때와 지금 사이에는, 교회와 세상에 말씀하길 멈추셨다는 인상을 갖기 쉽다. 이런 관점에 따르면, 역사에는 하느님이 자유롭게 넘치도록 계시된 "황금기"가 있었다. 하지만 이 시기 말고는 불행하게도 하느님은 세상을 "암흑기"에 남겨두신 채 물러나 계신 것이 된다. 어쨌든 그리스도교의 초기에 성령의 놀랍고도 창조적인 사역이 있었다면, 그것은 한 전통의 끝을 의미하는 것이 아니라 시작을 의미하는 것이라고 이해해야 할 것이다. 오늘날 성령의 살아있는 현현이 더 이상 존재하지 않는다고 간주하는 것, 교회의 아버지들, 교회의 어머니들이 더 이상은 존재할 수 없다고 말하는 것, 그것은 하느님의 성령의 살아있는 현존을 부정하는 것으로 귀결된다. 정교회 안에서 우리가 기억하는 것은 초대 교부들의 타고 남은 재가 아니라 바로 그들의 불꽃이라고 우리는 믿는다.

정교 신학의 이런 전망에서 교부들의 권위는 그들의 고대성에 의존하지 않는다. 그들의 권위는 그들이 초대교회와 그리스도에게 '역사적으로' 근접해있다는 사실에서 비롯된 것이 아니기 때문이다. 실상 그들은 사도들과 순교자들의 시대에 살지 않았다. 그들의 권위는 오히려 그들의 증언의 높은 가치에 기초한다. 그 권위는 단지 시대적 근접성이 아니라 사도들의 신앙과의 친밀성에 있다. 이런 까닭에, 10세기의 신비가 신(新)신학자 성 시메온(949-1022)은, 그의 동시대인인 그의 전기 작가이자 가장 가까운 제자였던 니케타스 스테타토스(1005-1090)에 의해, "성령은 이 운동에 속한 모든 이에게 영감을 주었을 것이기에, 시메온도 모든 생각이 사도들과 동일한, 온통 성령에 사로잡힌 사람이었다."[01]고 묘사되었던 것이다.

오늘날 수많은 역사가와 신학자들에게서, 초대 교회 시대에 집중하다가 갑자기 몇 세기를 건너 뛰어, 각자 교파적으로 혹은 학문적으로 심지어는 개인적으로 관심이 있는 시대에 이르곤 하는 것이 지배적인 경향이 되었다는 것은 참으로 애석한 일이다. 그로부터 각자의 선호, 심지어 편견, 비전, 신학적 이해 등의 이유로, 하나의 축소 내지 환원이 발생한다. 정교회의 삶과 실천은 교부 시대와의 그런 단절을 알지 못한다. 정교회의 전례 주기의 일반적 구조는, 그 영성의 일반적 유형과 마찬가지로, 언제나 교부들의 길을 따른다. 누구도 4, 5세기 교부들의 유일무이한 신학적 광채를 부정할 수 없다. 하지만 그 이후의 저자들의 중요성을 무시하는 것 또한 분명 왜곡되고 근시안적인 신학적 관점이 될 것이다. 고백자 성 막시모스(580-662)와 신신학자 성 시메온(949-1022)과 성 그레고리오스 팔라마스(1296-1359)의 신

---

01 신신학자 성 시메온의 삶에 대해서는 다음을 보라. Irénée Hausherr and Gabriel Horn, *Un grand mystique byzantin : vie de Syméon*, Rome, Orientalia Christiana Analecta 12, 1928, pp. 1-128. 이 장은 원래 *Theology Today* 61, 1에 게재되었던 논문에 기초하고 있는데, 편집자의 허락을 받고 여기서 사용하였다.

학은, 그들의 선임 교부들인 4세기의 카파도키아 교부들, 예컨대 성 대 바실리오스(330-379), 신학자 성 그레고리오스(329-389), 성 요한 크리소스토모스(347-407)와 같은 이가 없었다면, 생각할 수도 이해할 수도 없을 것이다. 그들은 초기 교부들의 단순한 부록이 아니다.

예를 들어 "일곱 공의회의 교회" 혹은 "비잔틴 교회"와 같이, 정교회가 편의대로 사용하는 용어나 표현조차도 결국은 정교회를 묘사하는 것이라기보다는 축소하는 것이기 쉽다. 이것이 성인들의 확신이고, 7차 세계공의회(787) 이후, 교회는 바로 이 확신을 창조적으로 사유하고 살아오길 멈추지 않았다. 이렇게 해서 아토스 성산의 성 니코데모스(1749-1809)는 3세기 이집트의 성 안토니오스(250-356) 시대로부터 14세기 헤지카스트들의 시대에 이르기까지 다양한 교부의 저술을 『필로칼리아』라는 책에 모아놓았고, 『필로칼리아』의 편집자인 성 니코데모스 자신도 교부들 중 하나로 여겨진다. 남자든 여자든, 알려졌든 알려지지 않았든, 학식가이건 문맹자이건, 신비가이건 금욕가이건, 성직자건 평신도건, 성인들의 친교(Communion of the Saints) 안에 있는 모두가, 적어도 정교회가 신학과 영성을 이해하는 전망 안에서는, "교부들"이라는 표현 안에 포함된다.

성령의 길

이것은 분명 교회에 대한 역동적이고 심지어 은사적인 (charismatic) 이해를 함축한다. 하느님의 살아있는 성령으로부터 영감 받음으로써, 교회의 살아있는 몸은 어떤 하나의 고착된 현실 혹은 제도로 결코 축소될 수 없다. 10세기 신(新)신학자 성 시메온이 썼듯이, 후세대는 성령을 접할 수 없을 것이고, 사도들과 초대 교회 교부들과 성인들에게 주어졌었던 것과 같은 "하느님을 보는 경험"을 얻을 수 없을 것이라고 생각하는 것은 이단이고 성경의 파괴일 것이다.

> 내가 말하는 것, 내가 이단이라고 이름 붙이는 것이 무엇인가 보라. 그것은 우리 시대에는, 우리 가운데는, 복음의 계명을 지켜 거룩한 교부들처럼 될 사람은 아무도 없다고 말하는 자들이다. … 이것이 불가능하다고 주장하는 자들은 어떤 특별한 이단이 아니라, 말하자면 모든 이단을 합쳐놓은 것이다. 이것은 불경과 신성모독에 있어서 그 모든 이단을 능가하고 덮쳐버린다. 이렇게 말하는 자는 거룩한 성경을 뒤엎어 버린다. 그들의 어리석은 말대로라면, 거룩한 복음서를 읽는 것은 헛된 것이다. 성 대 바실리오스의 글이나 그 밖의 성 교부들과 사제들의 글을 읽는 것, 심지어 그들이 글을 쓴 것도 다 헛된 일이라고 힘주어 말한다. 그러므로 비록 하느님이 말씀하셨고, 그후로 모든 성인이 먼저 그 말씀을 성취했고 이어서 우리를 교훈하기 위해 글로 써서 남겨주었다 해도, 우리로서는 그것을 실제적으로 깨달을 수도 없고 완전무결하게 준수할 수도 없으니, 그들이 힘들여 글을 쓰는 것이 다 무슨 의미가 있겠으며, 우리가 성당에서 그것을 읽는 것은 또 무슨 소용이겠는가? 이렇게 말하는 사람들은 그리스도가 우리에게 열어주신 하늘을 다시 닫아버리고, 우리가 오를 수 있도록 그리스도가 손수 개척해 주신 길

을 끊어버린다. 실제로 만유를 초월하시는 하느님은 하늘
문에 서서 허리를 숙이고, 거룩한 복음경을 통해, "고생하
며 무거운 짐을 지고 허덕이는 사람은 다 나에게로 오너라.
내가 편히 쉬게 하리라."(마태오 11:28) 이렇게 신자들에게
부르시는데, 이 하느님의 적들, 더 정확히 말해 적그리스도
들은 강변한다. "그것은 불가능해, 불가능하다고!"[02]

최근 1988년 러시아의 그리스도교회 천 년(988-1988)을 기념
하며, 세계총대주교청에 의해 성인으로 선포된, 아토스 성산
의 스타레츠 성 실루아노스는 신학의 은사와 관련하여 정교회
의 이 정신을 이렇게 표현했다. "하느님에 대해 말하는 것과 하
느님을 아는 것은 다른 것이다."[03] 20세기 가장 유명한 영적 원
로의 이 결정적인 주장은, 정교회의 오래된 전통에 기반을 두고
신학의 은사에 대해 더욱 구체적으로 논하게 될 아래 글들에서
굳건한 발판이 될 것이다.

누가 신학자인가?

먼저 정교회는 오늘날까지 교회의 세 분 거룩한 성인, 즉 복
음 사도 성 요한, 콘스탄티노플의 총대주교였던 신학자 성 그레
고리오스, 그리고 최고의 위대한 신비가 신신학자 성 시메온에

---

02 St. Symeon the New Theologian, *Catechetical Oration*, in the Classics of Western Spirituality series (New York ; Paulist Press 1980), pp. 311-312.
03 성 실루아노스의 전기와 글들은 다음을 참고하라. Archimandrite Sophrony, *St. Silouan the Athonite*, (Crestwood, N.Y.:St. Vladimir's Seminary Press, 1999.)

게만 "신학자"라는 칭호를 붙이고 있다는 것을 기억하면 좋겠다. "신학자"라는 칭호를 이렇게 드물게만 붙이는 것은, 교회가 하느님과 관련된 주제에 대해 얼마나 큰 경외감을 가지고 접근하는지를 드러내줄 뿐만 아니라, 또한 신학의 과제를 수행하고자 하는 사람이라면 누구에게나 출발점이 될 만한, 성모님을 묘사하는 한 성가를 기억나게 한다.

> 어떤 속된 손도 하느님의 살아있는 궤에 감히 손대지 말지어다.[04]

이 성가 구절은 구약성경(I 역대기 13장)에 나오는 하나의 사건, 즉 흔들리는 계약궤에 속된 손을 댔다가 그만 급작스런 죽음을 당했던 우짜의 불행한 결말을 암시한다.

하느님을 "모든 것을 태워버리는 불"로 인식하는 것, 그리고 그 결과 하느님 본질을 결코 이해할 수 없는 우리의 타고난 무력함을 인정하는 것은, 만유와 만물의 창조주 앞에 선 유한한 인간 존재로서 우리가 취할 태도는 다만 절대적 무언(無言), 완전한 침묵임을 강조하는 것이다. 우리의 지성은 하느님을 정의할 수 없다. 우리는 하느님을 조금이라도 합당하게 묘사할 수조차 없다. 이것이 바로 신학은 오직 성령의 은사를 통해서만 가능한 이유이다. 우리로 하여금 하느님께 합당한 방식으로 신학의 신비에 다다가고 만나게 해주는 분은 바로 성령이시다.

---

04 성모희보축일(3월 25일)과 성모입당축일(11월 21일)의 조과(아침 기도 예식) 까논 9오디 성가.

14세기(1270-1365) 아토스 성산의 한 위대한 금욕 수도사의 전기인 『캅소칼리비아의 막시모스의 생애』에는, 정교회 영성에서 종종 "지성의 기도"로 지칭되기도 하는 관상기도에 관한 문제를 놓고 대화하는 장면이 묘사되어 있다. 이 대화는 성인이 동시대의 한 금욕 수도자요 그의 기도 스승이었던 시나이의 성 그레고리오스(1255-1337)를 만났을 때 이뤄졌다. 성 막시모스는 다음과 같이 말한다.

> 성스러운 신학의 은사는 성령의 모든 은사 중 가장 고귀하고 숭고한 은사이다. 그래서 그것은, 암탉이 달걀을 품듯이, 모든 은사를 포함한다. 이런 까닭에 성령은 다른 어떤 것보다도 신적인 사랑과 열정으로 사람들의 마음을 끌어당기고 영감을 불어 넣는다. 신학의 주제인 하느님이 모든 것 위에 있고 모든 것을 초월하고, 최고의 궁극적 열망의 대상으로 묘사되듯이, 신학 또한 다른 어떤 것보다 고귀하고 아름다운 것이다.[05]

같은 정신으로, 15세기의 수도사 성 요셉 브리에니오스는 신학의 내용과 본질을 다음과 같이 더욱 구체적으로 정의했다.

> 신학은 하느님 자신이 그 유일한 원천과 주체와 결론인, 예술 중의 예술, 학문 중의 학문이다.[06]

---

05 성 막시모스의 『생애』는 원래 페리테오리온의 테오파니스가 썼고, 나중에 아토스 성산의 성 니코데모스가 그의 저작 *Neon Eklogion* (Athens, Aster, 1974), p. 305-317에 수록하였다.

06 St. Joseph Bryennios, *Homily* 3, *On the Holy Trinity*.

초대 교회 교부들과 교회 저술가들의 전통에 따르면, 신학은 하느님에 대한 공부이다. 더욱 구체적으로 그것은 성 삼위 하느님에 대한 공부이다. 하지만 그것은 결코 하느님의 본질에 관한 지식의 단순한 축적만은 아니다. 그것은 오히려 올바르고 선한 삶의 원천이 되어야 한다. 이런 점에서 신학은 살아계시고 인격적인 하느님, 성부, 성자, 성령과의 인격적 만남이다. 정교회에서 신앙은 과거로부터 전해진 가르침 혹은 전통들의 총합이 아니라, 사랑이 충만한 인격적 만남이요, 인격적 하느님과의 인격적 신뢰의 관계이다. 우리는 "마치 친구끼리 말을 주고받듯이 얼굴을 마주 대고"(출애굽 33:11) 인격적 하느님과 대화할 수 있다. 성 대 아타나시오스(296-373)는 이렇게 확언한다.

> 선이시고 진리이신, 홀로 신앙의 유일하고도 참된 길이신 성 삼위 하느님 안에서만 신학은 완전해진다. 그것은 영원하다. 선과 진리는 발전할 수도 증가할 수도 없기 때문이다. 신학의 충만은 뭔가가 추가될 수 있는 것일 수 없다.[07]

그러므로 신학자들은 그들의 인격적 경험을 통해, 특별히 성경 안에서 계시된 바에 따라, 성 삼위 하느님에 대해 말하고 썼던 이들이다. 그런 신학자들을 계승하면서 성 대 아타나시오스는 연속성의 요소를 강조한다.

이 성경은 말과 글로 신학자들에게 주어졌다. 우리는 하느

---

07   St. Athanasius the Great, *Against the Arians, Homily I*, PG 26, 49.

님으로부터 영감을 받은 스승들, 그리스도의 신성을 증언한 이들로부터 이것을 전해 받았다. 그리고 우리는 우리가 전해 받은 것과 똑같은 방식으로 이것을 전해준다.[08]

성 대 아타나시오스는 다른 글에선 또 이렇게 말한다.

나는 내 맘대로 말하지 않는다. 나는 바울로를 포함하여 내게 이것을 가르쳐 준 신학자들에게서 배운 바에 합당하게 말한다.[09]

이렇게 신학은 언제나 전해 받는 것이지만, 그렇다고 해서 단순한 반복은 아니다. 그것은 교회의 행위다. 심지어 매우 인상 깊은 표현일 경우에도, 그것은 결코 어떤 즉흥적인 기발함의 산물이 아니다. 궁극적으로 이것은 신학을 가르치는 이들을 겸손 안에 머물게 해준다.

복음사도 성 요한 : 신학의 원천

정교회는 복음사도 성 요한 이래로 성인들이 어떻게 이 은사를 하늘로부터 받고 하늘로부터 배우고 그리하여 소유하게 되는지를 매우 생동하게 묘사한다. 그러므로 요한의 복음서가 정교회에서 가장 중심이 되는 복음서라는 것은 조금도 놀라운 일이 아니다. 빛과 부활에 대한 강조, 신학적 유창함과 시적 표

---

08 St. Athanasius the Great, *On the Incarnation of the Divine Word*, PG 25, 196.
09 St. Athanasius the Great, *Against the Pagans*, PG 25, 68.

현은, 정교회가 부활대축일 주일에 이 복음서를 봉독함으로 연중 복음경 봉독의 주기를 시작하는 것을 매우 자연스러운 일로 만들어준다. 실제로 교회의 성경 해석 전통은 성 요한이 마지막 만찬 때 주 예수 그리스도의 가슴에 머리를 기대고 있었던 순간을 그의 신학적 여정의 출발점으로 여긴다. 이 순간부터, 생명을 주는 이 샘으로부터 신학의 은사가 흘러나오고 드러나게 된다.

정교회 전례력 5월 8일에 경축되는 이 복음 사도의 축일에 불리는 성가들은 "그는 사랑으로 충만했고 그래서 탁월한 신학자가 되었는데, 이는 다 하느님이 사랑이시기 때문(I 요한 4:8)"이라고 선언한다. 성 요한은 하느님 사랑의 가장 분명한 대변자이고 가장 위대한 증인이다. 알렉산드리아의 소경 디디모스(310-395)에 따르면 "원천으로부터, 다시 말해 사랑이 많으시고 은총이 충만하신 구세주로부터 직접 신학의 은사를 받았기에, 성 요한은 신학자 중 가장 위대한 신학자이다."[10] 이게 바로 신학이 결코 하느님에 대한 추상적이고 이론적인 가르침일 수 없는 이유다. 신학은 항상 "세상을 변모시키고 놀라운 기적을 일으키는 권능이요, 영광이요, 힘이다."[11]

비록 '신학자'라는 칭호를 공식적으로 부여받지는 않았지만, 명성을 날린 또 다른 두 신학자가 있는데, 그들은 모두 테오토코스 마리아와 복음사도 성 요한의 개입을 통해 하느님을 아

---

10 Didymus the Blind, *On the Trinity* 3, 3, PG 39, 825.

11 Didymus the Blind, *On the Psalms*, PG 39, 1429.

는 신학의 은사를 받았다. 첫째는 네오케사리아의 성 그레고리오스(213-270)인데, 그는 폰토스 지역의 위대한 빛이었고, '기적의 행위자' 그레고리오스라 불리기도 한다. 니싸의 그레고리오스가 쓴 이 성인의 전기는 성인이 경험한 하느님 현현의 절정의 순간을 이렇게 묘사하고 있다.

> 주교 서품을 받은 뒤, 그레고리오스는, 며칠 동안 잠도 자지 않고 깨어서, 신앙의 신비를(다시 말해 신학을) 계시해 주시길 그래서 오류와 이단을 피할 수 있게 해주시길 주님께 간구하였다. 왜냐하면 이 시기에는 수많은 잘못된 교리들이 있었고, 그레고리오스는 올바른 진리를 찾고자 열망했기 때문이다. 이렇게 기도하고 있을 때, 그는 환상으로 한 노인을 보았다. 그는 은총이 충만한 사제처럼 보였다.(사실 이 원로는 복음사도 신학자 성 요한이었다.) 그래서 그는 그 원로에게 누구이고 왜 왔느냐고 물었다. 원로는 이렇게 대답했다.
>
> "그대의 의심을 흩어버리고 경건한 신앙의 정확한 정식을 그대에게 알려주라고 주님께서 나를 보내셨다."
>
> 원로의 이 말을 듣고 큰 기쁨에 차 있을 때, 그레고리오스는 원로 곁에 서 있는 또 다른 사람, 빛나는 여인을 보았다. 눈부신 광채가 여인에게서 흘러나와 어둔 방을 환하게 비춰주었다. 여인은 그 원로에게 말했다.
>
> "내 아들 내 하느님의 참된 친구, 요한이여, 이 젊은 사람에게 진리의 신비를 계시해주시오."
>
> 테오토코스의 명령에 순종하여, 복음사도는 성 삼위 하느

님의 신비에 대해 다음과 같은 가르침을 적어 그레고리오스에게 건네주었다.

"한 하느님이 계시니, 살아계신 말씀의 아버지요, 모든 지혜와 권능(에너지)의 원천이며, 그 본성에 있어서 영원하신 분이시다. 빛에서 나오신 빛이신 완전하신 아들을 낳으신 완전하신 분, 유일하게 출생하신 아들의 아버지시다.

또한 한 주님이 계시니, 유일하신 아버지로부터 유일하게 출생하신 분, 하느님으로부터 나오신 하느님, 신성의 참된 닮음과 형상이시다. 이 아들은 행동하시는 말씀이요, 모든 것을 구성하시고 이해하시는 지혜시며, 만물의 창조적인 권능이시다. 참되신 아버지의 참되신 아들, 볼 수 없는 분으로부터 나오신 볼 수 없는 분, 썩을 수 없는 분으로부터 나오신 썩을 수 없는 분, 불멸하시는 분으로부터 나오신 불멸하시는 분, 영원한 분으로부터 나오신 영원한 분이시다.

마지막으로 한 분 성령이 계시니, 그 존재는 하느님으로부터 나왔고, 아들을 통하여 온 백성에게 나타나셨다. 이 성령은 완전하신 아들의 완전하신 형상이요, 살아있는 모든 존재의 생명을 주는 원천이고, 거룩성의 신성한 원천이며, 성화(聖化)의 분배자시다.

성령 안에서 하느님 아버지가 계시되시니, 그분은 만물 위에 그리고 만물 안에 계시는 유일자시다. 아들 또한 하느님이시니, 그분을 통해 만물이 만들어졌다. ···. 언제나 부동하시고 변함이 없으신 동일한 성 삼위 하느님이시다."[12]

---

12 St. Gregory of Nyssa, *Life of St. Gregory Wonderworker*, PG 46, 893-957.

둘째는 세계총대주교 성 요한 크리소스토모스인데, 그의 전기 또한 복음사도 요한의 유사한 발현에 대해 언급한다. 아직 젊었을 때, 크리소스토모스는 안티오키아 근처의 광야에서 금욕적 삶을 살고 있었다. 헤지키오스라는 이름을 가진 연로하고 경건한 동료 수도사는, 크리소스토모스가 기도하던 순간, 그가 보았던 환상을 이렇게 증언한다.

> 크리소스토모스가 기도하고 있을 때, 흰 옷을 입은 용모가 매우 인상적인 사람이, 마치 하늘에서 내려온 것처럼, 그 앞에 나타나 서 있었다.(복음사도 신학자 성 요한이었던) 이 사람은 하나의 사본 두루마리를 들고 있었다. 성인이 그를 보았을 때, 그는 두려워 땅에 머리를 대고 엎드렸다. 하지만 그 사람은 성인을 일으켜 세운 뒤 이렇게 말했다.
>
> "두려워 말고 용기를 가져라."
>
> 그러자 크리소스토모스가 누구냐고 그에게 물었다. 그 사람은 대답했다.
>
> "나를 그대에게 보내신 분은 하느님이시다. 그러니 그저 내가 그대에게 주는 것을 받아라."
>
> 이 사람은 요한 크리소스토모스에게 사본 두루마리 하나를 주면서 이렇게 말했다.
>
> "나는 신학자 복음사도 요한이다. 그러니 내가 주는 이 두루마리를 받아라. 이제부터 그대의 지성이 열릴 것이고 성경의 의미를 이해하게 될 것이다."

크리소스토모스가 대답했다.

"나는 그런 은총에 합당치 않습니다."

그럼에도 이 사람은 십자 성호를 긋고 요한을 껴안아주며 그에게 용기를 주었다. 그리고 하늘로 올라갔다.[13]

비잔틴 시대의 신학자들과 신비가들

몇 세기 후, 신(新)신학자 성 시메온은 콘스탄티노플의 유명한 스투디오스 수도원에서 수도사로 살았다. 그는 후에 콘스탄티노플의 성 마마스 수도원의 원장이 된다. 그가 위로부터 신학의 은사를 받은 경험은 앞에서 살펴본 사례들만큼이나 강렬하다. 이 경험은 11세기 그의 제자이자 그의 전기 작가인 니케타스 스테타토스에 의해 후세에 전해졌다.

> 갑자기 넘치는 빛이 하늘에서 그를 비추었고, 그의 수실 지붕을 삼켜버릴 듯 했다. 빛은 다시 표현할 수 없는 기쁨과 즐거움으로 그의 영혼을 가득 채웠다. 그 무한한 광채, 그 찬란한 빛에 비하면 모든 것이 어두워 보였다. 때는 밤이었기 때문이다. 그때 이 빛으로부터 음성이 들려와 이렇게 말하였다.
>
> "그리스도의 거룩한 사도요 제자, 하느님 앞에서 우리를 위해 중재하고 중보하는 분으로부터 왔도다."

---

13 Palladius, *Life of St. John Chrysostom*, PG 47, 5-82. 보다 나중에 쓰인 성 요한 크리소스토모스의 전기는 번역가 시메온의 것이 있다. Symeon Metaphrastes, PG 114, 1045-1209.

시메온은 예기치 않게 이 음성을 들었고, 그의 지성은 황홀경에 빠졌으며, 그의 감각은 두려움에 사로잡혔다. 그는 자신이 이 신성한 빛으로 온전히 충만해졌고, 또 다른 손이 자신을 위로하고 글을 쓰도록 용기를 주고 인도해주심을 느낄 때까지 폭포수 같은 눈물을 흘리고 있었노라고, 자신에게 나타나신 하느님께 말씀드렸다.[14]

14세기, 유명한 헤지카스트들의 변호자 성 그레고리오스 팔라마스와 똑같은 정신과 유사한 시련을 공유했던 콘스탄티노플 총대주교 성 필로테오스 코키노스(1300-1379)는, 신적인 빛의 위대한 조명자, 그레고리오스 팔라마스가 펼친 신학의 은사가 하늘로부터 온 것임을 드러내주는 두 가지 사건을 묘사한다.

어느 날, 그레고리오스는 홀로 내적으로 하느님을 생각하며 집중하고 있을 때였다. 그는 졸지 않고 깨어있었는데, 어느 순간 갑자기 그 앞에 존귀하고 공경스러운 사람이 나타났다. 그리스도의 친구요 탁월한 제자였던 사도 요한이었다. 요한은 그 빛나는 두 눈으로 그레고리오스를 응시하며 말했다.

"보아라. 그레고리오스 내 아들아. 지극히 거룩한 여왕께서, 왜 너는 매일 밤낮으로 쉬지 않고 '내 어둠을 비춰주소서, 내 어둠을 비춰주소서!'라고 그토록 간절하게 부르짖는지 물어보라고 나를 보내시어 이렇게 왔다."

이 말을 듣고 그레고리오스가 대답했다.

---

14 다음을 보라. I. Hausherr et G. Horn, *Un grand mystique byzantin*.

> "죄인이고 정념으로 가득 찬 내가 하느님께 이것 말고 다른 무엇을 구하겠습니까? 용서받고 빛으로 비추임을 받기 위해 이렇게 기도하는 것이 내겐 필요하고 마땅합니다. …"
>
> 그러자 사랑받는 제자 복음사도 성 요한은 … 신학의 은사를 부어주어 그의 마음을 형언할 수 없는 기쁨과 환희로 가득 채워주었다.[15]

성 그레고리오스 팔라마스의 삶은 신학의 은사와 관련된 또 다른 환상을 포함한다. 이 환상은 성 그레고리오스가 그의 제자 도로테오스에게 직접 전해주었다. 이 제자는 테살로니키에 있는 블라타돈 수도원을 세운 창립자 중 한 사람으로, 이 수도원은 지금도 세계총대주교관구에 속해 있다. 성인은 10세기에 세워진 아토스 성산의 대(大) 라브라 수도원 위쪽에 위치한 성 사바스 스키티에서 이 환상을 경험했다. 이 경험은 만남과 친교로서의 신학의 중요성을 강조한다. 신학은 모든 사람과 함께 나눠야 할 신성한 은사이다.

> 거룩한 침묵과 기도 안에서 지성을 하느님께 집중하고 있을 때, 그레고리오스는 가벼운 수면에 취한 듯 했다. 바로 그때 그는 이 환상을 보았다. 그는 우유가 가득 찬 항아리를 들고 있었는데, 갑자기 그 항아리가 우물에서 들어 올리듯 높이 들리더니 쏟아져버렸다. 그때 그 우유는 향기 좋은 훌륭한 포도주로 변하여 그의 손과 옷 위에 쏟아졌다. 그의 손

---

15 다음을 보라. St. Philotheos Kokkinos, *Homily on Gregory Palamas, Archbishop of Thessalonika*, PG 151, 551-678.

과 옷은 이 좋은 냄새에 흠뻑 젖었다. … 그런 다음 그는 빛나는 음성이 이렇게 말하는 것을 들었다.

"그레고리오스, 너는 왜 이 훌륭한 음료를, 그것도 이렇게 많이 흘러넘치는데, 다른 사람과 나누지 않는 것이냐? 너는 왜 그것이 다 낭비되도록 방치하고 있느냐? 그것이 하느님의 선물이요, 끊임없이 흘러넘칠 것임을 너는 알지 못하느냐? 너는 그것을 다른 이들과 나눠야 한다. 그것을 받은 사람에게서 어떤 열매가 맺혀질지, 그것에 관해선 주님께 맡기면 되느니라."

하느님으로부터 직접 오는 것이든, 테오토코스(성모님) 혹은 복음사도요 신학자인 성 요한을 통해서 오는 것이든, 위로부터 신학의 계시를 받은 성인들에게 나타나는 이 신학의 은사 경험은 신학에 대한 정교회의 이해에 비추어 볼 때 특별히 의미심장하다. 정교회 전통과 관습에 의하면, 꿈을 통한 것이든 황홀경에 이은 초탈 경험을 통한 것이든, 이런 종류의 신비 경험은, 서방 교회와 비교해 볼 때, 매우 예외적인 것이기 때문이다. 동방 교회는 모든 경험을 공동체의 삶 위에 기초지우고 오직 공동체의 맥락 안에서만 의미 있는 것으로 여기기 때문에, 개인의 경험을 표현하거나 인준함에 있어서 매우 조심스럽다. 그렇기 때문에 역사 속에서 일어난 이 신비 경험의 특별한 예들을 강조하는 것은, 모든 신학이 하느님의 선물이요 은사라고 여기는 정교회 전통의 확신을 더욱 분명하게 해준다. 신학자는 누구든지, 모든 신학의 원천, 즉 하느님과의 내밀한 관계 안에서만 신학을 말할 수 있다. 더 나아가 기도라는 맥락 안에서 신학을 말하고자 할 때, 절대로 충만하게 이해되거나 묘사될 수 없는 두렵고도 신성한 신비 앞에서 침묵하는 것이야말로 가장 탁월하고도 적절한 신학의 방법임을, 신학자는 깨닫는다.

부정 신학

신학의 최종적인 언어는 침묵이다. 신학의 본질은 언어의 부재 안에서 발견된다. 신학자 성 그레고리오스가 확신하고 있듯이, 하느님을 인식하는 것은 어렵고, 하느님을 규정하는 것은 불가능하다. 말없는 신학이야말로 최선이다. 신학은 침묵 속에 있을 때 더욱 참되다. 이런 까닭에 복음사도 신학자 성 요한의 이콘 중 어떤 것들은, 침묵의 중요성과 그 신비를 강조하기라도 하듯, 손가락을 입에 대어 침묵을 강조하는 모습으로 그를 표상한다. 이렇게 해서 정교회의 신학과 영성의 길은 그것이 지닌 부정(negation) 혹은 아포파시스(ἀπόφασις)의 차원을 올바르게 평가하지 않고는 제대로 이해될 수 없다.

아포파시스 신학은 보통 5세기 말 크게 명성을 떨친 아레오바고의 성 디오니시오스의 신비 저작들과 결부된다. 물론 이런 형태의 신학이 성 디오니시오스의 창작물은 결코 아니다.[16] 이미 성경 안에서 우리는 아포파시스 신학의 요소들에 대한 암시

---

16 성 디오니시오스는 시리아에서 이 책들을 저술함으로써, 비잔틴 세계 바깥의 동방 정교회 전통 안에서도 아포파시스 신학이 사용되었다는 것을 알려주는 또 하나의 보충적인 증거를 제공해주었다.

를 발견한다.[17] 하지만 이것은 4세기 카파도키아 교부들을 통해서, 특별히 인간의 지성이 하느님의 본질 자체를 알 수 있다고 단언했던 그들의 동시대인 에브노미오스를 반박하는 그들의 글들을 통해서 확실하게 발전되었다. 니싸의 성 그레고리오스는 신학의 이 파라독스 혹은 이 신비를 이렇게 표현한다.

> 하느님을 참되게 알고 또 보는 것은, 그분이 볼 수 없는 분이심을 아는 것에 있다. 우리가 보는 분은 마치 어둠이 그러하듯 그의 불가해성으로 인해 모든 것으로부터 분리되어 있어서, 모든 지식을 초월하기 때문이다. … 그렇다면 모세가 어둠 속에 들어간 것, 그 어둠 속에서 하느님을 보았다는 것은 무엇을 의미하는가?(출애굽 20:21) 지금 이 이야기는 앞에 나온 신현현(출애굽 3장) 이야기와 모순되어 보인다. 그때는 하느님이 빛 속에서 나타나셨는데, 지금은 어둠 속에서 나타나신다. 하지만 적어도 지금 우리와 관련된 신비적인 의미의 차원에서는, 그것이 불일치한다고 생각하지 말아야 한다. 말씀께서는 이를 통해 종교적 앎이란 그것이 나타나기 시작할 때 먼저는 빛임을 우리에게 가르쳐주신다. 그래서 우리가 종교에 반대되는 것이라고 인정하는 것은 어둠이고, 그 어둠에서 벗어나는 것은 빛에 참여하는 것을 통해 성취된다. 하지만 영이 계속 전진하여, 더욱 위대하고 완전한 훈련을 통해, 실재들의 앎이 무엇인가를 이해할수록, 더더욱 관상에 가까이 갈수록, 하느님의 본질은 볼 수 없는 것

---

[17] 출애굽기 33장에서 모세가 하느님의 뒷모습을 본 사건, 요한복음 1장에 나오는 빛과 어둠의 대비, 특별히 "아무도 하느님을 보지 못했다"(18절)는 구절 등을 참고하라.

임을 더욱 잘 알게 된다.[18]

    이 아포파시스의 접근을 통해, 정교 신학은 하느님의 영속적인 내재성(immanence)을 강조하면서도 동시에 하느님의 절대적 초월성(transcendence)을 확언한다. 하느님은 우리를 초월하시면서 동시에 우리와 함께 계시기 때문이다. 인간 지성이 하느님을 향해 상승하는 것은 영혼의 카타르시스(정화)와도 같고 모든 형태의 우상숭배들을 치워버리는 일련의 창조적 제거와 부정의 과정으로 묘사될 수 있다. 하느님의 이 접근불가능성은, 인간 지성의 신적 본성을 강조하는 고대 철학자들의 경우처럼, 단지 인간 존재의 타락한 본성에 기인하는 것이 아니다. 그것은 오히려 피조물과 창조주 사이의 존재론적 심연에 기인한다. 궁극적으로는 바로 이 심연이, 종종 인간 지성의 한계를 인정하는 신학자에게 겸손을 가져다준다. 피조물과 창조주 사이의 심연은 몇몇 현대 사상 안에서는 덜 명확하게 제시된다. 하지만 초대 교부들에게는 그것이야말로 신학의 근본 원리이다. 물론 하느님의 접근불가능성이 하느님의 세계 내적 현존을 약화시키지는 않는가라고 의심하는 이들은, 이런 신학 방법이 자연 환경을 이해하는데 끼칠 영향에 대해 문제를 제기한다. 하지만 교부들의 아포파시스 신학은 세상에 관한 것이 아니라 하느님에 관한

---

18 *The Life of Moses* II, 163 et 162, PG 44, 377. trad. by Abraham Malherbe and Everett Ferguson, in the Classics of Western Spirituality series (New York: Paulist Press 1987), pp. 94-95. 또한 다음을 참고하라 : Werner Jaeger, ed., *Contra Eunomium*, 2 vols. (Berlin, 1921-22)

것임을 먼저 알아야 한다.

부정신학 그 자체는 신플라톤주의 사상 안에도 잘 알려져 있다. '비아 네가티바'(via negativa, 부정의 길) 또한 서방 중세 스콜라 사상의 특징이기도 하다. 사실 두렵고 신비로운 신적 초월성에 대한 의식이 있는 한, 모든 종교가 신과 관련하여 근본적으로 어느 정도까지는 부정적 접근을 가지고 있다.[19] 하지만 아포파시스 신학이 단지 하느님의 신비에 다가가기 위한 또 하나의 지적 방법인 것만은 아니다. 그것은 하느님을 알게 해주는 최고의 방법도 가장 효과적인 수단도 아니다. 신학은 언제나 모든 지식을 초월하는 앎으로 남아있다. 결국 그것은 신적 '무지'[20]의 형태이다.

심지어 교회의 교리들조차도 진리의 충만을 다 헤아렸다고, 또 정확히 규정했다고 장담하지 않는다. 교리들은, 그 밖으로 나가면 위험해질 수 있는 경계선 혹은 안내선을 표시하는 표지들이고, 신성한 빛에 대한 어떤 하나의 지식을 가졌음을 보여주는 상징일뿐이다. 정교회 전례가 그렇게 선언하듯, 우리는 부활을 믿을 뿐만 아니라 "우리는 부활을 보았고, 참 빛을 보았다."[21] 비록 '신조'(Credo)라는 이름으로 잘못 알려져 왔지만, 그리스도교 신앙의 이 요약은 사실 '신앙의 상징'(Symbol of Faith)이

19　St. Gregory Palamas, *Triads*, 2, 3, p.67.
20　위의 책, p. 53.
21　성 요한 크리소스토모스의 신성한 성찬 예배에서 인용. 이 성가는 신자들의 성찬 교제가 끝난 직후에 불려진다.

라는 표현이 더 적절하다.[22] 왜냐하면 어떤 신학적 주장의 목록도 우리가 가진 신앙을 다 포괄할 수는 없기 때문이다.

이렇게 신학은 차라리 기도를 통한 친교 안에서 하느님을 인격적으로 만나는 것, 그분과 사랑으로 관계 맺는 것이기에, 모든 정식과 규정을 초월한다. 그런 연합 안에서 우리의 열망은 결코 완전히 충족될 수 없고 소진될 수 없다. 그것은 '잡을 수 없는 분'을 잡으려고 손을 내뻗는, '도달할 수 없는 분'을 찾아 헤매는, 『아가서』에 나오는 신부의 사랑과 같다.[23]

이런 까닭에, 부정신학은 긍정적 접근에 대한 하나의 수정이거나 그에 대응하는 하나의 길이 아니다. 오히려 그것은 하느님께로 이끌어주는 유일한 길이요, 교부들에 의해 제시된 유일한 길이다. 교부들은 하느님을 추상적으로 사유하는 철학자가 아니다. 그들은 그 본질에 있어서조차 하나의 신비인 신학의 영웅들이다. 그들은 살아계신 하느님과의 친교를 하나의 만남으로 동시에 하나의 신비로 생생하게 인격적으로 경험한 분들이다.

> 아포파시스의 태도들은 교회의 교부들에게 이 자유뿐만 아니라, 몰이해와 '개념의 신학'에 빠지는 위험으로 나아가지 않으면서도 대범하게 철학적인 용어들을 사용할 수 있도록 해 주었다. … 아포파시스의 길은 하나의 부재(不在), 하나의 절대적인 텅 빔에 이르는 것이 아니다. 왜냐하면 그리스

---

22 이것은 니케아 1차 세계공의회(325)와 콘스탄티노플 2차 세계공의회(381)에서 확정된 신앙의 규정이다.

23 St. Gregory of Nyssa, *Commentary on the Song of Songs* 6, PG 44, 755-1120.

도인들의 '알 수 없는 하느님'은 철학자들의 비인격적인 신이 아니기 때문이다. 『신비 신학에 대하여』의 저자가 완전한 현존과 충만을 향해 자신을 인도해 주었던 이 길을 추구하면서 자신을 내맡긴 분은 바로 "신성(神性)도 넘어서고 선하심도 넘어서는 초본질"이신 거룩한 삼위일체 하느님이시다.[24]

결론 : 오늘날의 신학

모든 것이 합리적 사고에 기초하여 평가되고 협상되는 것처럼 보이는, 우리가 살고 있는 이 시대 이 세상에서, 아포파시스 신학은 정교회의 삶과 전통이 지니는 참된 의미와 그 경험을 전달해준다. 신학은 이성을 넘어서는 하나의 신비이고, 우리는 오직 흔들림 없는 신앙을 통해서만 그 신비 안에 들어갈 수 있고, 그런 신앙만이 우리로 하여금 만유가 복종하는 살아계신 하느님께 다가갈 수 있게 해주기 때문이다. 런던에서 멀지 않는 한 수도원의 창설자이고 영적 아버지인, 영원히 기억될 사제 소프로니오스 사카로프(1896-1993)는 이렇게 쓴다.

> 사람이 은총을 경험하고도 진보하지 못하거나 길을 잃는 경우가 종종 있다. 그의 종교적 삶은 머리와만 관련되고, 추상적 인식의 형태를 띠게 된다. 그런 사람은 이런 상태에 머물러 있으면서도 스스로는 영적 지식을 가지고 있다고 믿는다. 하지만 비록 은총의 경험에 따라오는 것이라

---

24 Vladimir Lossky, *The Mystical Theology of the Eastern Church* (Crestwood, N.Y.: St. Vladimir's Seminary Press, 1976), pp. 42-43.

해도 그런 추상적 이해는 실제로는 하느님 말씀에 대한 독특한 왜곡일 뿐이라는 것을 알아차리지 못한다. 그런 사람에게 성경은 그 본질에 있어서 "일곱 인을 찍어 봉인한 책"(묵시록 5:1)일 뿐이다.[25]

아마도 이 지혜로운 말은, 어찌하여 수많은 신학자들이 있었음에도 불구하고, 단지 그들의 사상과 개념만 아니라 그들의 삶의 여정을 형성해나가시는 분으로 하느님을 경험한 사람은 극히 드문가 하는 의문을 잘 설명해준다.

이 장에서 언급한 교부들은, 정교회의 알려진 혹은 알려지지 않은 수많은 신학자들 중 불과 몇 명에 지나지 않지만, 하느님으로부터 직접 신학적 배움을 얻는 경험을 했다. 살아있는 기도의 어떤 순간, 신학이라는 거룩한 신비에 참여하기에는 합당치 못함을 뼈저리게 통감하는 위대한 깨어있음의 상태에서, 그들은 신학의 은총을 받았다. 신학에 대한 그들의 이해에서 지배적인 원리는 "그대가 신학자라면, 그대는 기도할 것이요, 그대가 참으로 기도한다면, 그대는 신학자이다."[26]라는 '필로칼리아' 교리였다.

이 원리는 왜 현대 신학이 현대 세계를 거의 아니 어쩌면 전혀 문제 삼지 못하고 있고, 그래서 현대인들에게 거의 혹은 아

---

25 Archimandrite Sophrony, *St. Silouan, the Athonite*, (Crestwood, N.Y.: St. Vladimir's Seminary Press, 1991), p. 91.
26 Evagrius, *Chapters on Prayer*, 60, PG 79, 1180 ; 영어 번역본은 Evagrius of Pontus, *The Praktikos : Chapters on Prayer*, trans. John Eudes Bamberger (Kalamazoo, Mich.: Cistercian Publications, 1970)을 보라.

무런 방향도 지시해주지 못하는지를 잘 설명해 준다. 이 원리는 왜 현재의 신학이 아무 특색도 없는 죽어버린 인간적 창조물일 뿐인지를 이해하게 해주는 하나의 열쇠를 우리에게 제공해준다. 깨어있음과 기도와 맺는 관계, 교회 안에 전래된 기도와 전례와 맺는 관계를 회복하는데 실패한다면, 신학은 여타의 이론 학문들처럼 끊임없이 메말라가는 단순한 이성적 훈련이 됨으로써, 인류 역사의 미래에 아무런 존재이유를 가지지 못할 것이다. 그런 신학은, 아무리 탁월하게 논증된 것일지라도, 생명을 주고 생명을 구원하는 하느님의 사랑으로 인간의 영혼을 이끌어갈 수 없는, 지적 탐구서들의 책장을 채울 뿐이다. 반대로, 참된 신학은 세상을 떠받치고, 공동체 전체를 양육할 수 있다. 분명 교부들은 신학을 이런 방식으로 이해했다. 8세기 초반부터 9세기 중반까지 이어진, 거룩한 이콘과 관련된 기나긴 논쟁 끝에, 7차 세계공의회(787)의 선언은 정교를 이렇게 규정했다.

> 예언자들은 보았고, 사도들은 가르쳤고, 교회는 전통으로 물려받았고, 박사들은 규정했고, 은총은 빛났고, 진리는 광채를 뿜었고, 거짓은 쫓겨났고, 지혜는 확신을 가지고 말했나니, … 우리 또한 그렇게 생각하고, 그렇게 말하고, 그렇게 설교한다. 이것이 바로 사도들의 신앙이요, 교부들의 신앙이요, 정교신자들의 신앙이요, 온 세상을 굳세게 하는 신앙이다.[27]

---

27   7차 세계공의회의 『시노디콘』(Synodikon). 이 선언은 매년 대사순절 첫 번째 주일에 경축되는 '정교 주일'에 반복적으로 선포된다.

IV | 사랑의 소명
선택과 소명으로서의 수도 생활

> 하느님과 세상 사이에서 일어나는 가장 중요한 일은
> 사랑하기, 사랑받기를 배우는 것이다.
>
> 카타피기오의 칼리스토스 (14세기)

독신과 자유

성직은 어렸을 때나 학업 중이었을 때나 항상 내 인생의 중요한 부분이었다. 임브로스 섬에서 지낸 내 젊은 시절 내게 결정적인 영향을 주었던 성직자들을 나는 항상 기억하고 있다. 대부분 독신 사제였고, 또 정교회 전통에서는 독신자에게만 허용되었던 주교들이었다. 정교회에서 보제나 사제는 기혼사제로 사역하는 것을 선택할 수 있다. 독신은 사제서품에서 반드시 요구되는 것이 아니다. 반대로 주교는 독신이어야 한다. 하지만 내가 보기에 독신은 언제나 자유로운 선택의 결과였다. 나는 독신 성직의 선택을 강요나 의무로 느낀 적이 없었다. 그것은 선택의 문제요 소명의 문제이다.

자유라는 관념은 정교회의 삶과 신앙에 있어서 결정적인 중요성을 가진다.[01] 자유는 그리스도교적 삶을 살고자 결단하는 세례에서나, 정교회의 직무 안에서나 똑같이 중요한 위치를 점한다. 실제 성 대 바실리오스에게도, 수도자의 독신의 길은 '복음에 따른 삶'과 결코 다르지 않았다.[02] 각각의 사람은 그리스도의 부르심에 응답하도록 초대받는다. 각각의 그리스도인은 "자기 안에 그리스도가 형성되길"(갈라디아 4:19) 갈망한다. 수도자는 단지 이 목표를 다른 방식으로, 말하자면 침묵과 고요 안에서 성취한다. 그들의 싸움은 말이나 행동으로 하는 것이 아니고, 그래서 설교자나 활동가일 수 없다. 그것은 오히려 "우리의 마음에 새겨져 있는 소개장, 누구에게나 다 통하고 누구든지 읽을 수 있는 소개장"(II 고린토 3:2)이다. 그리스도인의 소명에 응답하는 상황들은 다양할 수 있지만, 그 길은 결국 동일한 것이다. 정교회의 영적 삶에서는, 수도자와 수도자가 아닌 사람 사이에 분명한 구별이 존재하지 않는다. 많은 사람이 이것을 잊고 수도생활에 대한 배타적이고 차별적인 이해를 채택한다. 하지만 이것은 참과는 거리가 멀다.

---

01 이에 대해선 7장 '신앙과 자유'를 보라.
02 *Epistle*, 207, 2.

수도 생활의 목표

수도생활은 하느님의 뜻에 자발적으로 복종하는 것이기 때문에, 그것은 사회를 거부하거나 몸을 파괴하는 것일 수 없다. 이원론적 이단과 사상들이 창궐했던 시대가 마치 수도생활이 인간사회로부터의 도피나 육신에 대한 가혹한 고행이기라도 한 것 같은 강한 인상을 남긴 것도 사실이지만, 사실 수도생활은 개인과 사회를 화해시키고, 다가올 하느님 나라에서 일어날 육신의 궁극적인 변모를 기억하면서 육신의 욕구들을 통제하고자 한다. 신학적 용어로 "종말론적"이라 규정되는 바, 세상과 육신에 대한 이와 같은 태도는, 최종적인 부활과 만유의 회복이라는 빛 아래서, 사회와 몸의 긍정적인 의미를 강조한다. 결론적으로, 금욕의 길에서 지나친 절제는 지나친 관대보다 더욱 커다란 악으로 귀결될 수도 있다는 것이다.

이런 까닭에 정교회의 고전적인 교부 문헌들은 금욕 훈련의 '기쁨'이라는 차원을 강조한다. 『거룩한 사다리』의 일곱 번째 층계에서 성 요한 클리막스(579-649)는, 결국은 기쁨과 사랑이 될(로마 13:10) 금욕적 엄격함의 이 현실을 의미하기 위해 "즐거운 슬픔"(χαρμολύπη)[03]이라는 용어를 만들기도 했다. 정교회의 영성 생활에서와 마찬가지로 수도생활에서도 정념은 정복되어야 하는 것이 아니라 더욱 큰 열망을 통해 이기고 변모시켜야 하는 것이다. 그리고 "이 중에서 가장 위대한 것은 사랑이다."(I 고

---

03 이 개념에 대해서는 후기를 참고하라.

린토 13:13) 이집트의 성 대 안토니오스의 축일(1월 17일)에 불리는 성가에 의하면, 우리는 "그리스도를 사랑하도록, 그 무엇보다 그리스도를 사랑하는 것을 좋아하도록" 부름 받았다. 정교회의 수도서원 예식에서 수련자는 이렇게 격려된다.

> 고귀함을 지니고 그대의 길을 가라. 모든 헛된 집착을 버려라. 그대를 아래로 끌어내리는 모든 욕망에 저항하라. 그리고 그대의 모든 욕망을 하늘로 향하게 하라.

천상의 관상, 신성한 빛을 보는 것은 모든 정교회 수도자의 목표다. 이 목표는, '하느님 봄'(vision of God)의 신학적, 영적 깊이들을 강조한 교부들에 의해 시대마다 다양한 방식으로 정의되었다. 바로 이런 까닭에 교부들은, 4세기의 광야의 첫 금욕가들로부터 시작하여 14세기의 헤지카스트들을 거쳐, 오늘날 전 세계의 수도자와 수녀에 이르기까지, 침묵과 고요를 실천했던 이들을 지지하고 옹호했다. 하지만 14세기에는 이런 삶의 방식이 성 그레고리오스 팔라마스(1296-1359)와 함께 특별히 탁월한 것이 되었다. 그는 이런 삶의 방식의 복음적이고 전통적인 뿌리들을 변호하는 주요 대표자였다. 콘스탄티노플에서 태어난 성 그레고리오스는, 헤지카스트 사부들의 신비적 앎을 배우고 껴안길 원했기에, 아주 젊었을 때부터 아토스 성산에 강하게 끌렸다. 그리고 우리가 앞에서 보았듯이, 성인은 항상 이 기도를 드렸다. "주 예수 그리스도시여, 내 어둠을 비춰주소서!"[04]

04 이 기도 본문 전체는 3장 신학의 은사에 인용한 것을 참고하라.

초기의 수도생활

수도생활의 역사적인 뿌리는 성경에서 찾을 수 있다. 구약성경의 예언자 중에서, 엘리야는 수도 생활의 원형이다. 신약성경에서 세례자 성 요한은 금욕 생활의 가장 탁월한 모본이고 성 바울로는 처음으로 독신에 대한 신학적 견해를 밝혔다. 수도 생활에 대한 많고도 다양한 표현들이 3, 4세기 이집트와 시리아에서, 5, 6세기 팔레스타인과 서방에서, 그리고 7~9세기 소아시아와 시나이산에서, 10세기 아토스 성산에서 발전되었다. 그로부터 시대마다 정교회의 선교가 펼쳐지고 정착한 곳이면 어디든 수도생활이 이식되었고, 14~20세기 슬라브 민족 안에서 독특하고 대중적인 표현들이 발전되었다.

동방 그리스도교의 수도 생활은 270년경, 이집트의 성 대 안토니오스(250-356)가 고향의 작은 성당에 들어가 "네가 완전한 사람이 되려거든 가서 너의 재산을 다 팔아 가난한 사람들에게 나누어주어라. 그러면 하늘에서 보화를 얻게 될 것이다. 그러니 내가 시키는 대로 하고 나서 나를 따라오너라."(마태오 19:21)라는 복음서의 말씀을 들었던 때에 등장하게 되었다.[05] 이 말씀을 듣고 안토니오스는 완전한 가난, 근본적인 고독의 삶을 살기로 결심했다. 그 결과는 즉각적이었고 거의 기적과도 같았다. 그가

---

05 성 대 안토니오스는, 그의 동시대인이고 그의 전기 작가이자 그를 존경해 마지 않았던 알렉산드리아의 성 아타나시오스의 증언에 따라, "수도 생활의 아버지"로 알려져 온다.

안식할 때, "광야는 도시가 되었다."[06] 이집트의 광야는 문자 그대로 (1) 은둔 생활, (2) 공동체 생활, (3) 그 중간 형태인 스키티 생활이라고 하는 세 가지 삶의 방식 중 하나를 선택한 수도자들, 남자와 여자들로 가득 찼다.

이 세 가지 유형은 오늘날까지도 널리 알려져 있고, 참으로 천년 이상 동안이나 온전히 수도 생활에만 봉헌된 그리스 북쪽의 반도인 아토스 산 기슭에서 오늘날까지도 계속해서 꽃을 피우고 있다. 20개의 대수도원과 수많은 스키티와 켈리가 '성산'('아기온 오로스', 거룩한 산)이라고도 불리는 이 아토스 산의 기슭과 정상과 해안가를 장식하고 있고, 수많은 금욕 수도자들이 그 안에서 거룩한 삶을 살고 있다.

나의 아토스 성산 방문

1992년 세계총대주교로 선택되고 착좌한 다음 해, 나는 세계총대주교관구의 영적 심장인 아토스 성산을 방문했다. 내가 아토스 산을 본 것은 그때가 처음은 아니었다. 내 고향 섬에서도 아주 날씨가 좋을 때면 멀리 아토스 성산을 볼 수 있었기 때문이다. 아토스 성산은 그곳 수도자들의 방문으로 혹은 단순히 날씨만으로도 늘 인구에 회자되곤 했다. 노인들은 이렇게 말하곤 했다. "성산이 붉으면, 북풍이 불어온다." 심지어 나는 아토스 성산의 쿠틀루무시 대수도원의 한 수도자를 기념하여 바르

---

06   *The Life of Anthony*, chapitre 14.

톨로메오스라는 이름을 받기까지 했다. 나의 고향 임브로스 섬 출신이었던 그는 임브로스에 첫 번째 학교를 세운 사람이었다.

그러므로 나는 이 순례가 전 세계를 향한 나의 사목적 방문과 선교 사역의 장엄한 시작이 되길 희망했다. 그것은 또한, 하느님 나라를 상속받고 세상의 생명을 위해 기도하기 위해서, 지상에 속한 모든 것을 포기한 이들의 헌신과 실천에, 총대주교로서 존경을 표하는 나의 방식이기도 했다. 고대 신화에서, 포세이돈과 가이아의 아들로서, 자신의 힘을 재충전하기 위해 정기적으로 대지에 발을 디뎌야 했던 안테오스처럼, 나는 성산을 방문하고 여행하는 것으로 나의 총대주교 사역을 시작하기로 결정했다. 정교회 사제가 아침 예식 동안 거룩한 이콘들에 공경을 표하면서 "충분히 시간을 가진 뒤" 신성한 성찬 예배를 시작하듯이, 아토스 성산에 보존되어 있는 성해들에 공경을 표하기 위해서 "충분히 시간을 가지는 것"이 내게는 매우 필요했고 적절했다.

이 여행 동안 소지했던 메모수첩에 적어놓은 소감을 나는 기억한다. "아토스 성산은 영적 삶의 대 서사시이다!" 이 방문 동안, 다양한 수도 공동체에서 강론할 때마다, 나는 수도자는 자신의 삶에서 무엇보다 순종과 자유의 훈련을 통해 자유에 부합하는 사람이 되어야 함을 강조했다. 순종은 개인주의와 고립화의 경향으로부터 인간 본성을 지켜준다. 겸손은 광신주의와 극단주의라는 이단으로부터 사람을 보호해준다. 자유는 "하느님의 형상을 따라 닮아가도록"(창세기 1:26) 창조된 우리 모두가 갈망하는, 가치를 잴 수 없이 고귀한 영적 목표이다. 다른 어떤 것보다, 우리로 하여금 하느님을 닮은 존재가 되게 해주는 것은 바로 이 자유다.

이 선택의 자유는 역사적으로 정교 그리스도인들이 수도 생활에 대해 보여주었던 존경심의 결정적 요소이다. 아토스의 성 아타나시오스(920-1003)가 963년 당시 교회 당국과 제국의 정부의 후원으로 '대 라브라'로 알려진 첫 번째 대수도원을 세웠을 때, 그는 그리스도가 마르타(세상 속에서의 활동적 삶의 상징)에게 마리아(수도원에서의 관상적 삶의 상징)에 대해 하셨던 말씀, 즉 "실상 필요한 것은 한 가지뿐이다. 마리아는 참 좋은 몫을 택했다. 그것을 빼앗아서는 안 된다."(루가 10:42)는 말씀을 제도적으로 구현하였다. 무엇보다 먼저, 그리스도가 "사람이 온 세상을 얻는다 해도 제 목숨을 잃으면 무슨 소용이 있겠느냐? 사람의 목숨을 무엇과 바꾸겠느냐?"(마태오 16:26) 이렇게 선언하지 않으셨는가! 그러므로, 내 생각에, 독신을 선택한 이들에겐 하늘나라에 특별한 자리가 준비되어 있다는 묵시록의 말씀(14:4)은 결코 놀라운 것이 아니다.

여성의 수도 생활

아토스 성산은 남자들만 살아가는 수도 공동체다. 그렇지만 남자들만 배타적인 특권을 가진 것은 아니다. 우리 신자들의 영적 성장에 있어서, 여자 수도원 또한 항상 중요한 역할을 해왔다. 아주 고대로부터, 심지어 성 대 안토니오스가 살던 시대에도, 여자들을 위한 수도 공동체가 존재했다. 역사적으로 볼 때도 사실 독신은 먼저 여자들 사이에 있던 관습임이 분명하다.

정교회는 남자들의 금욕적 삶과 여자들의 금욕적 삶의 가치를 구별하지 않았다. 창조 교리에 대한 정교회의 관점은, "하느님이 당신의 모습대로 사람을 지어내셨다. 하느님의 모습대로 사람을 지어내시되 남자와 여자로 지어내셨다."(창세기 1:27)는 말씀에서 보듯, 아담의 창조 안에 새겨진 하느님의 형상과 닮음은 남성과 여성의 구별뿐만 아니라 관계를 함축한다는 것이다. 4세기의 신학자 성 그레고리오스(329-389)는 "인간의 법은 남자와 여자를 차별해왔다. 왜냐하면 입법자들이 다 남자였기 때문이다."라고 갈파했다. 하지만 그는 이렇게 덧붙인다.

> 남자와 여자를 지으신 한 분 창조주가 있을 뿐이다. 하나의 똑같은 흙먼지가 남자와 여자를 덧씌운다. 하나의 동일한 형상이 그들을 장식한다. 하나의 유일한 법이 그들을 강제한다. 하나의 유일한 부활이 있듯이, 하나의 유일한 죽음이 그들을 규정한다.[07]

어떤 점에선, 여러 가지 이유로 인해 남자 수도원들이 갈피를 못 잡고 쇠퇴를 거듭하던 많은 시기에, 도리어 여자 수도원은 살아남고 심지어 번성하기까지 했던 적도 있다. 수도자의 길에는 항상 이런 확신이 있다. 즉, 그리스도 안에서 세례 받은 자에겐, "남자나 여자나 아무런 차별이 없으니, 그리스도 예수 안

---

07   *Homily* 37, 6, PG 36, 289B-C.

에서 모두 한 몸을 이루었기 때문"(갈라디아 3:28)이라는 확신이 그것이다. 수도 생활은 우리 모두가 보다 높은 존귀함으로 부름 받았음을 상기시켜준다. 아무도 이로부터 배제되지 않는다. 거기에는 어떤 차별도 있을 수 없다. 그리스도인의 길은 좁은 길이고, 수도자의 길 또한 시련의 길이다. 모세가 하느님의 현존을 보았던 시나이 산, 오늘날까지도 계속 존재해 오는 성 카테리나 정교 수도원의 원장이었던 7세기의 성 요한 클리막스는 이렇게 말했다. "수도 생활은 우리의 타락한 본성에 대한 끊임없는 저항을 구현한다."[08]

기도 센터와 영적 지도

남자 수도원과 여자 수도원 할 것 없이 수도원은 전통적으로 강력한 기도의 장소요, 영적 지도의 산실이다. 사람이 자신의 삶 전체를 기도의 길에 헌신할 때, 그는 조언의 말을 해줄 수 있는 신뢰를 얻게 된다. 4세기 콘스탄티노플에 수도원 하나가 세워졌고 '아키미티'(ἀκοίμητοι, 문자적으로 "잠자지 않는 사람들"이라는 뜻) 공동체란 이름으로 널리 알려졌다. 수도자들은 세상의 생명을 위해 끊임없이 번갈아가며 기도를 이어감으로써, 전례와 관상 기도가 밤낮으로 중단되지 않고 계속되었기 때문에 붙여진 이름이다. 신자들은 기도와 거룩성 안에서 살아가는 사람을 만나기 위해 자주 그런 수도처들을 방문했다. 비록 역사상 수많

---

08 *The Ladder of Divine Ascent*, Step 1.

은 수도자와 수녀들이 지성인, 유명한 학자, 몸과 정신과 영혼의 의사였지만, 동방 교회에서 수도원은 결코 교양과 명망을 쌓는 장소가 아니었다. 더 나아가 비록 18세기 에톨리아의 성 코즈마스(1714-1779)는 그리스를 복음화하기 위해 그가 소속된 아토스 성산의 수도 공동체로부터 축복을 받고 떠나, 십자가 하나와 낮은 의자 하나 들고서 방랑 설교자로 곳곳을 누비고 다니기도 했지만, 수도원은 전통적으로 선교 활동을 위한 곳이 아니었다.

그러므로 수도원은 전통적으로 영적 갱신과 재충전의 센터로 기능해 왔다. "물기 없이 메마른 땅"(시편 63:1)에서, 수도원은 "먼 길 걷느라 땡볕에 지치고 피곤한"(요한 4:6) 이들에게 늘 환대와 사랑을 제공해왔다. 그들은 주로 기도의 침묵 안에서 이런 일들을 해왔으니, 그것은 모든 영적 삶의 씨앗이고 모든 덕의 원천이며, 분명 자선이나 그 밖의 다른 금욕적 실천보다 더욱 고귀한 것이다.[09] 또한 그들은 특별히 영적 지도와 성사적인 고백을 받아줌으로써 이런 일들을 했다.

정교회의 실천적 교훈에 따르면, 우리는, 타자의 현존 앞에서가 아니라면, 우리의 가장 깊숙한 정념을 아는 것에 이를 수 없고, 우리의 내적인 마음을 위로할 수도 없다. 영적 안내자, 원로, 고백사제는 덕을 증진시키고 영혼을 진보시키는데 있어서 반드시 필요하다. 한 마디로 다른 길은 없다. 이 원로는 그대의

---

09 위의 책, Step 27 ; Isaac the Syrian, *Ascetic Treatises*, Homily 23 ; St. Basil the Great, *Homily on Gregory*, PG 32, 226.

영혼을 자기 영혼 안에 취하고, 그대가 짊어진 짐을 가볍게 해줄 수 있다. 우리 안에 있는 생각들을 함께 나눌 수 있고, 우리의 가장 깊은 관심사들을 드러낼 수 있는, 그런 조언자, 그런 고백자가 우리 모두에게 반드시 필요하다. 영적 지도라는 것은 결코 동양적인 어떤 것이나 유별난 사치가 아니다. 영적 지도를 '구루'의 역할과 등치시키곤 하는데, 그것은 맞지 않다. 영적 아버지는 교회의 가장 위대한 전통에 속하는 교회 공동체의 일원이기 때문이다. 정교회에서 영적 지도는 영적 균형과 건강을 위해 근본적으로 필요한 것이다. 그것은 마음속의 보물을 찾고자 열망하는 평신도에게만 아니라, 남녀노소, 평신도와 보제, 사제, 심지어 주교에게도 요구된다. 이것은 아토스 성산의 수도자들과 수도원장들이 내게 영적 조언을 듣고 싶어 하는 것처럼, 나 역시 모든 정교회 사제와 주교처럼 영적 아버지에게서 위로와 충고의 말씀을 들을 수 있고 또 들어야 한다는 것을 의미한다.

이런 원로들 중 한 분이 성 파이시오스(1924-1994)였다. 그는 단순하면서도 깊은 수도자였다. 소아시아 지역 카파도키아에서 신실한 부모에게서 태어난 파이시오스 수도자는, 1963년 우리가 아토스 성산의 천년을 기념했을 때만 해도, 물론 영적으로 다를 수 있었겠지만 적어도 물질적 자원이나 성산의 수도자 숫자로만 보면 분명 쇠퇴하고 있었던 아토스 성산에서, 다시 한 번 영적 재부흥을 일으킨 분들 중 한분이다. 얼마간 시나이 산으로 물러나 수도 생활을 하다 아토스 성산으로 돌아온 파이시오스 수도자는 그곳에서 전 세계적으로 수많은 영혼들을 지도

하고 이끈다. 내가 나의 전임이신 디미트리오스 총대주교의 개인 비서를 맡고 있을 때, 파이시오스 성인이 그를 방문한 적이 있다. 그때 나는 그의 침묵과 고요함에 매우 큰 인상을 받았다.

살아있는 성인을 만나는 은총을 받은 사람은 누구나 그런 분의 주된 특징인 정적, 고요에 대해, 어디서 다시 경험하기 어려운 고유한 느낌들을 갖게 된다. 성인은 이 세상과 다가올 세상에서 동시에 살아가는 것 같다. 파이시오스 성인과 관련하여 가장 놀라웠던 것은, 그가 너무나도 인간적이었다는 것이다. 그는 솔직함으로 가득 했고, 점잖은 체, 잘난 체하는 것과는 거리가 멀었다. 신성한 빛은 그의 영혼의 너울을 통과해 빛나는 것 같았다. 그래서 그를 방문하는 사람들은 누구나 편안함, 따뜻하게 환대받고 있음을 느끼지 않을 수 없었다. 나는 그 후 언젠가 그의 수실을 방문했던 기억이 난다. 다른 많은 이들이 평생에 한번쯤은 그렇게 하듯 말이다. 그는 껍질 벗긴 사과나 오렌지를 대접하며 영적인 조언을 주곤 했다. 그는 참으로 광야의 교수였고 선교사였다. 이 무슨 역설인가! 서품을 받지도 않은 평수도자가 세계총대주교의 내적 삶에 대해 듣고 있다니! 그는 조금도 불편한 기색이 없었다. 그의 솔직함과 진지함은 겸손의 덕 안에 있었다. 바로 이 겸손 안에서 교회는 가장 올바르게 기능한다.

금욕 수행의 길

금욕이나 수행에 대해 생각할 때, 우리는 금식, 철야, 고행 같은 것들을 상상한다. 시리아의 이삭(700년 경)은 "아무도 편안하게 하늘로 오르지 못한다."고 말한다.[10] 금욕 수행 없이는 상승도 없다. 이것이 진리다. 그러나 이것이 전부는 아니다. 금욕은 『필로칼리아』와 정교 영성의 다른 고전들이 '엥크라티아'(ἐγκράτεια)라고 부르는 것, 다시 말해 검소함 혹은 자기 억제를 함축한다. 우리도 '원하는' 것과 실제로 '필요한' 것을 명백하게 구분함으로써 자발적으로 그것을 본받아야 한다. 오직 자기 부정을 통해서만, "아니요'"라고 혹은 "그것은 너무 지나쳐"라고 말하는 의지를 통해서만 참으로 인간다움의 의미를 재발견할 수 있다. 결국 금욕의 정신은 세상의 물질적 부에 대한 판단이라기보다는, "더 많이 가지려는" 욕망에서 비롯되는 모든 스트레스와 근심으로부터 자신을 해방시키는 하나의 방법이다. 그것은 소비주의의 사슬에서 해방시켜주는 열쇠이다.(I 디모테오 6:9-10 참고)

오늘날 금욕 정신에 필요한 것이 있다면, 그것은 한 마디로 "희생"이다. 그것은 타인과의 관계뿐만 아니라 피조세계인 자연과의 관계에서 꼭 필요한 것이지만, 오늘날 좀처럼 찾아보기 힘든 덕목이다. 나는 여기서 값싸지 않은, 비용이 드는 하나의 희생에 대해 생각한다. "나는 돈 한 푼 안 들이고 주 나의 하느님께 번제를 드릴 수는 없소."(II 사무엘 24:24) 우리가 근본적이고 고통스럽고 철저하게 무사무욕의 희생을 치를 준비가 되어 있을 때만, 이 세상을 변모시키는 실제적인 변화들이 일어날 것이

---

10   Isaac the Syrian, *Ascetic Treatises*, Homily 4.

다. 거의 혹은 전혀 희생하려 하지 않는다면, 우리는 거의 혹은 전혀 성공하지 못할 것이다. 민족과 개인을 막론하고, 그것은 가난한 이들보다는 부자들에게 요구되는 것임은 두 말할 필요도 없다. 어쨌든 우리 모두는 타인의 이익을 위해 그리고 피조 세계 자체의 이익을 위해 무언가를 희생해야 한다.

희생은 순전히 경제적인 문제가 아니라 오히려 영적인 문제이다. 나는 여기서 희생을 단순한 기술적인 가치로서가 아니라 윤리적인 가치로 다루고자 한다. 무욕은 관대함을 함축하고, 세상을 투명하게 만들며, 자신의 것을 피조물들 사이에, 사람들 사이에, 또한 하늘과 땅 사이에 공유함으로써, 세상을 친교의 신비로 변모시킨다.

현대세계에서, 희생을 말하는 것은 별로 환영받지도 못하고, 인기가 없다. 하지만 희생이 인기가 없는 것은, 아마도 그것을 오해하고 있기 때문일 것이다. 많은 사람이 희생의 의미에 대해 잘못된 관념을 가지고 있다. 그들은 희생이 손해 혹은 죽음을 함축한다고 여긴다. 희생을 우울하고 불길한 것으로 여긴다. 분명 이것은 포기와 절제에 대한 오래된 오해의 결과다. 이 오해는 가진 자와 가지지 못한 자의 차별 안에 반영된 종교의 남용에서 연유하는 것일 지도 모른다.

어쨌든 구약 성경의 이스라엘 민족은 희생에 대해 전혀 다른 관점을 가지고 있었다. 그들에게 희생은 손해가 아니라 이익을, 죽음이 아니라 생명을 말하는 것이었다. 분명 비싼 값을 지불해야 하는 것이었지만, 희생은 감소가 아니라 하나의 성취를 가져다주었다. 그것은 나쁜 것이 아니라 좋은 것으로의 변화였다. 구약의 유대인들에게, 희생은 먼저 포기하는 것이라기 보단 단순히 주는 것을 의미했다. 그 본질에 있어서 희생은 나눔을 상징하는 자발적 선물이요 봉헌이다. 이런 까닭에 "그 금식은 기쁨과 즐거움으로 바뀌어 즐거운 축제가 되리라."(즈카리야 8:19)는 말씀처럼, 희생과 금식은 예배와 축제의 반영이었다.

수도생활은 희생과 동일시된다. 수도생활처럼, 희생 또한 자유로운 봉헌을 함축하기 때문이다. 자유롭게 사랑으로 내주는 것만이 참된 희생이라 할 수 있다. 우리가 자발적으로 사랑을 통해 뭔가를 양보할 때, 우리는 도리어 얻는다. 그리스도는 너무나도 명백한 모순인 이 신비를 선언하며 이렇게 가르치셨다. "제 목숨을 살리려고 하는 사람은 잃을 것이며 나를 위하여 제 목숨을 잃는 사람은 얻을 것이다."(마태오 16:25) 우리의 생명과 우리의 소유를 희생할 때, 우리는 생명을 넘치도록 얻고 온 세상을 풍요롭게 한다. 희생의 심오한 의미는 바로, 자발적인 자기 비움이 역으로 자기 성취를 이끌어 온다는 것이다.

한편, 정교의 길에서 금욕 수행은 그 자체로 목표가 아니라 또 다른 목표에 이르기 위한 수단이다. 희생에 대한 이런 영적 관점에서 볼 때, 적어도 그리스도인들에게, 십자가야말로 우리의 상징적 안내자다. 십자가 없이는, 희생도 존재할 수 없을 것이다. 십자가 없이는, 변모 또한 없을 것이다. 십자가 없이는, 부활도 없을 것이다. 그래서 하느님의 의지에 대한 우리의 자유로운 협력의 한 표현이요 형식으로서의 금욕 수행은 언제나 영적 자유와 밀접하게 결부되어 있다. 정교회의 금욕적 실천에는 늘 한계가 있다. 금욕적 실천들을 지배하는 규칙조차 이 자유의 요소를 강조하기 위한 것이다. 아무도 멈춰야 할 것과 저항해야 할 것에 대해 개인적으로 고립된 채 결정하지 않는다. 금욕 수행은 영적인 법칙들, 교회의 규범들, 전통적 실천들로 틀지어져 있다. 그것은 어떤 경우에도 개인적 변덕이나 욕망에 좌우되지 않는다.

수도 생활과 결혼

수도생활을 자유와 사랑의 소명에 비유하면서 정교회는 그것을 결혼성사와 밀접하게 연관시킨다. 독신과 결혼은 서로 대립되는 것이 아니다. 반대로 이 둘은 하느님 사랑 안에서 서로 비교되고 또 그 사랑으로 인도된다. 이런 점에서 수도생활은 결혼과 상관이 있는, 그것을 보충하는 것으로 간주된다. 한 마디로 사랑의 힘은 결코 억누를 수 없다. 그것은 오직 성취될 뿐이다. 결혼 성사가 사랑 안에서 완성되듯이, 이렇게 수도 생활에서의 순결 또한 사랑 안에서 성취된다. 이런 까닭에, 수세기 동안 수도 생활에 부여된 부정적 의미의 함축이, 마치 하느님이 결혼보다 독신을 더 기뻐하시는 것 마냥 혹은 독신이 영적으로 더욱 탁월한 것인 양, 결혼의 가치를 하락시키는데 일조했다는 점은 참으로 불행한 일이다.

교부들에게 사랑은 절제 없이는 도달할 수 없는 것이었고,

순결은 사랑 없이는 불가능한 것이었다.[11] 영적 훈련과 금욕을 매개로 하여 "인간의 정념들은 하늘로 고양되어야 한다."[12] 최고의 정념적인 사랑조차도 "신성하고 복된" 것이 된다.[13] 인간의 삶의 그 어떤 측면도, 인간 본성의 그 어떤 특질도, 기도와 금욕을 통해 신적인 목표 안에서, 영적 목적을 향해 변모되고 재설정되지 못할 것은 없다.

이런 점에서 수도 생활은, 그리스도의 복음의 길 그 이상도 이하도 아닌 사랑의 길이며, 따라서 결혼의 길과 다르지도 않고 더 낫지도 않다. 인간 존재는 사랑하도록 만들어졌다. 인간은 친교이신 하느님의 형상을 따라 그분을 닮아가도록 창조되었다. 실제로 인간은 서로간의 관계 안에서만 참으로 인간다울 수 있다. 이것은 수도자나 세상 속에서 살아가는 사람이나 똑같다. 수도 생활 안으로 물러나는 것은 결코 사회적 책임의 면제가 될 수 없다. 근본적으로 수도생활은, 비록 신비적 사랑의 성사이나, 결혼과 마찬가지로, 하느님과 자기 이웃을 사랑하라는 성경의 계명을 성취하는 것으로 인도되는 말그대로 사랑의 성사이다.[14] 모든 인간적 성취나 모든 영적인 덕보다 더욱 위대한 것이 바로 사랑이다. 사랑에 대한 살아있는 경험은, 우리로 하여

---

11 결혼을 했던, 교회의 성인 니싸의 그레고리오스는 『동정에 대하여』(*On Virginity*)라는 글의 저자이다.

12 St. Gregory of Nyssa, *On the Soul and the Resurrection*, PG 46, 61.

13 St. Gregory Palamas, *Triads in Defense of the Holy Hesychasts*, 2, 2, chaps. 19-22.

14 St. Basil the Great, *Letter* 207, 2, PG 32, 761.을 참고하라.

금, 그 어떤 혹독한 금욕 수행보다 더욱, 영적인 성숙을 향해 전진케 한다. 사랑의 불꽃은 세상을 살아있게 한다. 사랑으로 불타오르는 단 한 명의 사람이 세상을 하느님과 화해케 할 수 있다.(창세기 18장을 참고하라) 이런 까닭에 동방 그리스도교 신비가들은 인간 존재로 하여금 온전히 하느님 사랑을 향해 불타오르게 해주고, 또 그 사랑으로 이끌어가는 '신적 에로스'에 대해 말한다. 결혼한 사람이든 수도자든, 영적 삶의 목표는 사랑의 신비와 만나는 것이다.

이렇게 결혼을 했든 독신이든, 정교회에서는 모두가 사랑을 통해 자신의 환경을 변모시키는 투쟁으로 부름 받는다. 수도 생활을 우상으로 만들지 않듯이, 결혼 또한 그 자체로 이상화되지 않는다. 그 자체로 목표가 될 때, 이 둘은 모두 우상숭배와 같은 것이 된다. 가족관계와 사회관계를 통해서건, 자기 수실 혹은 공동체 안에서의 기도를 통해서건, 수도생활과 결혼은 둘 다 사랑이라는 궁극적 목표에 도달하기 위한 매우 강력하고도 상징적인 길이다. 당면한 환경을 통해서 그리고 동시에 그 각각의 고유한 맥락 안에서, 교회는 모든 인간 존재의 눈 안에 그리고 자연 환경의 거룩성 안에 서려있는 하느님의 사랑을 식별한다. 결혼 혹은 수도 생활에 대해 말할 때, 정교회는 그것들을 사랑하며 살아가는 법을 배우는 하나의 길로 묘사하는 것을 선호한다. 결혼과 수도 생활은 매우 중요하다. 사람이 중요하고, 사랑이 중요하고, 인간의 행복이 모든 법률이나 영적인 야망보다 훨씬 숭고하기 때문이다. 바로 이것이 그 두 가지 모두에 신비성사의 특질을 부여해준다.

교회 안에서 수도 생활의 위상

영적 지도와 금욕 수행과 수도생활은, 기도를 통해 유기적인 방식으로 교회를 위해 봉사하고 교회의 모든 구성원의 일치를 보존해줌으로써, 교회의 몸 안에서 적법하고도 적절한 위상을 보장받는다. 종종 보다 넓은 의미에서의 교회의 일치를 향한 에큐메니칼 운동에 저항하곤 했지만, 수도자들은 그리스도의 몸 안에 있는 "모든 이들의 일치"를 위해 끊임없이 기도해왔다. 교리적 통일성에 대한 매우 열렬한 관심은 역사적으로 정교회 수도자들의 특징이었다. 성 대 안토니오스(250-356)도 그와 같은 경우였으니, 그는 4세기 교회 안에 큰 혼란을 야기했던 교리적 일탈의 파도에 맞서 싸운 그의 친구이자 알렉산드리아의 주교였던 성 아타나시오스를 적극 지지했다. 기도를 통한 몸과 영혼의 연합으로 표현된 "신앙의 일치"[15]를 증진시키고 실천함으로써, 수도자들은 온 세상을, "하늘과 땅에 있는 모든 것을 자기 안에 불러 모으실"(에페소 1:10) 그리스도와 화해시키기는 데 기여하기 위해 노력한다.

게다가 정교회는 신학적 대화와 에큐메니칼 운동 안에서의 제 관계들을 종교 사상사 전문가들에게 국한시키지 않았다. 그렇지 않았다면, 화해라는 개념은 단지 순전히 지적인 시도로 축

15　정교회의 신성한 성찬 예배에서 끌어온 표현이다.

소되고 말 것이었다. 진리의 신학적 대화와 나란히, 더 본질적인 기도를 통한 소통과 친교가 있다. 이것은 수도자들의 주요한 역할이고 기능이다. 그들이 드리는 마음의 기도는 온 세상을 생명 안에 보존하고, 분열과 혼돈으로 점철된 세상 안에서 화해의 모든 희망을 이어간다. 그들의 기도는 또한 신학적 대화가 헛된 담론이나 잡담에 그치지 않도록 해준다. 기도는 우리에게 대화의 목표를 기억시켜주니, 그것은 바로 "모두 하나가 되라"(요한 17:21)는 그리스도의 염원이요 계명이다.

세상 안에 있는 하느님 나라의 예언자들

수도 생활의 길이 우리 현대 세계에 가장 크게 기여한 것은 아마도, 세상의 영적인 차원을 경시하는 경향이 점점 강화되는 혼돈과 무지의 시대 속에서 수도 생활이 감당하는 그 예언자적 현존이라 할 것이다. "적은 누룩이 온 반죽을 부풀게 한다."(갈라디아 5:9) 자기 자신의 영혼을 정화함으로써, 수도자들은 각 사람의 영혼과 세상의 영혼을 정화하려 한다. 수도자들의 기도는 온 세상을 떠받친다.(창세기 18:23-33) 이렇게 그들의 영적 중요성은 사회적이고, 윤리적이고 심지어 환경적이다. 4세기 폰토스의 에바그리오스는 수도자를 "모든 것과 분리되고 동시에 모든 것과 연합된 자"라고 정의했다.[16] 그의 말은 옳다.

자신의 몸과 영혼을 신적 형상으로 회복시킴으로써, 수도자

---

16 Evagrius of Pontus, *Chapters on Prayer*, PG 79, 1193.

들은 각 사람 안에 있는 신적 형상을 선명하게 하고 온 세상의 얼굴 위에 하느님의 얼굴을 재생시키길 염원한다. 위대한 예지자였던 성 대 바실리오스(330-379)가 우리에게 말한 것처럼, 참된 수도원은 "교회의 이콘"이다.[17] 더 나아가 참된 수도원은 "온 세상의 이콘"이라고 생각할 수 있다. 수도원은 건강한 공동체의 모범이요 원형이다. 이런 맥락에서 참된 수도자는 자신의 사회적 책임을 피하지 않는다. 오히려 침묵으로 그리스도를 통해 물을 포도주를 바꿈으로써(요한 2:1-11), 수도자는, 삶의 의미에 대해, 온통 타락한 세상의 재창조와 재형성, 변모와 변형에 대해 가장 심오한 대답을 찾고자 한다.

세상사를 인식하고 행동함에 있어서 수도 생활은 하나의 다른 길을 제시한다. 이 시대에 우리는 사물들을 특별한 방식으로 보는 것에 익숙해져 있다. 사실, 우리는 끊임없이 시각적이고 청각적인 수많은 형상의 융단 폭격을 받고 있고, 그것들은 우리가 응답하고 반응하는 방식을 결정한다. 수도생활은 또 다른 일련의 가치들, 타협하지 않고 살아가는 대안적인 방식을 우리에게 마련해준다. 수도생활은 권력과 강제가 아니라 침묵과 겸손 안에서 세상을 바꾸려 한다. 세상을 외부로부터 혹은 외적으로가 아니라 내부로부터 내적으로 바꾸고자 한다. 특별히, 결국은 파괴적인 것으로 드러나고야 말 이미 확립된 삶의 방식에 사로잡혀 있는 이 세상 안에서, 참된 수도 생활은 다양한 방식으로

---

17 *Longer Rules* 2, 7.

세상에 대한 혁명적 관점을 제시한다. 수도사들의 침묵은 하느님의 은총에 이르는 하나의 방법이요, 하느님 나라에 대한 진지한 기다림이다.

복음의 정신을 유지함으로써, 수도 생활은 교회의 중추신경(스투디오스의 성 테오도로스, 759-826), 세상의 심장을 구성한다. 인간의 모든 제도와 마찬가지로, 항상 원활하게 작동하지만은 않지만, 만약 수도 생활이 정상적으로 기능하기만 한다면, 그것은 세상과 모든 동물과 모든 피조세계를 채우고 유지시키는 순수한 공기를 전해줄 수 있다. 그때 다양한 방식을 통해, 수도사들의 기도는, 우리의 관심을 끄는 가시적이고 소란스러운 수많은 행동들보다도 더 위대한 영향, 더 위대한 결과를 자연 환경에 가져온다. 성인들은 만물을 관통하고 채우는 하느님의 은총을 퍼뜨림으로써 그들의 주변을 정화한다. 그러므로 정교회의 그토록 많은 성인들이 그들 곁에 있는 동물들과 아주 자연스럽고 우정 어린 관계를 맺었던 것은 조금도 놀랄 일이 아니다.

결론 : 마음의 세계

내 생각에 오늘날 수도생활과 아토스 성산의 역할은, 7세기 성 요한 클리막스, 10세기 신(新)신학자 성 시메온, 14세기 성 그레고리오스 팔라마스와 같은 위대한 신비가의 정신을 따라서, 침묵과 고요의 살아있는 전통을 보존하는 것이다. 또한 9세기 베드로, 10세기 아타나시오스, 14세기 막시모스와 니폰, 그 밖의 알려진 혹은 알려지지 않은, 아토스 성산의 수많은 성인들에 대한 기억을 보존하는 것이다. 세상에 있는 평신도나 사제 모두는 자주 이 세상의 수많은 관심사에 빠져 허우적대곤 한다. 그리고 그것은, 가끔은 이해 못할 바도 아니지만, 여하튼 그들로 하여금 쉽게 영적 삶의 목표를 경시하게 만든다. 수도자들은 마음이라는 땅을 경작하여 우리에게 그것의 모든 신비를 일깨워주어야 할 책임과 소명을 끊임없이 상기해야 한다.

2006년 총대주교가 된 후 두 번째로 아토스 성산을 방문했을 때, 나는 아토스 반도의 수도자들에게 그들이야말로 침묵의 위대성을 지켜나가야 할 고유한 책임과 특권을 짊어지고 있음을 주지시켰다. 그들의 기도는 세상 사람들의 짐을 짊어져야 한다. 사회 속에 있으면서 '있는 것'과 '있어야 할 것' 사이의 균형을 유지하도록 요구받고 있는 모든 이들에게, 그들의 삶은 윤리적 나침반이 되어주어야 한다. 이와 같은 방식으로, 기도 속에서 살아가는 사람들의 침묵은 세상을 위한 "구원의 항구"[18]가 된다.

---

18   St. Gregory Palamas, *Life of St. Peter the Athonite*, PG 150, 1005.

V | 영성과 성사들
기도와 영적 삶

> 만약 그대가 참으로 기도하면,
> 그대는 신학자이다.
>
> 폰토스의 에바그리오스 (4세기)

기도의 길

정교 그리스도인들의 기도는 수도원 담장 안이나 성인들 개인의 마음 안에서보다는 공동체의 전례 안에서 형성되어 왔다고 할 수 있다. 흠숭과 중보의 반복적인 표현과 운율의 모델을 만들어낸 것은 바로 전례이다. 비록 기도의 원천이요 본질적인 한 부분이지만, 전례는 기도와 동일한 것은 아니다. 기도는 삶과 전례의 모든 차원을 동반한다. 한 주간 전례 주기, 아침과 저녁 기도의 일상화된 습관, 예수 이름의 끊임없는 호명은 밀접하게 결부되어 있고, 피 속의 혈구가 몸을 살아있게 하듯, 기도하는 각 개인에게 생명을 준다. 이런 방식으로 전례는 정교 그리스도인들의 일상적인 삶 위에 그리고 그 안에 펼쳐진다.

기도는 각 사람의 영적 삶의 시금석이다. 그것은 각자의 삶이 얼마나 성장했고 어떤 상태에 있는지를 드러내준다. 기도는 하느님과 그리고 타인들과 관계 속에서 과연 우리는 누구인가를 드러내주는 것이다. 기도할 수 있다면, 우리는 비로소 타인들에게도 말할 수 있다. 기도하는 법을 안다면, 비로소 우리는 타인과 관계 맺는 법을 알게 된다. 기도는 내적 삶의 거울이다. 이것은 자신의 삶 전체를 기도에 헌신하기로 선택한 사람뿐만 아니라 삶이 기도로 젖어있어야 할 평신도 남녀노소 누구에게나 적용된다. 기도는 어떤 사람들만의 특권이 아니라 모든 사람의 소명이다. 기도는 누구보다도 수도자들에게 주어진 소명이겠지만, 그것은 또한 인간이 하느님과 타인들 그리고 하느님의 피조세계인 자연과 맺는 관계의 근본적인 표현이다. 그런 의미에서 기도는 우주적이다.

기도에는 여러 가지 방법이 있다. 하지만 객관적인 대상을 경험하는 방식처럼, 객관적 인식 혹은 외적 접촉으로 기도를 경험할 수는 없다. 성 요한 클리막스(579-649)가 『거룩한 사다리』에서 말하길 좋아했던 것처럼, 기도는 인격적인 것, "감동"되는 것으로 경험되어야 한다. 우리는 기도에 관한 교과서나 안내서를 통해 기도를 배우지 않는다. 더욱이 기도는 그 자체로 존재하지 않는다. 그것은 언제나 기도하는 사람의 활동으로만 존재한다. 간단히 말해, 기도는 기도하는 한 사람이다. 그것은 어떤 글귀가 아니라 살아있는 인간 존재이다. 그것은 책이 아니라 불타는 마음이다. 기도는 관계적인 단어다. 타인들과 하느님으로부터 고립된 추상적 방식으로 기도를 이해할 수는 없다. 기도는 신비로운 관계 혹은 성사적 만남을 전제하고 또 그것을 목표로 한다. 이것을 분명하게 이해하지 못하면, 기도에 관한 모든 담론이 하나의 조작에 불과하게 될 것이다.

이것은 기도가 타자를, 모든 타자를, 온 세상을 포함해야 함을 의미한다. 특별히 기도는 신적 '타자'인 하느님을 포함한다. 성 요한 클리막스는 하느님에 대한 믿음이 기도의 날개요 증거요 확증이라고 말했다. 기도를 특징짓는 것은 언제나 타인에 대한 개방성이다. 기도는 항상 하나의 대화다. 기도가 침묵을 함축할 때도, 그것은 벙어리 혹은 메마른 침묵이 아니라, 오히려 하느님을 낳는 침묵이다. ""너희는 멈추고 내가 하느님인 줄 알아라."(시편 46:10) 침묵은 경청과 희망과 선취라는 역동적인 경험을 함축한다. 기도는 우리 자신에 대한 그리고 우리 주위에서 일어나는 일에 대한 관심 집중을 함축한다. 다시 한 번 성 요한 클리막스를 인용하자면, "침묵은, 참으로 사랑할 줄 아는 사람이 누군지를 드러낸다."[01]

기도가 대화의 특징을 가진다는 것은, 모든 사람을 통해서 그리고 모든 것 안에서, 하느님은 말씀하실 수 있고 인간의 마음은 들을 수 있음을 의미한다. 기도는 결코 추정하는 것일 수 없고, 증명하는 것일 수 없으며, 불이익을 가져오는 것일 수 없다. 추정하거나 배제하는 것은 기도에 대한 부정이다. 한편 우

---

01   St. John Climacus, *The Ladder of Divine Ascent*, Step 28, 6.

리의 사소한 관심과 필요와는 관계가 먼 것들이지만 삶에서 진정 중요한 것으로 우리를 놀라게 하실 때는, 하느님은 정말 예기치 않는 방식으로 말씀하신다. 다른 한편 하느님의 음성은 충분히 예측 가능하다. "우리 형제 중에 가장 보잘것없는 사람 하나에게"(마태오 25:40) 응답하는 것이 하느님께 응답하는 것이 됨을 우리 모두가 잘 알고 있기 때문이다.

기도를 개인적인 행위로, 이기적으로 불만을 털어놓는 기회로 축소시킨다면 이 얼마나 불행한 일인가. 기도 안에서, 우리의 관심은 타인과 세상에 대한, 특별히 스스로를 보호할 수 없는 이들에 대한 관심이 되어야 한다. 그렇지 않다면, 기도는 단지 배타적인 것 그 이상의 어떤 것이 된다. 그것은 분열을 불러오는 것, 다시 말해 "악마적인" 것이 될 것이다.[02] 참된 기도는, 자기만족의 안락한 느낌이 아닌, 대속으로서의, 인류 전체, 하느님의 피조세계 전체와의 화해로서의 친교의 감각을 드러낸다. 4세기 말의 영적 고전인, 마카리오스의 『설교들』은 "참으로 기도하는 이들은 침묵 안에서 모든 곳에서 세상을 바로 세운다."고 말한다. 기도의 우주적 의미, 세상에서 기도가 가지는 보편적 힘은, 우리 시대 그리스도인들의 역할을 이해함에 있어서 결코 무의미하지 않은 중요한 요소다. 다른 사람들을 배제하고 한 사람 혹은 하나의 그룹만을 사랑하는 것은 가능하지 않기 때문이다. 그리스도의 복음이 선언하듯이, 이웃을 사랑하지

---

02 그리스어로 '악마'를 뜻하는 단어는 '디아볼로스'(διάβολος)인데 이것은 문자적으로 "분열, 증오, 모함을 일으키는 자"를 의미한다.

않으면서 하느님을 사랑한다고 말하는 것은 거짓말이다.(1요한 4:20) 인류 전체, 온 피조세계의 이 상호 의존성은 우리의 생각과 느낌과 신념과 행동의 수많은 결과들을 평가함에 있어서 매우 중대한 요소이다.

기도의 주된 목적은 자신을 정화하는 것이다. 폰토스의 에바그리오스(346-399)는 그의 걸작 『기도에 관하여』에서 이렇게 확언한다. "먼저, 그대의 정념들이 정화되도록 기도하라." 정화가 없으면, 기도는 거짓 신심 혹은 간단히 말해 거짓 기도가 된다. 자화자찬의 기도는 죄가 되는 기도다. 더 정확히 말하면, 그것은 더 이상 기도가 아니다. 사실 광야의 영적 아버지들과 영적 어머니들은 순결함이야말로 기도의 전제일 뿐만 아니라 또한 기도 그 자체라고 강조한다. 그들은 필요치 않은 것, 필요 이상의 것을 다 버리라고 말한다. 우리가 창조주와의 관계, 우리의 내적인 세계와의 관계, 모든 세상과의 관계 안으로 들어가는 것을 방해하거나 지체시키는 모든 것으로부터 벗어나라고 말한다.

이런 까닭에 교부들이 권한 기도의 순서는, 먼저 감사가 오고 다음에 고백과 간구가 온다. 그것은 우리 자신에게 집중하기보다 먼저 외부로 타인을 향해 시선을 두는 것의 우선성을 강조하는 제안이다.

> 하느님에게서 받은 모든 선에 대해 하느님께 진심으로 진지하게 감사를 표하는 것은, 기도를 시작할 때 잊지 말고 해야 할 첫 번째 일이다. 두 번째는 우리 죄에 대한 혐오와 고통의 감정을 온 마음을 다해 하느님께 고하는 것이다.

> 마지막으로 우리의 간청을 하느님께 아뢰자. 이것은 한 천사가 열정 가득한 한 수도자에게 계시해 준, 가장 훌륭한 기도 방법이다.[03]

『거룩한 사다리』의 저자는 이 순서가 "한 천사에 의해" 계시된 것이라면서 인용하고 있지만, 4세기 폰토스의 에바그리오스, 5세기 스케테의 아빠스 이사야, 6세기 바르사니피오스와 요한, 7세기 시리아의 이삭 등의 영적 고전에도 이미 나타난 것이다. 기도할 때, 우리의 근심 걱정과 관심사가 중심 자리를 차지해서는 안 된다. 우리는 먼저 침묵의 시간을 가지면서 우리의 개인적 관심과 불안이 일상생활의 고단함을 떠나 잠잠해질 수 있도록 해야 한다. 그런 다음에는 세상의 필요들이 우리 마음의 표면에 떠오르도록 자리를 마련해줄 수 있다. 사랑이 기도에서 솟아오르는 것처럼, 기도는 또한 침묵에서 비롯된다.

더 나아가 정교회 전통에서 기도는, 예비적인 것이든 최종적인 것이든 영적 삶의 어떤 한 단계가 아니다. 그것은 오히려 삶의 모든 단계와 모든 측면을 관통하는 보편적인 행위이다. 기도는, 우리의 매일 혹은 주간의 관습적 삶의 어떤 특별한 지점에서 발생하는 어떤 것이 아니라 세상의 생명 전체와 충만하게 통합되어 있는 그런 삶을 전제한다. 어떤 특별한 계기로 기도를 하거나, 특별한 순간 기도를 위해 물러날 때, 우리의 목표는 기도를 아뢰는 그런 단계에서 우리 자체가 기도가 되는 그런 지점

---

03 위의 책, 같은 곳.

으로까지 전진하는 것이다. 초대 교회의 신학자 알렉산드리아의 오리게네스(175-254)의 말을 빌자면, "성인의 삶 전체가 끊임없는 거대한 기도이다." 우리의 목표는 기도의 불꽃, 살아있는 기도가 되어, 절망한 이들에게 힘을 주고, 도움이 필요한 이들을 위로하고 채워주는 것이다.

예수 기도

기도에 관한 모든 가르침과 기도의 원리는, 예수 기도로 널리 알려진, 하나의 간단한 형식 안에 집약될 수 있다. 그것은 『필로칼리아』[04]에 수록된 교부들의 고전적인 글들을 통해 장엄하게 지지되었다. 또 이 기도는, 19세기에 "끊임없는 기도"를 배우기 위해 나선 한 익명의 러시아 순례자의 이야기를 다룬 『순례자의 길』[05] 등과 같은 현대의 저작들을 통해서, 그리고 글래스 가족이 교육의 중요성과 관상 기도의 역할에 대해 토론하는 내용을 담은 글로, 1955년과 1957년 『뉴요커』라는 문학잡지에 두 번에 나뉘어 실린 샐린저의 소설 『프래니와 주이』[06] 등을 통해서 대중화된 기도이다.

"주 예수 그리스도, 하느님의 아들이시여, 나를 불쌍히 여

---

[04] *The Philokalia : The Complete Text*, comp. St. Nikodemos of the Holy Mountain and St. Makarios of Corinth, trans. and ed. G. E. H. Palmer, Philip Sherrard, and Kallistos Ware (Boston: Faber and Faber, 1979). 전 5권.

[05] *The Way of Pilgrim*, trans. R. M. French (New York: Seabury Press, 1972). 한국어 번역판 : 최익철, 강태용 역, 『이름없는 순례자』, 가톨릭 출판사, 2015.

[06] J. D. Salinger, *Franny and Zooey*, (New York, Little Brown Books, 1961).

기소서."⁰⁷라는 이 간단한 기도문은 종종 "주여, 불쌍히 여기소서."라고 축소되기도 한다. 이 기도는 지나치게 복잡한 훈련을 하지 않아도 되는 정말 완벽하게 단순한 기도이다. 이 점에서 예수 기도는 우리 마음에서 세상의 마음을 거쳐 하느님의 마음으로 직접 날아가는 화살과도 같은, 아무나 사용할 수 있는 기도다. 그 간단함으로 인해, 이 기도는 온갖 분심으로부터 해방되고 집중케 해주는 실천적인 수단을 제공해준다. 그 결과 기도는 언제 어디서나 자발적으로 하느님의 이름을 반복해서 부르게 해주고, 이런 방식을 통해, 호명된 신적 위격의 살아있는 현존을 현실화한다. 그것은 또한 "끊임없이 기도하라"(I 테살로니카 5:17)는 성 사도 바울로의 권면을 진지하게 실천하는 하나의 방법이다.

예수 기도의 뿌리는 성경 안에서도 발견되고, 그 원천은 이미 4세기 광야의 수도 전통 속에서도 윤곽을 드러냈다. 그럼에도 이 기도는 6, 7세기 팔레스타인과 시나이 산의 영적 학교들을 통해서 특별한 중요성을 얻게 되었다. 10세기가 되면 벌써 이런 형식의 기도가 발견되지만, 이 기도가 헤지카스트⁰⁸ 전통

07 이 간략한 기도문에 가끔은 "죄인인 나를"의 형태로, 죄인으로서의 고백이 추가되기도 한다. 이것은 어떤 특별한 죄를 지었음을 고백하는 것이라기보다는, 자신의 내부가 분열되어 있고, 그래서 또한 하느님으로부터, 또 타인들로부터 분리된 존재임을 고백하는 것이라 하겠다.
08 헤지키아(ἡσυχία)는 "정적(靜寂)", "고요", "평안"을 의미한다. 헤지카즘은 하나의 영적 실천 그 이상이었다. 14세기, 그것은 세계총대주교청에서 발칸반도와 러시아까지 뻗어나간 하나의 영성 운동이 된다. 이 국제적인 영성 운동의 흐름은 콘스탄티노플이 오토만 제국에 의해 멸망하기 직전 시대에 정교회를 하나로 일치시키고 내적으로 강건하게 해주는 힘이었다.

과 함께 확립된 것은 14세기의 일이다. 이 시대에, 예수기도는 시나이 산의 성 그레고리오스(1255-1337)에 의해 시나이 산에서 아토스 산으로 전해졌고, 아토스 산은 오늘날까지도 전 세계에 이 기도 실천의 상징으로 남아있다. 어쨌든 수세기 동안 수도자들 사이에서 발전하고 성장해 왔지만, 그럼에도 예수 기도는 수도자들의 특권이 아니라 오히려 기도의 열매를 맛보길 원하는 모든 사람의 보물로 여겨져 왔다.

예수 기도는 기도 중에 침묵의 힘을 유지하는 하나의 강력하고도 확증된 방법이다. 침묵을 배우는 것은 기도를 읊는 법을 배우는 것보다 더욱 어렵고 중요한다. 침묵은 소리의 부재가 아니라 정적의 고요를 식별하는 은사 혹은 예술이다. 그것은 경청하는 법을 배우는 힘이요, 앎을 배우는 지혜다. 침묵은 온전히 열중하고 능동적으로 존재하는 방법, 온전히 살아가고 공감하는 방법이다. 기도 안에서 기도말이 침묵에 의해 끝나게 될 때, 우리는 새로운 의식과 경성으로 깨어난다. 침묵은 이 세상 번민과 필요로부터 우리를 흔들어 깨운다. 침묵은 "중요한 한 가지"에 우리를 집중케 함으로써, 권태, 자기만족, 이기심을 더욱 명확히 볼 수 있게 해준다. 침묵은 더욱 명백하게 보고, 집중하고, 더욱 효과적으로 응답하게 해주는 하나의 방법이다.

그러므로 침묵과 기도를 통해서 우리는 우리 주변에서 일어나는 일을 무시하지 않는다. 또 우리와 관련된 것에 사로잡혀 있지 않게 된다. 그때 비로소 우리는 대항 문화의 길로 매진할 수 있다. 그 길 위에서 우리는 더 이상 사회의 유행과 규범의 희생자가 아니다. 유행하는 것 혹은 수용될 수 있는 것을 수동적으로 받아들이거나 복종하며 추구하지 않게 된다. 왜냐하면 우리는 타인들과 긴밀하게 연결되어 있고 상호 의존하고 있음을 깨닫기 때문이다. 우리는 어떤 것도 독립적이지 않으며, 우리 사회에서 자립이란 존재하지 않음을 알게 된다. 다만 책임성의 의미와 그것의 결여 사이의 구별만이 있을 수 있음을 인정하게 된다. 예수 기도를 통해, 우리는 내적 세계와 우리를 둘러싼 세계를 의식하고 또 그것에 집중하는 더욱 위대한 감각을 발전시킨다.

금식의 길

기도와 함께, 금식은 영적 삶 안에서 금욕 수행의 근본적인 형태 중 하나이다. 절제의 육체적 훈련은, 해를 거듭하며 혹은 수 세대를 거쳐 우리 몸에 축적되어 우리 마음을 경직시키는 강력한 습관들을 끊도록 돕는다. 하지만 앞 장에서 검토했던 수도 생활과 마찬가지로, 금식의 목표 또한 몸을 능멸하거나 파괴하는 것이 아니다. 몸은 언제나 "하느님의 성전"(I 고린토 3:16)으로 존중받는다. 그러므로 금식은 인격 전체를 정화하고, 그 능력들을 외부세계 뿐만 아니라 "내적인 왕국"[09]에 더욱 민감하고 세

---

09 Isaac the Syrian, *Homily* 2.

심해지도록 만든다.

금식은 하늘과 땅의 단절을 거부하는 또 하나의 방식이다. 그것은 거짓 영성이 현실을 두 갈래로 갈라놓았을 때의 재앙적 결과들을 깨닫게 해주는 하나의 방법이다. 초기의 금욕가들은 금식을 매우 높이 평가했고, 현대의 수도자들 또한 그렇다. 사실은 정교회의 평신도조차도 년 중 절반 정도를 유제품과 육식을 삼감으로써, 이 금식의 요구를 따르려고 노력한다. 그것은 아마도 년 중 절반의 시간과 나머지 시간을, 세속에서의 시간과 영원의 거룩한 시간을 화해시키고자 하는 무의식적 노력일 것이다.

금식과 절제의 관념은 세기를 거듭하며 그 의미를, 혹은 적어도 그것의 긍정적인 함의를 잃어버렸다. 오늘날 그것은 부정적인 의미로 사용되고 있고, 건강한 다이어트 혹은 세속의 균형 잡힌 삶과는 반대되는 것을 의미하게 되었다. 금식하는 사람은 엉뚱하거나 극단적인 방식으로 세상에 저항하는 사람처럼 보인다. 세상에서 금식은 통합하는 요소와 의미로 인식되지 않는다. 그렇지만 금식에 대한 그리스도교와 수도원의 본래 해석은 이와 다르다. 초대 교회에서 금식은, 이 세상의 가치 혹은 이기심이 우리로 하여금 하느님과 타인과 세상과의 관계에서 가장 본질적인 것에 등 돌리게 하는 것을 허용하지 않겠다는 의미였다.

금식은 자유의 의미를 함축한다. 금식은 욕구하지 않는, 덜 욕구하는, 그리고 타인의 필요를 알아차리는 방법이다. 몇몇 음식을 먹지 않음으로써 우리는 자신을 학대하는 것이 아니라 오히려 각 음식의 적절한 가치를 깨닫는다. 더 나아가 금식은 깨어있음을 함축한다. 우리가 하는 일, 우리가 먹는 음식, 우리가 소유한 양에 관심을 둠으로써, 우리는 고통의 현실과 나눔의 가치를 더 잘 이해하게 된다. 금식은 고통을 받아들이는 과정, 고통을 점증하는 희망으로 변화시키는 과정을 함축한다. 결론적으로 금식은 보다 높은 가치에 우선성을 부여함으로써, 참으로 본질적인 것에 집중하는 것, 민감성과 책임성의 태도를 갖는 것을 함축한다.

사실, 금식은 모든 것의 존귀함과 가치를 강조한다. 영적 감각들은 점차 더욱 정련되어 마음이 어디에 있어야 하는지를 깨닫게 된다. 금식은 포기의 형태로 시작된다. 하지만 버려야 할 것을 알게 됨으로써 또한 우리는 간직해야 할 것이 무엇인지 깨닫게 된다. 금식은 세상을 등지는 하나의 방법, 하지만 또한 온 세상을 껴안는 방법, 신비적이고 성사적인 전망 안에서 완전히 다르게 세상을 바라보는 하나의 방식이다. 그것은 사랑과 자비의 표현이다. 금식을 지배하는 원리가 또한 우리의 말(침묵), 우리의 행위(사랑), 우리의 관계(순결)를 규정해야 한다. 영적 삶에서 희생과 봉사는 늘 함께 한다. 금식은 단 하나의 목표를 향하는데, 그것은 바로 만남 혹은 신비이다. 이집트 광야에 살았던 초기의 현자들, 수도승들은 이 진리를 잘 알았다. 아빠스 피멘(449년 안식)은 이렇게 말한다.

　　내적 평화를 간직한 사람, 질병 중에서도 하느님께 감사드리는 사람, 순결한 마음으로 봉사하는 사람, 이렇게 세 사람이 만나면, 그들은 결국 똑같은 일을 하고 있는 것이다.[10]

이런 방식으로, 영적 삶에서 기도와 금식은 결코 노동, 활동과 분리되지 않는다. 반대로 그것은 우리를 해방시켜 더욱 커다란 자유를 가지고 타인에게 봉사케 한다. 우리는 필요 혹은 조건이라는 짐에 짓눌리지 않고 반대로 뜻밖의 하느님 은총을 위해 준비된다. 더 나아가 기도와 금식을 통한 이 훈련은 우리를 겸손으로 이끌어가고, 이 겸손 안에서 우리는 자신을 세상의 중심으로 여기던 태도에서 타인을 향해 봉사하는 태도로 중심을 이동시킨다. 기도와 금식의 사람은 과도한 부의 축적 욕망이 비참한 가난을 야기하는 것을 결코 참지 못할 것이다. 세계적인 경제적 불의, 이 윤리적 위기는 근본적으로 영적인 것이고, 하느님과 우리의 관계, 사람과 물질적 부의 관계에서 뭔가 잘못 작동하고 있음에 대한 경고다. 우리 중 대다수, 적어도 서방의 개념들로 주조된 사회에서 살아가는 사람들은, 현재 세계적인 기업과 투자자들에 의해 야기된 이 불의를 마치 먼 나라 일처럼 생각하며 무시한다. 그러나 금식은 우리로 하여금 양심과 지식에 더욱 민감하게 한다.

금식은, 기도의 능력을 받아들이고 경이의 감각을 회복하고 겸손의 길을 걸어가는 것을 의미한다. 그것은 사람들과 만물 안에서 하느님을 알아보는 것이다. 그것은 하느님의 빛 안에서 모

---

10 *The Sayings of the Desert Fathers*, Poemen 29.

든 사람과 만물의 가치를 인정하는 것이다. 그것은 우리의 습관적 행위의 충격과 결과를 인식하지 못하는 서방 세계의 소비주의적인 삶의 방식에 대한 하나의 대안적 비판이다. 기도와 금식을 전제하는 영적 세계는 "참된" 세상과 단절되지 않는다. 같은 이유로, "참된" 세상은 영적 세상을 통해서 알려진다. 우리는 더 이상 이 세상의 불의와 무관하지 않다. 우리의 시야는 확장되고, 우리의 관심은 증대되며, 우리의 행동은 거대한 영향력을 얻는다. 우리는 우리 삶을 사소한 이해관계로 제한하길 멈추고, 온 세상을 변화시켜야 할 우리의 소명을 받아들인다.

금식은 세상을 부정하지 않고 도리어 피조된 물질세계 전체를 긍정한다. 금식은, 치유를 향한 열망으로 세상의 고통과 자신을 일치시키고자 하는, 혹은 그것을 기억하고자 하는 상징적인 노력 안에서 타인의 배고픔을 상기한다. 금식을 통해서, 먹는 행위는 나눔의 신비가 된다. 그것은 또한 "땅 위에 사람이 혼자 있는 것은 좋지 않다"(창세기 2:18)는 것, "사람이 빵으로만 살 것이 아니라"(마태오 4:4)는 것을 기억하는 것이다. 금식은 타인을 위해 타인과 함께 금식하는 것을 의미한다. 결국 그러한 금식의 목적은 우리가 받은 것 안에서 공평의 감각을 증진시키고 고양시키는 것이다. 영적 삶의 다른 모든 금욕 수행과 마찬가지로 정교회에서 금식은 결코 혼자 하는 것이 아니다. 우리는 항상 함께 금식하고, 정해진 순간에 금식한다. 금식은 우리가 행하는 모든 것이 타인의 행복 혹은 상처와 분리될 수 없는 것임을 숭고하게 기억하는 것이다.

이렇게 금식을 통해 우리는 "땅은 주님의 것"(시편 24:1)이지, 우리에게 속한 것도, 착취할 것도, 소비할 것도, 통제할 것도 아니라는 사실을 알게 된다. 땅은 언제나 타인과의 친교 안에서 공유되어야 하고 감사를 통해 하느님께 돌려드려야 하는 것이다. 금식은 포기하는 것만 아니라 오히려 주는 것을 배우는 것이다. 그것은 분리가 아니라 만남을 배우는 것이다. 그것은 이웃과 세상에 대한 무지와 무관심의 장벽을 허무는 것이다. 그것은 하느님이 원하셨던 바, 세상에 관한 본래의 시선을 회복하는 것이고, 하느님이 창조하신 이 세상의 아름다움을 알아차리는 것이다. 그것은 탐욕과 강제로부터의 해방의 의미를 제공한다. 실제로 금식은 이기적 욕망과 뻔뻔한 낭비에 기초한 우리 문화를 효과적으로 바로잡는다.

결론 : 성사들의 세상

우리는 앞서 공동체가 어떻게 기도와 금식 안에서 유익을 얻는가를 살펴보았다. 성사들은 하느님과의, 세상과의 관계를 확립하는 또 다른 방식을 제공한다. 그 안에서 모든 것은 만남과 친교의 선물로 주어지고 공유된다. 불행하게도 성사들은 그 자체가 적극적인 참여의 방법으로 이해되는 대신, 자주 하나의 제의적 의무로 축소되곤 했다. 실제로 친교의 개념은 일종의 경건한 열망 혹은 개인적 감사 그 이상이다. 그것은 나눔의 명령이고, 하느님과의 만남이라는 강력하고도 특권적인 경험이다.

우리는 성사들을 공동체 예식 혹은 영적인 의무로 협소하게 생각하는데 익숙해져 있다. 하지만 세상의 성사적 혹은 신비적 원리를 상기하는 것, 삶 속에서 그 어떤 것도 종교와 무관하거나 세속적이지 않다는 것을 인정하는 것은 매우 중요하다. 하느님은 모든 것을 창조하셨고, 품으셨고, 화해시키셨다. 마찬가지로, 만물은 하느님의 고유한 날인, 하느님의 씨앗, 하느님의 흔적을 지닌다. 하느님의 신비가 아니라 탐욕스런 욕망을 우선시하면서 세상을 그저 기계적인 방식으로만 인식하게 될 때, 우리는 그것을 결코 알아볼 수 없다. 세상을 그런 방식으로 바라보는 것은, 하느님을 피조세계 전체 안에 유기적으로 육화되시고 함축되신 분으로 바라보는, 세상을 하나의 신비요 이콘이라고 보는 차원과는 거리가 먼 것이다. 매일 저녁 만과 전에 드리는 9시과의 마침 기도에서, 정교 그리스도인들은 "하늘과 땅에서 사시사철 매시간, 그가 다스리는 모든 곳에서(시편 103:22)" 하느님의 현존을 발견하고 드러내야할 온 인류의 임무를 상기한다. 이것이 바로 세상에 대한 성사적 전망 안에 있는 신비의 권능이다.

교회 안에서 성사들은, 죄와 악으로 인해 상실된, 하느님과 세상의 이 친밀성을 회복하는 방식이다. 성사들은 변모를 통해 이 통합성을 식별하라고 주신 하느님의 선물이다. 사실 정교 그리스도인들은 '성사'라는 말보다는 '신비'라는 말을 더 선호한다. '성사'라는 말은 하느님의 은총을 마치 하나의 "대상"을 얻듯이 획득하는 것을 함축하는 경향이 있다. 그러나 '신비'는 하느님 은총의 현존 안에서조차 '주체'로서의 하느님은 절대적 타자로 존재하심을 의미한다. 이런 점에서, 이 세상과 삶의 모든 측면이 신비이고, 거룩한 삶의 모든 측면이 성사적이다. 인류와 피조세계가 초월하시는 하느님과 만날 때, 이 거룩한 장소, 이 거룩한 순간이 바로 신비이다.

전통적으로 일곱 개의 성사가 있다고 말한다. 하지만 이런 범주화는 전적으로 올바른 것도 항상 유익한 것도 아니다. 실제로, 정교회는 출생에서 죽음에 이르기까지 삶의 모든 측면, 모든 순간, 모든 국면을 성사적인 것 혹은 신비라고 여김으로써, 성사를 7성사로 국한하지 않는다. 게다가 정교회의 전례 관습에서 장례예식은 이미 하나의 성사 혹은 신비로 간주되어 왔다. 성사들은 마술적인 방식으로 기능하지 않는다. 성사들은 오히려 "신비의 방식으로" 기능한다. 다시 말해 그것은 하느님과의 만남의 가능성에 자신을 개방하기로 한 이들의 마음과 삶을 관통함으로써, 침묵의 방식으로 기능한다.

성사적인 길에서 세례성사(Baptism)는 어떤 배타적이고 폐쇄적인 공동체로의 입문 그 이상의 무엇이다. 세례는 그리스도의 빛으로 인류와 세상을 재창조하는 것이다. 세례의 물을 통해, 우리는 그리스도의 죽음과 부활 속에 침잠하여(로마 14:8) 영원토록 그리스도와 "함께 심겨진" 존재가 된다. 물이 너무도 함부로 낭비되고 오염되는 세상에서 세례 성사는, 창조의 첫 순간처럼 "세상의 표면" 위로 부는 하느님의 영과 온 우주 사이의 심오한 관계를 강조한다. 살아계신 하느님의 살아있는 물(생수)은 이렇게 해서 피조세계를 새롭게 하고 성화할 수 있다.

견진 성사(Chrismation)[11]는 우리가 그리스도를 알게 되었음을 확인하는 것 그 이상이다. 그것은 각 사람에게, 또 세상 모든 곳에, 우주의 모든 요소에 임한 "성령의 선물의 날인"이다. 우리는 각 사람의 얼굴에서, 자연 세계의 얼굴에서 하느님의 얼굴을 알아보도록 부름 받는다. 견진 성사, 즉 "기름 바름"을 의미하는 '크리스메이션'(Chrismation)은 "기름"이라는 의미를 가진 그리스어 단어 '크리스마'(Χρῖσμα)에서 나온 말이다. "기름 바른 자"는 바로 '그리스도'(Christ) 혹은 히브리말로 '메시야'다. 이렇게 우리의 목표는 '그리스도 안에'[12] 있는 것, 그리스도를 닮는 것, 그리하여 우리의 현존을 통해 세상에 기름을 발라주고 세상을 치유하는 것이다.

감사의 성찬 성사(Eucharist)는 우리의 친교 정신을 심화시킬 수많은 가능성과 기회들을 함축한다. 그리스도교의 실천에서, 그것은 그리스도의 몸에 합치되라는 초대이다. 감사의 성찬은 혹독한 훈련에 대한 영적 보상이 아니다. 그것은, 기초 양식과 물이 모든 이에게 넘치고 모두가 그것을 충분이 소유할 수 있는, 그런 정의로운 사회를 위해 일하도록 개인과 공동체를 자극한다.

종종 화해의 성사라고도 불리는 고백 성사(Confession)는 단순

---

11 정교회에선 *Chrismation*, 다른 그리스도 교파에선 Confirmation이라 한다.
12 "ἐν Χριστῷ". 성 바울로는 그의 서신에서 이 표현을 백번 이상이나 사용한다. 성사들에 대한 주석은 저자의 허락을 받아 다음의 책을 바탕으로 한다. J. Chryssavgis, *Light Through Darkness*, (New York : Orbis Book), p. 124-125.

히 후회의 감정을 토로하고 죄책감을 없애고 용서를 보장하는 기회가 아니다. 용서는, 주고 나누고 화해하는 계기를 제공한다. 그것은 우리의 관심을 우리 자신과 우리의 소유가 아니라, 타인에게로, 하느님의 피조세계로 이끈다. 그리스도의 교회에서 그것은 그리스도의 몸에 재통합되는 하나의 방식이다. 그것은 또한 사회와 세상의 몸 안으로의 통합이기도 하다.

결혼 성사(Marriage)에서 부부는, 분리 혹은 고립의 고통 너머에 있는 일치를 함께 경험하고 경축하도록 초대받는다. 이 성사가 어떤 의미에서는 서방의 도시 생활 방식을 함축하는 사회적 계약의 한 형태로 축소되어 버린 것은 얼마나 큰 불행인가! 그 영적 의미에서 결혼은 원래, 창조주와 피조세계, 하느님과 인류, 몸과 영혼, 물질과 정신, 시간과 영원, 하늘과 땅 사이에 존재하는 깊은 일치의 표현이다.

타교파 교회에서는 병자성사라 불리는 성유성사(Holy Unction)는 단지 죽어가는 이에게 그 마지막 임종의 순간에 베푸는 예식이 아니다. 정교회 전통에서 이 성사는 일생을 거쳐 영혼의 상흔과 세상의 상처 위에 "기쁨의 기름"을 붓는 것으로 받아들여진다. 그것은, 하늘을 하느님의 온 피조세계와 화해시키고, 마음과 땅의 잘려나간 부분들을 기워냄으로써, 몸과 영혼 사이의 틈 혹은 균열을 치유하는 것을 목표로 삼는다.

마지막으로 신품 성사(Ordination)는 사제와 주교에게 부여되는 배타적 권한의 선언이 아니다. 성직은 사실 모든 백성에게 주어진 왕적인 소명이다. 신품을 통해, 그리스도의 몸은 새로운 표현과 새로워진 생명력을 얻는다. 온 세상이 신성한 대성당이다. 모든 사람이 하느님 나라를 위해 "서품"된다. 이 세상 그 어떤 곳도 속되지 않다. 각 사람에게서, 또 각 장소에서 하느님의 현존을 읽어낼 때, 우리는 생명의 충만을 누리고 경축할 수 있다.

그리스도인들이 성사의 길에서 이토록 멀어져버린 것은 참으로 비극이다. 성사적 신비에 대한 우리의 인식조차도 더 이상 생명의 의미와 결합되어 있지 않다. 그런데, 성사들이란 생명을 활기차게 해주는 모든 것이다. 우리를 하느님과, 타인과, 자연 세계와 묶어주는 것이다. 초대 교회 저자들은 그리스도의 육신이야말로 하나의 성사라 믿었고(안티오키아의 성 이그나티오스, 115년경 순교) 이렇게 해서 인간의 육신을 포함하는 모든 것의 신성함을 강조했다. 후대의 신비가들은 우리 자신의 육신이 하나의 성사임을(신(新)신학자 성 시메온, 949-1022), 그리고 또한 온 세상이 하나의 성사임을(고백자 성 막시모스, 580-662) 확신했다.

VI | 피조세계의 경이로움
종교와 생태학

> 나의 책은 피조세계의 자연이다.
> 그 안에서 나는 하느님의 작품을 읽는다.
>
> 성 대 안토니오스 (3-4세기)

세상의 아름다움

자연 환경에 대한 나의 평가는 삶과 세상의 성사적 차원과 직접적으로 연관된다. 나는 항상 자연 환경을 정교 영성의 전망 안에서 숙고해왔다. 나는 그것을 창조주와의 만남과 친교의 장으로 존중한다. 어린 시절, 나의 고향 마을 신부님을 따라, 내 고향 임브로스 섬에서 멀리 떨어진 소성당들을 찾아다니며 예배를 드릴 때, 나는 산들의 아름다움을 전례의 찬란함과 결합시키곤 했다. 자연 환경은 세상에 대한 보다 넓은, 마치 파노라마와도 같은 시야를 마련해주는 것 같다. 일반적으로 자연의 아름다움은 마치 사진기의 광각렌즈와도 흡사하게, 우리를 삶과 피조세계에 대한 보다 열린 시야로 이끌어준다. 그러한 시야는 결국 우리로 하여금 인간 존재로서 자연 자원을 이기적인 방식으로 이용하거나 남용하지 못하도록 막아준다. 정교 신학이라는 영적 안경은, 원양 어업의 위협, 사막화, 산호초의 파괴, 어떤 동물군과 식물군의 멸절 등과 같은 문제들을 보다 넓은 차원에서 평가할 수 있게 해준다.

영적 삶은 하느님의 피조세계에 대해, 절대적인 흠숭은 아니지만 적절한 존중을 요청한다. 우리와 물질적인 것들의 관계는 우리와 하느님의 관계를 반영한다. 지상의 것들을 어떤 감수성을 가지고 대하는가는 우리가 얼마나 성스럽게 천상의 것들에 대하는가를 반영한다. 그것은 단지 우리와 개인적으로만 관계된 것이 아니다. 다른 장에서 보겠지만, 그것은 또한 공동체와 사회로서의 우리와 관계된다. 우리는 아름다운 예술 작품을 대할 때 느끼는 것과 똑같은 존중과 경이로움의 감정을 가지고 자연을 대해야 한다.

하지만 자연 환경에 대한 태도에서 이런 성숙함과 고상함에 이르려면, 우리는 먼저 시간을 내서 피조세계의 음성을 들어야 한다. 이를 위해서, 우리에겐 먼저 침묵이 요구된다. 이미 살펴보았듯이, 침묵은 금욕의 길에서 가장 근본적인 요소이다. 대지와 자연 자원의 고갈 문제에 대한 현재 우리의 행동을 대체할 균형 잡힌 환경의식을 증진시키는 데 있어서, 침묵과 금욕 수행은 아주 결정적이다. 하지만 행동과 습관을 바꾸는 것은 종종 매우 어렵다. 『사막 교부들의 금언집』은 이런 이야기를 전해준다. 4세기 알렉산드리아의 아빠스 케리몬은 일부러 "성당에서 40마일 떨어져있고, 숲과 물로부터는 12마일이나 떨어진 곳에" 자신의 수도처를 세웠다.[01] 이렇게 해서 자신의 일상 안에서 조금이라도 더 애쓰기 위함이었다. 우리 시대에도 그리스의 이드라 섬과 터키의 프린스 섬은 아직도 도로 건설, 자동차 사용이 금지된다.

이렇게 금욕의 길은 우리에게 침묵의 절대적 중요성을 알려준다. "하늘은 하느님의 영광을 속삭이고 창공은 그 훌륭한 솜씨를 일러주기"(시편 19:1) 때문이다. 성 야고보의 고대 성찬 예배는 정교회에서 일 년에 두 번만 거행된다. 하지만 이 예배에서 우리는 동일한 확신을 담은 기도를 발견한다.

> 하늘들은 창조주의 영광을 이야기하고, 땅은 하느님의 주권을 선포하나이다. 바다는 주님의 권위를 선언하고, 모든 물질적 영적 피조물은 하느님의 화려함을 영원토록 설교하나이다.

니싸의 성 그레고리오스가 그의 가장 위대한 영적 저작 『모세의 생애』에서 말하고 있듯이, 하느님이 불타는 가시떨기 나무에서 모세에게 말씀하실 때, 소통은 침묵의 음성을 통해 이뤄졌다. 자연은 모든 사람이 읽고 배울 수 있도록 활짝 펴진 위대한 책이다. 식물 하나, 동물 한 마리, 미생물 하나도 다 우리에게 역사를 말하고, 신비를 계시해주고, 놀라운 조화와 균형을 말해준다. 그 모든 것이 서로 의존해있고 상호 보완적이다. 모든 것이 동일한 만남과 동일한 신비를 가리키고 있다.

---

01   *The Sayings of the Desert Fathers*, Chaeremon, 1.

이 소통의 대화, 친교의 신비는, 수많은 별들이 동일한 신비와 동일한 수학적 결합을 드러내고 있는 은하계들 안에서도 탐지된다. 하느님을 믿거나 하느님의 존재를 증명하기 위해, 이런 관점을 가져야 하는 것은 아니다. 이것이 필요한 것은, 다만 우리가 숨쉬고 존재하기 위해서다. 경계가 없는 무한과 가장 보잘 것없고 유한한 것의 이 공존과 상관성은, 7세기 고백자 성 막시모스(580-662)의 표현처럼, 기쁨과 사랑 안에서 공동으로 집전되는 "우주적 전례"(cosmic liturgy)를 드러내준다. 피조세계 안에는 적절한 주의를 기울이면 식별될 수 있는 "로고스들"이 있다. 교부들은 그것을 "사물들의 로고스", "존재들의 로고스", "실존 그 자체의 로고스"라고 불렀다.[02]

우리 눈과 귀에 연주되는 이 자연환경의 연주를 생각조차 하지 않고 살아가는 것은 불행한 일이다. 이 오케스트라에서는, 한 순간의 세밀한 연주가 결정적인 역할을 하기도 하고, 중요하지 않은 것들조차 본질적인 방식으로 이 아름다움에 참여한다. 사람이든 아니든, 그 어떤 요소라도 빼내면 전체의 이미지가 심각하게 영향을 받는다. 어떤 나무나 동물도 그로부터 제외된다면, 전체의 형상은 심각하게 일그러지고 심지어 파괴되기까지 한다. 이 조화로운 음악에 언제까지 귀를 막고 있을 것인가? 우리가 의식하지 못해도 그 음악은 계속 이어지고 있다. 자연 안에 신비롭게 스며있는 이 신적 언어의 알파벳을 우리는 언제나 되어야 배울 것인가? 그것은 우리를 둘러싼 피조세계 안에 너

---

02 그리스어 '로고스'(λόγος)는 말(word), 이성(reason)을 의미한다.

무도 분명하게 계시되어 있다. 세상이라는 몸에 드리워진 신적 현존의 이 경이로운 아름다움을 언제나 되어야 껴안을 것인가? 그 아름다운 윤곽이 이토록 선명한데 말이다.

정교 신학과 자연 환경

전통적으로 고백되어 온 '신앙의 신조'에서 정교회는 "한 분 하느님, 하늘과 땅, 유형·무형한 만물의 창조주"를 고백한다. 자연 환경에 대한 정교회의 관점은 세상이 사랑의 하느님에 의해 창조되었다는 근본적인 믿음에서 비롯된다. 유대-그리스도교의 성경은 창세기에서 "만드신 모든 것을 하느님께서 보시니 참 좋았다."(창세기 1:31)고 선언한다. 이렇게 온 세상은 살아계신 하느님의 씨앗과 그 특징을 포함한다. 더 나아가 물질적 자연적 피조세계는 "일구고 돌보라"(창세기 2:15)는 계명과 함께 하나의 선물로 인류에게 주어졌다.

대지가 거룩하다면, 우리가 자연 환경과 맺는 관계 또한 신비적인 혹은 성사적인 것이다. 다시 말해 그것은 하느님의 씨앗과 특징을 포함한다. "아담의 죄"는 정확히 세상을, 하느님과의, 나머지 피조세계와의 만남과 친교의 선물로 받아들이길 거부한 것이다. 성 사도 바울로가 「로마인들에게 보낸 편지」는 죄의 결과들을 이렇게 강조한다.

> 우리는 모든 피조물이 오늘날까지 다 함께 신음하며 진통을 겪고 있다는 것을 알고 있습니다.(8:22)

> 모든 피조물은 하느님의 자녀가 나타나기를 간절히 기다리고 있습니다.(8:19)

모든 피조세계의 신성함과 아름다움에 대한 이 근본적인 믿음으로부터, 정교회는 "우주적 변모"(cosmic transfiguration)라는 결정적 개념을 강조한다. 인간의 변모와 우주의 변모에 대한 정교 신학의 이 강조는 특별히 그 축일 전례에서 드러난다. 8월 6일에 경축되는 그리스도의 변모 축일은 최종적인 부활의 선취, 그리고 다가올 세상에서의 만물 회복의 미리 맛봄을 강조한다. 마카리오스의 『설교들』은 그리스도의 변모와 인간 본성의 성화 사이의 관련성을 이렇게 강조한다.

> 산에 올라갔을 때 주님의 몸이 영화롭게 되고 신적인 영광과 무한한 빛으로 변모된 것처럼, 이렇게 우리의 인간 본성 또한 하느님의 권능으로 변모되어 불과 빛처럼 타오르고 빛난다.[03]

그리스도의 변모 축일 성가들은 이 신성한 빛과 변모시키는 능력을 온 세상으로 확장시킨다.

> 오늘 다볼 산에서, 주여 당신은, 당신의 빛을 드러내셨지만, 동시에 출생하지 않으신 아버지의 빛으로 변함없이 머물렀나니, 이로써 우리는 온 피조세계를 인도하시는, 빛이신 아버지와 빛이신 성령을 보았나이다.

---

03 *Homily* 15, 38.

더 나아가 예수 그리스도의 세례를 기념하는 축일인 1월 6일은 신현 축일(Theophany)로 기념되는데, 예수 그리스도의 세례가 창세기의 첫 계명에 대한 그리스도의 완전한 순종을 드러내 주고, 이로써 하느님이 창조하시고 원하신 바의 세상의 목적을 회복하였기 때문이다. 이 축일의 한 성가는 이렇게 선포한다.

> 물의 본성은 성화되고, 땅은 강복 받고, 하늘은 빛으로 가득 하니, … 피조세계의 모든 요소들, 천사들, 인간 존재들, 유형·무형의 만물에 의해, 지극히 거룩하신 하느님의 이름이 영광 받게 하려 함이니라.

그래서 정교회 우주관의 폭과 깊이는, 항상 한 개인을 넘어서는 더 위대한 존재로서의 인류가 이 신현현에 참여한다는 것을 함축한다. 분명 인류는 고유한 역할과 고유한 책임을 감당한다. 하지만 인간은 우주와 '분리해서는' 결코 생각될 수 없고 이해될 수 없는, 우주의 한 부분이다. 이런 방식으로, 자연 환경은 그저 객관적으로 관찰해야 하는, 이기적으로 착취해야 하는 어떤 것이길 멈추고, '우주적 전례', 혹은 만물의 본질적인 상관성과 상호의존성의 경축이 된다.

앞서 말한 것에 비추어, 7세기의 또 다른 신비가인 시리아의 이삭은, 이런 까닭에 "온 피조세계 … 하느님의 모든 피조물을 향한 사랑으로 불타오르는 자비로운 마음"을 얻는 것이야말로 영적 삶의 목표라고 힘주어 말한다. 이것은 19세기 표도르 도스토예프스키(1821-1881)의 『카라마조프가의 형제들』에 나오는 다음과 같은 권고에서도 그 반향을 발견한다.

> 하느님의 피조세계 전체를 사랑하라. 모래 한 알에 이르기까지 사랑하라. 잎사귀 하나까지 사랑하라. 하느님 빛의 광선 하나하나를 사랑하라. 동물들을 사랑하라. 식물들을 사랑하라. 모든 것을 사랑하라. 그대가 모든 것을 사랑하면, 모든 것 안에서 하느님의 신비를 알아보게 될 것이다.

한걸음 더 나아가 정교 신학은 자연적 피조세계가 인류의 정체성, 인류의 운명과 결코 분리될 수 없는 것임을 승인한다. 인간의 행위 하나하나가 대지의 몸에 지속적인 흔적을 남기기 때문이다. 피조세계를 향한 인간의 태도와 행동은 타인에게 직접적인 영향을 주고 타인에 대한 태도와 행위를 반영한다. 생태론(ecology)은 그 어원과 의미에 있어서 경제(economy)와 연결되어 있다. 그런데 우리의 세계 경제는 우리 지구가 견뎌낼 수 있는 능력을 넘어서 버렸다. 우리가 풍요롭게 살아갈 가능성뿐만 아니라 우리의 생존 그 자체가 지금 위협받고 있다. 향후 십 수 년 안에 기후 온난화에 의해 가장 큰 피해를 입게 될 사람들은 아마도 가장 가난한 사람들일 것이라고 과학자들은 평가한다. 이것이 바로 오염이라는 생태적 문제가 직접적으로 가난이라는 사회적 문제와 연결되는 이유이다. 이렇게 모든 생태적 활동은 결국 가난한 자에게 미치는 영향과 결과를 기준 삼아 평가되고 추진되어야 한다.(마태오 25장)

종교 지도자, 과학자, 정치권력, 재정적 지원 등의 집단적인 협력을 통한 응답만이 효과적이고 합당한 방식으로 우리 시대의 이 심각한 문제들을 풀어나갈 수 있음은 명백하다. 이런 까닭에, 1989년 9월 1일 디미트리오스(1914-1991) 세계총대주교는 매년 연례적으로 발표되는 일련의 회칙 중 첫 번째 회칙을 전 세계 정교회에 발표하여, 9월부터 시작되는 정교회 교회력의 첫 날(9월 1일)을 자연 환경 보호와 보존을 위한 기도의 날로 정했다. 이 날의 봉헌은 이후 유럽교회협의회와 세계교회협의회에 의해서도 채택되었다. 그의 총대주교좌 후임자로서 나는, 환경에 대해 관심을 갖고 긴급하게 대처할 것을 격려함으로써, 오늘날 우리 지구를 위협하는 돌이킬 수 없는 파괴에 대한 더욱 민감하고도 대중적이고 국제적인 의식을 고양시키고자 하였다. 우리 교회의 다양한 주도적 시도들은 1995년 '종교와 과학 위원회의 설립'과 "종교, 과학 그리고 환경"[04]이라는 주제로 여러 번의 간(間)학문적 심포지엄 개최 등으로 나타났다. 이런 방식으로 세계총대주교청은 우리를 둘러싼 세상의 보존에 기여할 수 있다.

정교 영성과 자연 환경

"우리를 둘러싼"이라는 말은 분명 "환경"을 의미한다. 우리는 날 때부터 죽을 때까지 항상 사람들에 둘러싸여 있다. 우리는 환경 안에서 자라고 양육되고, 배우고 성숙해진다. 물질적이든 영적이든, 이 환경은 우리 삶의 결정적이고 지속적인 요소이

---

04   나중에 나오는 "정교 전례와 자연 환경"를 참고하라.

다. 우리는 땅과 공기, 태양과 바다, 동물과 식물로 둘러싸여 있듯이, 또한 우리 가족, 친구들에게, 그들의 가르침과 경향에 영향을 받고 배우고 형성되어 간다. 4세기, 신학자 성 그레고리오스(329-389)는 인간 존재가 그의 환경과 관계를 맺으며 살아가길 원하신 분은 바로 창조주 하느님이심을 강조했다.

하느님 말씀은 인류가 보이지 않는 세상과 보이는 세상, 이 두 세계에 참여하는 존재임을 드러내고자 하셨다. 이것이 바로 아담(다시 말해 사람)이 창조된 이유다. 하느님은 이미 창조된 땅의 물질로 인간의 몸을 빚으셨다. 하느님은 영적인 세상의 생명을 아담의 영혼 안에 불어넣으셨다. 그것을 우리는 하느님의 형상이라고 부른다. 이것이 바로 제2의 세상으로서, 작은 세상 속의 큰 세상으로서, 또한 하느님께 영광 돌리는 천사와도 같은 존재이지만 영적인 세계와 물질세계에 동시에 참여하는 존재로서 아담을 이 땅에 데려다 놓으신 이유다. 아담은 영적인 세계에 속한 동시에, 보이는 세상을 보호 보존케 하기 위해 창조되었다. 아담은 피조세계의 왕(βασιλεύς)과 관리자(οἰκονόμος)로 봉사하도록 정해졌다. 왕 같은 존재이지만 또한 하늘 임금(하느님)의 백성으로, 땅에 속하지만 또한 불멸하는 존재로, 그 몸으로 인해 눈에 보이지만, 또한 그 영혼으로 인해 눈에 보이지 않는 존재로 창조되었다. 아담은 존귀함과 비천함 사이에 있었다. 아담은 위로는 선을 베푸시는 하느님께 영광돌리도록 부름 받았지만, 동시에 아래로는 비참으로 고통 받는다. 피조세계와 인간의 목표와 목적은 신화(神化)다. 이렇듯 아담은 하느님의 은총을 통해 신이 되도록, 오직 하느님만을 바라보도록 부름 받았다.

바로 이 지점에서 정교 영성의 깊이는 현대 생태주의와 어느 정도 차별화될 수 있다. 이 세상 자연 자원의 보호와 보존에 대한 바램의 정도는, 정치 지도자든 혹은 일반 시민이든 모든 사람에게 우선적인 일일 것이기에, 그다지 차이가 없다. 본질적 차이는 정교 영성과 결합되어 있는 세계관에 있다. 분명 모두의 선을 위해 모든 사람이 추구하고 도달해야 할 최종적인 결과에 있어서는 별 차이를 발견하지 못한다. 오히려 차이는 우리의 다양한 태도와 행동의 출발점에서 더 잘 드러난다. 정교 신학은 인간을 폭군이 아니라 왕과 같은 존귀함을 가진 존재로 여긴다. 인간을 피조세계의 관리자와 봉사자로 여기는 이 신념은 정의와 절제의 깊은 감각을 특징으로 한다.

우리는 우리의 권위에 자만해서도, 우리 자신의 한계를 핑계로 거짓 겸손을 보여서도 안 된다. 우리는 창조주를 섬기며 피조세계를 보존하도록 부름 받았다. 보존과 경축은 밀접하게 결합된다. 이것이 바로, "땅을 일구고 돌보라"(창세기 2:15)는 성경의 계명에 대한 정교 신학과 전례의 해석이니, 이 계명은 간단히 말해 "땅에 봉사하고 땅을 보존하라"는 뜻으로 번역될 수 있을 것이다. 우리는 "충성스럽고 슬기로운 관리인"(루가 12:42)처럼, "하느님 은총의 훌륭한 관리자"(1 베드로 4:10)처럼 행동해야 한다. 우리는 하느님과 별개로 행동할 수 없다. 우리는 창조주이신 하느님께 겸손하게 감사드리며 행동해야 한다. 지배하고 감독하는 모든 권한은 하느님께로부터 하느님을 통해 온다. 그리고 그것은 항상 하느님을 향하고, 하느님의 영광으로 인도

된다.(잠언 8:15 참고)

하느님은 모두의 선을 위해, 모든 이에 의해 보존되도록 온 세상을 창조하셨다.[05] 그래서 온 세상은 언제나 교회의 큰 관심사이고, 교회는 진심으로 "세상 안에 있는 것과 세상 위에 있는 것을 위해"[06] 기도한다. 같은 이유로 온 세상은 우리가 하느님께 드리는 기도의 대상이 된다.

> 주여, 적절한 바람, 부드러운 비, 유익한 신선함, 풍요로운 열매, 완전한 마무리와 영광스러운 해를 기억하소서. 모든 사람의 눈이 당신께 희망을 두나니, 당신은 그들에게 때를 따라 양식을 주시고, 손을 벌려 모든 살아있는 존재들을 선한 의지로 채워주시나이다.[07]

> 필요한 곳과 백성에게 비를 보내주소서. 당신의 은총을 따라 강물을 적정한 수위로 높여주소서. 때를 맞춰 씨뿌리고 수확하게 하시어, 땅의 열매들을 증대시켜 주소서. 또한 부드러운 바람과 땅의 열매들을 위해, 강물의 적절한 수위를 위해, 유익한 비와 풍부한 수확을 위해 기도드리나이다.[08]

이것은 물질적 피조세계 전체가 전례의 눈을 통해 합당하게 인식되고 보존되고 있음을 의미한다.

---

05 St. Cyril of Jerusalem, *Catechetical Treatise*, 12.
06 조과(아침 기도 예식) 기도문.
07 성 야고보 성찬 예배.
08 성 마르코 성찬 예배.

정교 전례와 자연 환경

정교회 전례의 전망 안에서 피조세계는 하느님의 선물로 수용되고 인식된다. 피조세계를 선물로 여기는 이 관념은 분명하고도 간결한 방식으로 환경 문제에 대한 정교회의 전례적 이해를 규정한다. 그것은 모든 사람이 창조된 세상에 대한 책임 있고 적절한 사용을 통해 이 선물로서의 피조세계에 응답해야한다는 것이다. 모든 신자는 "당신의 것인 이 세상의 모든 것 중에서 특히 이 예물을 우리에게 베푸신 모든 은혜에 대한 감사로서, 모든 곳에서 당신께 바치나이다."라는 신성한 성찬 예배의 기도문을 반영하는 방식으로 생명을 경축하도록 부름 받는다.

이렇게, 정교회는 세상에 대한 전례적 관점을 제시한다. 그것은 하느님이 충만하게 스며들어 계신 세상, 이 세상 속에 깊이 포함되어 계신 하느님을 선포한다. 우리의 이른 바 "원죄"는, 하느님의 분노 혹은 인간의 치유할 수 없는 죄책감을 불러오는, 어떤 종교적 계명에 대한 법적 위반에 있지 않다. 그것은 오히려, 세상을 우리 지구와의 만남과 화해의 선물로 받아들여야 함에도, 우리 인간은 오히려 세상을 인류 이외의 나머지 존재들과의 친교의 신비로 여기길 고집스럽게 거부하고 있다는 점에 있다.

그래서 세계총대주교청은 최근 10여 년간 에게 해에서(1995), 흑해에서(1997), 다뉴브 강에서(1999), 아드리아 해에서(2002), 발트 해에서(2003), 아마존에서(2006), 최근에는 북극해에서(2007) 여러 번의 국제적이고 간(間)학문적인 학술회의를 조직했다. 우리가 숨 쉬는 공기처럼, 바다 또한 생명의 원천이기 때문이다. 바다가 더러워지고 오염되면, 우리 생존의 요소와 본질 또한 위협받는다. 간단히 말해, 환경의 파괴와 파손은 자살행위나 마찬가지다. 조금도 부정할 수도 타협할 수도 없는 자연의 강제들을 계속해서 무시하는, 그런 삶의 방식과 시스템의 함정에 우리는 냉혹하게 사로잡혀 있는 것 같다. 하지만 우리는 되돌아갈 수 없는 지점에 이르러서야 우리 지구의 제한된 가능성을 깨닫게 될 것만 같다.

세상의 갱신과 재생의 축일이기도 한 신현 축일, 이 날 그리스도의 요르단 강 세례를 경축하면서, 정교회의 한 성가는 이 비극을 이렇게 표현한다. "나는 … 공기와 땅과 물의 오점이 되었나이다." 비록 호흡하는 공기와 마시는 물을 오염시켜버린 시점에 와버렸지만, 우리는 이제 우리 안에 경이와 환희의 감각을 회복하고, 접촉들과 성사적 차원들을 확장시켜가는 신비를 대하듯, 그렇게 물질을 대하도록 부름 받는다.

인류에게 주신 하느님의 선물인 피조세계는, 조화와 친교 안에서 살아가라고 주신 우리의 동반자이다. 그러므로 우리는 절제와 검소함으로 이 자원들을 사용하고, 사랑과 겸손으로 경작하며, "일구고 돌보라"(창세기 2:15)는 성경의 계명에 합당하게 그것을 보호해야 한다. 손상되지 않은 자연 환경의 품에서, 인류는 깊은 평화와 영적 쉼을 발견한다. 하느님의 평화로운 은총으로 인해 영적으로 고양된 인류의 품에서, 자연은 조화롭고 합당한 자신의 위치를 깨닫는다.

어쨌든 처음 창조된 사람은 자유라는 선물을 잘못 사용했다.

그는 선물을 주신 하느님으로부터는 소외를, 그리고 하느님의 선물에는 집착을 선택했다. 그 결과 인간이 하느님과 자연과 맺는 관계는 둘 다 왜곡되었고, 인류는 대지의 자원을 사용하고 소비하는 것에 몰두하게 되었다. 이렇게 해서 인류를 향한 하느님의 사랑에서만 솟아나는 인간의 지복은 더 이상 존재하지 않게 되었고, 인류는 창조주가 아니라 피조세계로부터 이 결핍된 지복을 끌어옴으로써, 이 공허함을 채우려한다. 먼저 인간은 감사하는 사용자에서 탐욕스런 남용자로 변했다. 바로 이런 상황을 고치기 위해, 인간은 "감사"(eucharistic)와 "금욕"(ascetic)으로 살아가는 삶의 방식으로 되돌아가라고 요청 받는다. 다시 말해 피조세계라는 선물에 대해 하느님께 영광 돌리고 감사하며 피조세계에 대해서 존중심과 책임감을 가진 존재가 되라는 것이다.

감사와 금욕의 정신으로 살아가는 존재

이 결정적인 단어 "감사"(eucharistic)와 "금욕"(ascetic)에 대해 좀 더 생각해 보자. 첫 번째 단어의 함축은 이해하기 쉽다. 이 단어는 "감사"를 뜻하는 그리스어 "에프카리스티아"(Εὐχαριστία)에서 비롯된 것으로 정교회에서는 전례의 의미로 이해된다. 우리 안에 "감사의 정신"을 일깨움으로써, 정교회는 창조된 세상이 우리의 소유물이 아니라, 선물, 그것도 창조주 하느님의 선물, 치료제로서의 선물, 경이롭고 아름다운 선물임을 우리에게 상기시킨다. 그렇기 때문에, 그와 같은 선물을 받을 때 마땅한 응답의 태도는 고마움과 감사의 마음으로 그 선물을 받아들이고 품는 것이다.

정교회에서 감사는 세상에 대한 성사적인 관점을 강조한다. 창조의 순간부터, 하느님은 이 세상을, 변모되어야 하고 또 감사함으로 되돌려드려야 하는 선물로서 우리에게 주셨다. 그래서 정교 영성은 인류의 세상 지배가 가져올 위험을 피한다. 이 세상이 신성한 신비라면, 그것은 인간의 모든 지배 시도로부터 보호되어야 하기 때문이다. 실제로 세상의 자원에 대한 지나친 착취와 통제는 하느님의 놀라운 선물이 아니라 아담의 "원죄"와 동일시된다. 그것은 하느님으로부터의 소외와 세상에 대한 성사적 관점의 포기로부터 비롯되는 이기심과 탐욕의 결과이다. 죄는 '속(俗)'을 악의 지배에 내던져버림으로써, 또 그것을 착취의 먹이로 넘겨줌으로써, '성(聖)'과 '속(俗)'을 분리해 버렸다.

감사는 인간 존재의 특별하고도 결정적인 특징이다. 인간은 이성적 혹은 정치적 존재만은 아니다. 인간은 무엇보다도 감사할 줄 알고, 피조세계의 선물에 대해 하느님께 찬미 드리는 능력을 부여받은, '감사하는 피조물'(eucharistic creature)이다. 다시 한 번 "축복" 혹은 "찬미"를 의미하는 그리스어 '에블로기아'(εὐλογία)는 그 누구 혹은 그 무엇에게 해줄 "좋은 말"(εὐ-λογία)을 가지고 있다는 의미를 함축한다. 그것은 세상에 대한 저주와 반대이다. 다른 동물들은, 그저 존재한다는 사실로, 본능에 따라 살아간다는 사실만으로 그들의 감사를 표현한다. 하지만 우리 인간은 직관적인 양심의 감각을 소유하고, 이렇게 해서, 감사의 기쁨 안에서 세상에 대해 하느님께 자발적으로 감사드린다. 그런 감사가 없다면, 우리는 참으로 인간이 아니다.

감사의 정신은 또한 세상의 자연 자원을 감사의 마음으로 이용하고 또 그것을 하느님께 다시 봉헌하는 것을 포함한다. 대지의 자원뿐만 아니라 진실로 우리는 우리 자신을 하느님께 봉헌해야 한다. 감사의 성찬 성사에서 우리는, 하느님의 것인 모든 것을 다시 하느님께 돌려드린다. 창조주께 겸손한 감사의 마음으로 봉헌되고 공동체 전체와 함께 또 그 공동체를 통해서 바쳐지는 빵과 포도주가 그것이다. 그에 대한 응답으로 하느님은 빵과 포도주를, 다시 말해 온 세상을 만남의 신비로 변화시키신다. 우리 모두는, 더 이상 타락한 세상의 지배 아래 있지 않고 그로부터 자유로워지고 정화된, 그리하여 그 안에 하느님의 현존을 받아 누릴 수 있는 피조세계의 열매들을 대표한다.

감사드리는 사람이라면 누구나, 감사의 이유를 알고 있기에 그로부터 오는 기쁨을 경험한다. 반대로 세상의 놀라움과 아름다움에 대해 감사할 필요를 느끼지 못하고 반대로 자신의 이기심이나 무관심밖에는 표현할 줄 모르는 사람은, 누구나 이 심오하고 신성한 기쁨을 경험할 수 없을 것이고, 단지 침울한 슬픔, 충족되지 않는 만족만 경험할 것이다. 그런 사람은 세상을 저주할 뿐이고 또 세상을 저주로 경험한다. 이런 까닭에 많은 것을 소유하고도 늘 쓸쓸하고 슬픈 사람이 있고, 가진 것이 없어도 감사하는 사람이 있는 것이다.

두 번째 단어, 금욕(ascetic)은 그리스어 동사 '아스케오'(ἀσκέω)에서 온 말로, 훈련 혹은 기술을 통해 어떤 거친 재료를 변화시키는 것을 함축한다. 이렇게 우리는 금식과 그 밖의 다른 영적 훈련을 포함하는 정교 신앙의 "금욕적 기풍"(ascetic ethos)을 가진다. 이런 훈련들은, 우리가 당연시하는 모든 것이 실은 모든 사람과 공평하게 나눈다는 조건하에서만 우리의 필요를 충족시켜 줄 수 있는 하느님의 선물임을 깨닫게 해준다. 반대로 그 모든 것은, 단지 우리가 그것을 소비하고 싶다거나 그것을 구입할 수 있다고 하여 남용하고 낭비해도 될 우리만의 것이 결코 아니다.

금욕의 정신은 피조세계라는 선물을 있는 그대로 보호하고 보존하려는 의도와 노력과 훈련이다. 어떤 열매든 더 이상 집착적으로 소비하지 않고 또 그것을 소박하게 취하고 절제하는 감각을 보여줄 때, 그것은 절제와 자기 억제를 위한 투쟁이 된다. 보호와 절제는 둘 다 인류 전체와 피조 자연세계 전체를 향한 사랑의 표현이다. 그러한 사랑만이 불필요한 낭비와 피할 수 없는 파괴로부터 세상을 보호할 수 있다. 한마디로 "하느님은 사랑이시라"(I 요한 4:8)고 했듯이, 인류 또한 본래 사랑의 의향을 천부적으로 부여받은 존재이다.

이렇게 우리의 목표는 "당신의 것인 이 세상의 모든 것 중에서 특히 이 예물을 우리에게 베푸신 모든 은혜에 대한 감사로서, 모든 곳에서 당신께 바치나이다. 오, 주여 우리는 주님을 찬송하고 찬미하고 주님께 감사드리나이다."라는 신성한 성찬 예배의 기도와 다시 결합된다. 이렇게 우리는 온 세상과 온 만물을, 두려움이나 필요가 아니라, 기쁨과 사랑으로 껴안을 수 있고, 식물과 동물, 나무와 강, 산과 바다, 살아있는 모든 사람과 자연 환경 전체를 돌보는 법을 배우게 된다. 그러면 삶과 세상에서 우리는 강요된 슬픔이 아니라 기쁨을 발견하게 될 것이다. 그로부터 우리는, 폭력과 죽음을 위한 수단이 아니라 평화와 생명의 도구들을 만들어내고 증진시킬 수 있게 된다. 한편으론 피조세계가 또 한편으론 인류가, 다시 말해 둘러싸고 있는 것과 둘러싸인 존재가, 더 이상 모순과 충돌과 경쟁 속에 있지 않고, 온전히 서로 조응하고 서로 협력하게 된다. 인류가 섬김과 희생이라는 성직자적인 행위 안에서 피조세계를 하느님께 되돌려 드림으로써 봉헌하듯이, 마찬가지로 피조세계 또한 역으로 다가올 모든 세대를 위해 선물로 자신을 내어준다. 그러면 모든 것이 일종의 교환이 되고, 풍요로운 열매가 되고, 사랑의 성취가 된다. 그때 모든 것은, 창조의 순간 하느님이 원하셨던 바, 본래 자신의 비전과 목적을 감당한다.

창조의 세 번째 날

창세기 1장 11~12절에서 발견할 수 있는, 간략하지만 힘 있는 말씀은 창조의 이 측면이 가지는 위엄과 잘 조응한다.

> 하느님께서 "땅에서 푸른 움이 돋아나라! 땅 위에 낟알을 내는 풀과 씨 있는 온갖 과일 나무가 돋아나라!" 하시자 그대로 되었다. 이리하여 땅에는 푸른 움이 돋아났다. 낟알을 내는 온갖 풀과 씨 있는 온갖 과일 나무가 돋아났다. 하느님께서 보시니 참 좋았다.(창세기 1:11-12)

우리는 모든 식물이 약용과 식용의 본성을 가지고 있음을 잘 알고 있다. 또 창조적이고도 미용적인 방식으로 다양하게 활용되고 있음을 안다.

> 저 꽃들이 어떻게 자라는가 생각해 보아라. 그것들은 수고도 아니 하고 길쌈도 하지 않는다. 그러나 온갖 영화를 누린 솔로몬도 결코 이 꽃 한 송이만큼 화려하게 차려 입지는 못하였다.(루가 12:27)

하느님이 창조하신 세상에선 가장 하찮고 가장 작은 것조차도 생명의 가장 근본적인 요소들과 자연의 아름다움을 구성하는 가장 고귀한 측면들을 포함하고 있다.

어쨌든 우리는 과밀방목이나 무분별한 산림벌채로 식물군의 균형을 파괴하는 경향이 있다. 또 지나친 관개사업이나 도시건설로, 자연 세계의 찬란한 서사를 단절시킨다. 우리의 이기심은 우리로 하여금 식물을 무시하거나 적어도 경시하게 만들었다. 식물에 대한 우리의 이해는 빈약하고 선택적이다. 우리의 관점은 탐욕으로 정향되어 있고 이익에 초점을 둔다.

하지만 식물은 생명의 중심이고 원천이다. 식물은 우리가 호흡하고 꿈 꿀수 있게 해준다. 식물은 문화적 영적 삶의 토대를 제공해준다. 식물 없는 세상은 아름다움의 의미를 상실한 세상에 될 것이다. 실제로, 식물이 없는 세상은 생각할 수도 상상할 수도 없다. 그것은 생명과는 모순되는 것이고, 죽음과 같은 것이다. 비판적 숙고와 자기 절제 없이 지속 불가능한 발전을 계속해서 추진할 수 있는 세상은 존재하지 않는다. 반성 없이 맹목적으로 기후 온난화의 길로 계속 전진할 수 있는 지구란 존재하지 않는다. 거기에는 낭비와 파괴만 있을 뿐이다. 어떤 핑계 혹은 구실을 대도 그것은 지구와 물과 공기의 오염이라는 현실을 부정하는 것에 이를 뿐이다.

식물은 또한 가장 지혜로운 교사이고 가장 훌륭한 본보기다. 왜냐하면 그것은 빛을 향하기 때문이다. 그것은 물을 갈망한다. 그것은 깨끗한 공기를 좋아한다. 뿌리는 깊이 박히고 높이는 자란다. 그것은 적은 것으로 만족하고 섭취한다. 그것은 잉여의 것 혹은 무익한 것으로 보이는 것들을 포함해서, 자연에서 취하는 모든 것을 변모시키고 증식시킨다. 그것은 다른 것의 영양을 위해서든 혹은 감탄을 자아내기 위해서든, 언제나 본능적으로 적응하고 풍요롭게 생산한다. 그것은 주변의 대우주에 기여함으로써 그 자신의 소우주를 이롭게 한다.

창조의 다섯 번째, 여섯 번째 날

창조의 다섯 번째, 여섯 번째 날, 하느님은 다양한 종의 동물을 창조하셨고, 하느님의 형상을 따라 닮아가도록 남자와 여자를 창조하셨다.(창세기 1:26) 대다수 사람들이 종종 잊는 것은, 창조의 여섯 번째 날이 흙으로 아담을 빚는 일에만 할애되지 않았다는 사실이다. 여섯 번째 날은 "온갖 동물, 온갖 집짐승과 길짐승과 들짐승을" 창조하는 일에도 할애되었다. 창조의 첫 순간부터, 인류와 나머지 피조세계의 이 밀접한 관계는, 우리가 인간으로서 나머지 동물세계와 맺고 있는 관계가 얼마나 중요하고 강력한 것인지를 상기시켜준다. 하느님 형상대로 창조된 인간만의 고유한 무언가가 분명 있다 해도, 인간으로서만 아니라 또한 창조된 우주와의 관계에 있어서도, 더 많은 것이 우리를 분리시키기보다는 연합시킨다. 그것은 최근 몇 십 년 동안 우리가 배운 것, 그것도 매우 힘겹게 배운 것이다.

고대 동방 교회의 성인들은 이미 오래전에 그것을 가르쳤다. 순결한 마음을 가진 사람은 자신을 피조세계 전체와, 특별히 동물 세계와 연합시켜주는 그 무엇을 느끼게 된다는 것을, 사막 교부들은 일찌감치 알아차렸다.[09] 그것은 동방과 서방 그리스도교 사이에서 여러 가지 병행을 발견케 해주는 현실이다. 북러시아의 숲 속에서 곰을 먹였던 사로브의 성 세라핌(1759-1833)이 그랬고, 우주의 제 요소들에게 말을 걸었던(1181-1226) 아씨시의 프란체스코가 그랬다. 이 관계는 단지 감동적인 것만 아니다. 그것은 또한 그 동기와 내용에 있어서 심오하게 영적이다. 그것은 피조세계와의 일체성과 자비의 감정을 표현함으로써, 피조세계 전체 안에 있는 연속성과 공동체성에 대한 감각을 증진시킨다. 그것은 성 바울로가 표현했던 것처럼, 만물은 그리스도 안에서 창조되었고 그분 안에 모두가 모인다는 것(골로사이 1:15-17)에 대한 승인이다. 니느웨의 아빠스 이삭은 7세기 시리아의 사막에서 이렇게 자문했다.

09　*The Sayings of the Desert Fathers*, Antony 36, Paul 1 and Pambo 12.

자비로운 마음이란 무엇인가? 그것은 온 피조세계로 인해, 사람들로 인해, 새들로 인해, 동물들로 인해, 악령들로 인해, 창조된 모든 것으로 인해, 마음을 태우는 불꽃이다. 자비로운 사람은 그 모든 것을 생각할 때마다, 그것들을 볼 때마다, 그 마음 안에 자리 잡은 강렬하고도 풍요로운 자비심으로 인해, 눈에서 눈물이 넘쳐흐른다. 커다란 연민으로 인해, 그의 마음은 한없이 낮아지고, 어떤 피조물에게 가해진 가장 작은 해나 공격에 대해 듣거나 보기만 해도 견딜 수가 없다. 그래서 그는 이성 없는 동물들을 위해, 진리의 원수들을 위해, 그리고 자신에게 해를 가한 이들을 위해, 주님이 그들을 보호해주시고 그들에게 자비를 베풀어 주시도록, 끊임없이 눈물의 기도를 드린다. 하느님을 닮아, 그 마음을 가득 채운 측량할 수 없이 위대한 자비로 인해, 그는 땅을 기어 다니는 뱀을 위해서도 기도한다.[10]

하느님을 향한 사랑, 사람을 향한 사랑, 동물들을 향한 사랑은 결코 분리될 수 없다. 우선순위는 있을지 몰라도, 그것은 결코 날카로운 비교 구별이 아니다. 사람과 세상, 우리 모두가 하나의 가족을 형성하고 있다는 것, 우리 모두가 창조주 하느님을 향하고 있다는 것만이 진리이다.

> 때를 따라 주시는 먹이를 기다리며 이 모든 것들은 당신을 쳐다보다가 먹이를 주시면 그것을 받아먹으니, 손만 벌리시면 그들은 배부릅니다. 그러다가 당신께서 외면하시면 어쩔 줄을 모르고 숨을 거두어들이시면 죽어서 먼지로 돌

---

10 *Ascetic Treatises*, 48 (Wiesbaden, 1986), p. 30.

아갑니다.(시편 104:27-29)

세상이 사랑의 하느님에 의해 창조되었고, 하느님 말씀이신 하느님 아들의 육화를 통해 세상이 재창조되었음을 믿는 우리의 신앙으로 인해, 우리 정교 그리스도인은 확신에 찬 환경주의자, 물질 세상의 거룩성에 대한 확고한 신념을 가진 사람들이다. 우리는 새 하늘만 아니라 새 땅도 기다린다. 우리는 새로워지고 회복된 하늘과 땅을 위해 일한다. 그곳에선 "늑대가 새끼 양과 어울리고 표범이 숫염소와 함께 뒹굴며 새끼 사자와 송아지가 함께 풀을 뜯으리니 어린아이가 그들을 몰고 다닐 것이다."(이사야 11:6) 이것은 유토피아의 꿈이 아니다. 우리 정교 그리스도인에게, 이 현실은 지금 시작된다. 우리는 온 피조세계를 껴안겠다고 하느님께 약속한다. 정교 신학자들은 그것을 "개시된 종말론"(inaugurated eschatology)이라 부른다. 궁극적 단계는 이미 확립되었고 지금부터 실현된다는 것이다. "하느님 나라는 바로 우리 가운데 있다."(루가 17:21) 온 세상과 사람들 중에 친교의 충만과 공동체의 정의가 이뤄지길 바라고 또 그것을 위해 일하는 모든 이들에게, 창조된 세상의 변모는 이미 살아있는 현실이다.

가난과 불평등

환경오염과 환경훼손 문제는 단지 이해 혹은 각오의 문제로 따로 떼어낼 수 없다. 환경은 인류를 감싸는 집, 인간의 거처다. 이런 까닭에 환경은 그것이 감싸고 있는 인간이라는 고유한 피조물과의 직접적인 연관을 배제한 채 그것만 따로 떼어 인식하거나 평가해서는 안 된다. 환경에 대한 관심은 또한 인간의 가난 문제, 목마름과 배고픔에 대한 관심을 함축한다. 이 연관은 주님이 "너희는 내가 굶주렸을 때에 먹을 것을 주었고 목말랐을 때에 마실 것을 주었으며 나그네 되었을 때에 따뜻하게 맞이하였다."(마태오 25:35)라고 말씀하신 마지막 심판 비유 안에 명쾌하게 묘사되었다.

앞 장에서 나는 하느님 은총을 기다리고 그에 의존하는 태도로서의 '침묵', 마찬가지로 원하지 않거나 덜 원하는 것으로서의 '금식'의 중요성을 상기시켰다. 어떤 의미에서 침묵과 금식은 모두가 가난과 배고픔의 문제를 예견한다. 그것은 우리가 함부로 행하지 않도록 격려하기 때문이다. '기다림'은 우리가 '낭비'하지 않게 이끌어줌으로써, '더 이상 원하지 않음'에 이르게 한다. 기도는 우리로 하여금 가난과 정의의 문제에 관심을 두게 함으로써, 억제와 절제로 준비시킨다. 무관심하게 낭비를 일삼고, 끊임없이 조바심으로 밀어붙이며, 타인의 필요보단 개인의 욕망을 법적으로 더 우선시하는 문화 안에서는, 이 덕들이 너무나도 중요하다.

이렇게 생태적 문제에 대한 관심은 직접적으로 사회적 정의의 문제, 특별히 이 세상의 배고픔의 문제에 대한 관심과 연결된다. 자연 환경을 위한 기도에 게으른 교회는 고통 받는 인류에게 마실 것과 먹을 것을 주길 거부하는 교회이다. 마찬가지로 모든 사람을 돌보아야 할 의무를 무시하는 사회는 자연 환경을 포함하여 하느님의 피조물을 학대하는 사회이다. 그것은 신성 모독이다.

'생태학'을 의미하는 '에콜로지'(ecology)와 '경제'를 의미하는 '이코노미'(economy)는 둘 다 동일한 어원학적인 어근을 공유한다. 그들의 공통 접두사 '에코'(eco)는 '집' 혹은 '주거'를 의미하는 그리스어 '이코스'(οἶκος)에서 왔다. 하지만 마치 우리만이 이 세상의 거주자인 것처럼 이 단어들을 우리 자신에게만 적용해 온 것은 매우 불행하고 이기적이다. 기술적으로 혹은 사회적으로 아무리 발전한 경제 체제라 할지라도 그것을 지탱하는 환경 체계가 붕괴되면 결코 살아남을 수 없음은 분명한 사실이다. 이 지구는 참으로 우리 집이다. 그러나 그것은 또한 모두의 집이다. 그것은 모든 피조물, 동물의 집이기도 하고, 하느님이 창조하신 모든 생명의 거처이기도 한다. 우리 사람만 이 세상에 산다고 감히 주장하는 것은 교만의 극치를 표시할 뿐이다. 그것은 또한 현재 세대만 이 땅에 산다고 상상하는 이기심의 발로다.

그러므로 에콜로지(ecology)는 이 세상을 모든 이와 만물의 집으로 여기는 '로고스'(λόγος, 말, 이성, 담론, 연구)이고, 이코노미(economy)는 우리의 집인 이 세상을 관리하는 '노모스'(νόμος, 법 규범, 관습, 관례)다. 피조세계를 이해하는 방식은 환경을 대하는 우리의 방식을 결정한다. 계속해서 부적절하고도 지속가능하지 않은 방식으로 환경을 이용할 것인가? 아니면 그것을 우리의 집, 온 인류의 집, 모든 살아있는 피조물의 집으로 대할 것인가? 시편 저자와 함께 "숨 쉬는 모든 것들이 주님을 찬미한다"(시편

150:6)는 사실을 (시편 저자와 함께) 기억할 것인가?

윤리, 사회, 정치 영역의 문제 중 가장 중요한 문제인 가난은 직접적으로 또 뿌리 깊게 생태적 위기와 연관되어 있다. 아시아, 아프리카 혹은 남아메리카의 가난한 농부는 일상적으로 가난의 현실과 맞닥뜨리고 있다. 이 농부들에게, 기술의 악용이나 무분별한 벌채는 단지 환경에 위험을 초래하고 자연을 파괴하는 것에 머물지 않고, 더 나아가 그 가족의 생존에 직접적이고도 뿌리 깊은 영향을 미친다. '생태론', '산림파괴' 혹은 '어류 남획' 등의 용어는 그들의 일상적인 대화나 관심사에서 조금도 찾아볼 수 없다. 특별히 지구상 인구의 10%도 안 되는 사람들이 자연자원의 90% 이상을 소비하고 있다는 사실을 고려할 때, '발전된' 나라들은 '발전 중인' 나라의 가난한 이들에게 지구상의 얼마 남지 않는 천혜의 낙원을 보호해야 할 필요를 이성적으로 이해해달라고 요구할 수 없다. 그럼에도 '발전 중에 있는' 나라들은 적절한 교육을 통해서 '발전된' 나라보다 더 피조세계의 보호에 협력할 수 있다.

실업 문제는 전 세계 모든 사회에서 가난 문제와 밀접하게 결부된 재앙이다. 종교 지도자들의 도덕적 권고도 사회 경제 전략가들이나 정책 결정자들의 파편적인 수단들도 이 점증하는 비극에 제동을 걸 수 없음은 너무도 명백하다. 실업문제는 우리로 하여금 부유한 서방 사회의 당면과제들을, 특별히 긍정적으로 고려되는 제한 없는 경제적 발전 전략들을 재검토하도록 강제한다. 우리는 생산성 증대와 소비재화의 공급이라는 두 가지 필요성의 폭압적 순환의 덫에 걸렸다. 하지만, 이 두 가지 '필요'를 대등한 관계에 놓는 것은, 생산능력을 조금씩 감소시켜가면서도 끝없는 완벽과 성장을 포기해선 안된다는 집요한 요구를 사회에 부과한다. 현재, 실제적이거나 상상의 소비 욕구는 끊임없이 증가하거나 급속하게 확장되고 있다. 이런 경제는 그 자체의 논리, 사람의 필요나 관심과는 무관한 악순환의 논리를 따라가고 있다. 그러므로 현재 필요한 것은 정치와 경제의 근본적인 변화다. 그 변화는 인간 인격의 유일하고도 근본적인 가치를 강조하고, 고용과 생산성의 개념이 인간의 얼굴을 갖게 하는 것이어야 한다.

현재의 상황은 두 렙톤을 헌금 궤에 넣은, 복음서의 가난한 과부 이야기를 상기시켜준다.

> 다른 사람들은 다 넉넉한 데서 얼마씩 넣었지만 저 과부는 구차하면서도 있는 것을 다 털어 넣었으니 생활비를 모두 바친 셈이다.(마르코 12:44)

우리가 가난한 국가들에 엄청난 희생을 요구하는 것은 정당성이 없다. 발전된 국가들에 비하면 그중 몇몇 국가들은 환경위기와 사회경제적 불의에 별 책임이 없다. 물론 중국이나 인도의 상황은 경제적인 요인에만 기초한 그와 같은 일반화가 얼마나 위험한 것인지 잘 보여준다. 어쨌든 서구 사회 사람들뿐만 아니라 그들의 원리를 따르는 모든 사람들은 훨씬 더 막중한 개인적 책임감을 느껴야 할 것이다. 그들은 단지 가난한 사람들을 도울

뿐만 아니라 그 가난 자체를 없애기 위해서라도 환경 위기를 해결하는데 능력껏 기여해야 할 것이다.

환경, 가난 그리고 평화

이미 앞에서 언급했듯이, 지난 십년간, 우리 세계총대주교청은 종교 과학 위원회가 강과 바다의 보존이라는 주제를 가지고 '물'에 대한 학회들을 주최할 수 있도록 앞장 서는 특권을 누렸다. 이 학회들에 앞서 그리고 그것과 병행하여, 우리는 터키의 할키 섬에서 다섯 번의 하계 세미나를 조직했고, 그 과정에서, 종교 교육(1995), 윤리(1995), 사회(1996), 정의(1997), 가난(1998) 등과 같은 문제들을 검토하면서, 생태적 교육과 환경의식의 중요성에 관심을 집중했다. 이 모든 학회와 세미나는 교회들(ecumenical), 종교들(interreligious), 학문들(interdisciplinary) 상호간의 대화와 협력을 특징으로 하고 있다.

이렇게 해서, 자연환경을 보호하기 위한 우리의 노력은 학문간의 상호 협력에 기반을 두는 것이어야 함을 우리는 배웠다. 어떤 학문도 어떤 집단도 피조세계에 가해진 이 손상에 대해, 또 지속가능한 미래의 비전에 대해, 전적으로 홀로 책임을 질 수는 없다. 기대하는 결과가 실현되길 원한다면, 신학자와 과학자는 경제학자과 정치가들과 협력해야 한다. 더 나아가 환경에 관한 행동은, 국제정치, 인권, 세계 평화와 같은 인간관계의 문제와 분리될 수 없음을 우리는 배웠다. 자연 환경에 반응하는 방식은 분명 우리가 인간 존재를 대하는 방식 안에 반영된다.

환경을 착취하려는 욕망은 인간의 고통을 방치하거나 가중시키려는 욕망 안에 직접적으로 드러난다.

그러므로 모든 생태적 활동은 궁극적으로 그것이 인류에게, 특별히 가난한 이들에게 미치는 결과로부터 평가되어야 한다. 이런 관점과 관련하여, 세계총대주교청의 역사와 정교회의 전통 안에서 발견되는 두 가지 사례가 떠오른다. 수세기 동안 전통적으로 세계총대주교청과 결부되었던 명칭 하나를 나는 항상 마음에 새기고 있다. 그것은 '그리스도의 가난한 자의 교회'(The Church of the Poor of Christ)라는 명칭이다.[11] 환경문제에 대해서 듣고 배울 때마다 나는 항상 이것을 기억한다. 우리의 관심과 돌봄을 자연으로까지 확장시키는 것은, 사람에 대한 우리의 태도와 실천의 변화를 함축하고 포함한다. 온 세상은 나눔을 목적으로 우리에게 주어진 하느님의 선물이다. 세상의 존재 이유는 그것을 우리 것으로 만드는 데 있는 것이 아니라, 그것을 보존하는 것에 있다. 생태적 관심의 결과가 만남이라면, 환경 정의의 사회적 차원을 무시하는 것은 물질적 피조세계 그 자체에도 결국 아무 유익이 되지 않는다.

두 번째 예는 1월 1일, 그리스어로 '필로프토코스'(φιλόπτωχος)

---

11 이 표현은 그리스와 소아시아가 오토만 제국의 지배하에 있었던 기간 내내 사용되었다. 이 명칭은 아마도 1453년 콘스탄티노플 함락 이후 첫 번째 세계총대주교인 게나디오스 스콜라리오스(1453-1456, 1463-1464)가 콘스탄티노플 교회를 지칭하는 또 하나의 표현인 '그리스도의 위대한 교회'의 역사적인 굴욕을 묘사하기 위해 만들어낸 표현일 것이다. 하지만 그것은 동시에 세기를 거쳐 존속해온 세계총대주교청의 영적 강인함을 정의하려는 표현이기도 하다.

'가난한 자의 친구'로 잘 알려진 성 대 바실리오스의 축일에 거행되는 예식에서 비롯된다. 매년, 정교 그리스도인들은 이 날 '바실로피따'(βασιλόπιτα, 임금의 케이크)를 자른다. 그것은 가난으로 고통 받는 이들에 대한 직접적인 책임을 기억하면서 새해의 기쁨을 나누는 방식이다. 카파도키아 케사리아 도시의 가난한 이들에게 아무도 모르게 돈을 나눠주었던 성 대 바실리오스를 기억하면서, 케이크 안에는 동전 한 닢을 넣는다. 만남과 친교의 최고 상징으로 성 삼위 하느님의 몫을, 그리고 성인들의 친교 안에 있는 모든 사람을 위한 몫을 따로 떼어놓은 뒤, 그 다음의 첫 번째 몫은 '가난한 이의 몫'으로 알려진다. 가난한 이들은 우리 세상의 일부이다. 우리는 그들을 초대하여 우리의 빵을 나눠야 할 것이다. 그리고 이것은 분명 우리가 먹는 빵을 의미하지만, 또한 우리가 누리는 부, 우리 각자가 우리 자신을 위해 요구하는 평등을 의미하기도 한다.

성 삼위 하느님 이콘은 정교회 안에서 나눔의 형상이다. 이 이콘은 전통적으로 팔레스타인 광야에서 세 이방인을 영접했던 아브라함과 사라의 환대를 표상한다. 이 이야기는 창세기 18장에 소개되어 있는데, 아브라함은 마므레의 상수리나무 아래 앉아있었다.

> 주님께서는 마므레의 상수리나무 곁에서 아브라함에게 나타나셨다. 아브라함은 한창 더운 대낮에 천막 문어귀에 앉아 있었다.(창세기 18:1)

상수리나무는 이스라엘 족장에게 신선한 그늘을 마련해주었을 뿐만 아니라 하느님의 계시가 일어난 장소이기도 했다. 이에 비추어 비유해 보면, 나무들은 인류에게 다양한 방식으로 양식을 주기도 하지만, 또한 창조주의 현존 자체를 반영하는 것이기도 하다. 그러므로 나무들을 잘라버리는 것은 우리 삶에서 하느님의 현존을 제거하는 것이나 마찬가지라 할 것이다. 실제로 이 본문에 대한 히브리 사람들의 다양한 해석은 동일한 순간에 나타났던 방문객들과 마찬가지로 상수리나무 자체가 하느님의 계시 안에 함축되어 있음을 암시한다. 왜냐하면 아브라함이 나무들 안에서(다시 말해 피조세계 혹은 adamah 안에서) 하느님의 현존을 깨닫게 되었을 때, 비로소 그는 방문객들에게서도(다시 말해 인간 존재들, adam) 하느님을 알아볼 수 있었기 때문이다. 천사의 모습으로 나타난 인간 존재들처럼, 피조세계 또한 그 자체로 세상 안에 계신 하느님의 현현이다. 나무들이 내뿜는 산소를 호흡할 때마다 우리는 항상 이 영적인 유대를 맺어야 한다. 우리 모든 그리스도인들은, 숲속 나뭇잎들의 속삭임 같이, 하느님의 성령의 숨결 또한 불고 싶은 대로 분다고(요한 3:8) 믿지 않는가! 우리의 자원을 다른 이들과 함께 나눌 때마다, 우리는 피조세계를 통해 불어오시는 성령을 예배하게 되는 것이다. 대지를 보존하고 우리 이웃에게 양식을 제공할 때마다, 우리는 온 세상을 지탱하게 된다.[12]

---

12 앞으로 8장에서 살펴보겠지만, 창세기의 이 이야기는 종교간의 관계에 있어서도 강력한 상징이다. 어쨌든 창세기는 세 유일신 종교(유대교,

그렇다면, 자연 환경을 보존하기 위한 우리의 노력 속에서, 우리는 과연 어느 정도나 우리의 탐욕스런 삶의 방식 중 몇몇 이라도 희생할 준비가 되어 있는가? "이것으로 충분해!"라고 말하는 법을 언제나 배울 것인가? 가난한 사람을 포함하여 모든 사람을 공평하게 대하는 것이 선한 의도를 가진 자선 행위보다 더 유익할 것이라는 사실을 언제쯤이나 배울 것인가? 우리는 과연 관심의 초점을 우리가 원하는 것에서 세상이 원하는 것으로 바꿀 수 있을 것인가? 가난한 이에게 빵을 주고, 그렇게 함으로써 자기 만족감을 느낄 수도 있겠지만, 우리는 과연 언제쯤이나 실제로 이 땅의 기아를 없애는데 기여할 것인가? 이에 더하여, 우리는 과연 미래 세대의 행복을 위해 이 지구 위에 가능한 적게 흔적을 남기려고 노력하고 있는가? 오늘날 우리의 참여 부족에는 어떤 핑계도 있을 수 없다. 우리는 상세한 정보들을 가지고 있고, 통계적인 경고도 이미 다 나와 있다. 우리에게는 다만 관심을 기울이기로 결단하는 것만 남아있다. 그렇지 않으면 우리는 무책임하다. 그렇지 않으면 우리는 침략자가 되고, 인간 존재로서의 천부적 특권을 배신하게 되고, 타인들의 권리를 침해하게 될 것이다.

"평화를 위하여 일하는 사람은 행복하다. 그들은 하느님의

그리스도교, 이슬람교)에 의해 수용된 경전이기에, 이 이야기는 세 종교 경전의 첫 번째 생태학적 교훈이 된다. 그것은 신학적으로나 영적으로나 우리가 더욱 큰 관심을 기울여야 할 본문이다. 왜냐하면 이 이야기는 우리 세상 안에 계신 하느님의 현존을 알게 해줄 뿐만 아니라, 이 신적 계시에 어떻게 응답해야 하는지를 또한 알게 해주는 수단일 것이기 때문이다.

아들이 될 것이다."(마태오 5:9) 하느님의 자녀가 되는 것, 그것은 하느님의 뜻에 전적으로 순종하는 것이다. 그것은 우리가 원하는 것을 원하지 않고, 하느님이 원하는 것을 원하는 것을 함축한다. 예수 그리스도가 "제 뜻대로 마시고 아버지의 뜻대로 하소서."(마태오 26:39)라고 말씀하심으로써 하느님의 아들임을 드러내셨듯이 말이다. 하느님의 자녀라는 것은, 평화와 정의와는 모순될 수 있는 사회적 압력에도 불구하고, 피조세계를 향한 하느님의 계획과 뜻에 충실함을 의미한다. 평화를 일구는 사람이 되기 위해, 다시 말해 하느님의 자녀가 되기 위해, 우리는 우리 자신의 이익을 섬기는 일을 멈추고, 타자의 권리를 존중하고 영예롭게 하는 일에 열심을 다해야 한다. 몇 안 되는 사람만이 아니라 모든 인간 존재가 이 세상의 자원을 나눠가질 자격이 있음을 우리는 인정해야 한다.

"평화를 일구는 것"은 분명 힘들고 시간이 많이 드는 일이다. 하지만 그것은 균열된 세상의 회복에 있어 우리의 유일한 희망이다. 평화에 장애가 되는 것을 제거하려 노력함으로써, 사람들의 고통을 치유하기 위해 일함으로써, 자연 환경을 보존하기 위해 애씀으로써, 우리는 "하느님이 우리와 함께 계시다"(마태오 1:23, 이사야 7:14)는 것을 확신할 수 있게 된다. 바로 그때, 우리는 결코 혼자가 아니며, 우리는 이 세상과 하늘나라를 동시에 물려받게 될 것임을 확신케 되리라. 그때 우리는 진리의 시간, 심판의 날에 그리스도의 이 말씀을 듣기에 합당한 사람이 될 것이다.

너희는 내 아버지의 복을 받은 사람들이니 와서 세상 창조 때부터 너희를 위하여 준비한 이 나라를 차지하여라.(마태오 25:34)

서방의 오류

우리 세상의 실패와 악에 대해, 서방을 비판하는 것은 쉬운 일이다. 그것은 도피의 방법일 수도 있다. 서방 문명은 분명 세상에 대한 몇몇 철학적 관점에 대해, 그리고 우리의 생각과 행동에 부정적인 방식으로 영향을 미쳤던 실용적 발전에 대해 책임이 있다. 그것은 '지성주의'(intellectualism)라는 메마른 관념을 조금의 유보도 없이 증진시켰고, 이 지성주의는 영성에 대한 우리의 균형 잡힌 관념들을 파괴했다. 또한 '개인주의'(individualism)라는 통제불능의 개념을 도입하여, 공동체의 관념을 깨뜨려버렸다. 더 나아가 '소비주의'(consumerism)의 탐욕스런 시장을 통해 자연을 착취하고 남용하는 것을 지속적으로 고무시켰고, 이는 우리 지구의 생태계를 파괴하였을 뿐만 아니라, 그 자원을 고갈시켰다. 그리고 그것은 인간 존재를 희생시켜가면서까지 무비판적으로 극단적 경제적 '세계화'(globalization)와 결탁하였고, 인간의 삶을 파괴하는 배타적 '민족주의'(nationalism)를 밀고 나갔다.

하지만 진정한 오류는 결국 인간 본성 그 자체에 대한 우리의 관념에 있다. 그 관념은 참회를 통해 새로운 이해로 나아갈 것을 우리에게 요청하고 있다. 서방 사회에 속한 우리 자신의 책임을 생각하는 것은, 어떤 특별한 문화나 구조를 비판하는 것보다 훨씬 적절하고도 유익할 것이다. 그것이 무의미해서가 아니라, 종종 가장 개인적인 결단이야말로 가장 정치적인 선언이 될 수 있고, 타인의 행위는 자주 우리가 개인으로서 저지르는 똑같은 잘못을 반영하기 때문이다. 우리의 낭비적인 삶의 방식은 우리의 죄의 경향에서 비롯된다는 것을 더욱 주의 깊게 살피는 것은, 환경 위기에 대해 가장 단순하고도 효과적인 방식으로 말하는 방법일 수 있다.

교회로서 종교 공동체로서 우리는 너무도 오랫동안 죄를, 사람들 사이, 인류와 하느님 사이의 개인적 관계의 단절로만 이해해왔다. 우리가 직면하고 있는 환경 위기는 우리에게 죄의 우주적 차원과 결과들을 상기시켜준다. 죄는 그저 사회적이거나 오로지 영적인 것 그 이상의 무엇이기 때문이다. 자연 환경을 오염시키거나 파괴하는 모든 행위는 창조주이신 하느님에 대한 모독이고 죄이다.

우리 인간이 피조세계에 대해 책임이 있는 것은 분명하지만, 그렇다고 마치 그것을 소유한 자처럼 행동해서는 안 된다. 환경 문제는 무엇보다도 먼저 윤리나 도덕의 문제가 아니다. 그것은 새로운 존재 방식과 새로운 행동 방식을 요청하는 존재론적인 문제다. 참회는 정확히 새로운 길로의 근본적인 전환, 새로운 시선, 새로운 관점을 함축한다. 참회를 의미하는 그리스어 '메타니아'(μετάνοια)는 세계관의 변화를 불가피하게 동반하는 내적 변화를 의미한다. 우리는 하느님께 행한 잘못에 대해서만 참회해서는 안 된다. 마찬가지로, 타인에 대해 죄책감을 느끼는 일로만 참회해서는 안 된다. 오히려 우리는 세상을 생각하는 우리의 방식 그 자체에 대해, 또한 그로부터 세상을 대하는 방식, 더 정확히 말해 우리를 둘러싼 세상을 학대했던 방식에 대해서도 참회해야만 한다.

이 점과 관련하여, 죄의 관념은 모든 인간 존재만 아니라 창조된 자연 전체를 포함하는 것으로 확장되어야 한다. 인간, 동물, 자연 할 것 없이 하느님의 피조세계를 보호하기 위해 적절한 가치들을 진작시키고 필요한 덕을 고무시키고자 한다면, 종교는 이런 종류의 죄와 그 결과가 지니는 중대성과 심각성에 더욱 민감해져야 한다. 2000년 덴마크 헤이그에서 이뤄진 국제적인 협상에서, 나는 기후 온난화가 우리 지구의 허약한 생태계에 가하고 있는 위협을 강조했을 뿐만 아니라, 모든 종교가 자연에 대한 우리의 태도에 있어서 더욱 새롭고 강력한 참회를 설교해야 할 필요성을 역설했다.

결론 : 새로운 세계관

의아스럽게도, 우리 시대의 생태 문제들은 나를 짓누르지 않는다. 우리는 분명 환경 위기에 직면하고 있고, 그 위기는 어떤 정치가도 소홀히 여길 수 없으며, 어떤 과학자도 과소평가할 수 없다. 어쨌든 나는 항상 "하느님의 형상을 따라 닮아가도록 창조된"(창세기 1:26) 인간의 근본적인 선함과 긍정적인 의지를 매우 낙관적으로 생각해왔다. 그러한 희망을 정당화하는 성숙함과 지식이 인간 안에는 존재한다. 만약 그것을 확신하지 않는다면, 모든 세기 모든 지역뿐만 아니라 현재 우리 시대도, 다만 감춰져 있을 뿐 성인들이 살아 현존하리라는 정교 신앙의 굳은 확신과 믿음을 배신하는 것이 되고 말 것이다. 우리 시대는 하나의 유일한 도전에 직면해 있다. 과거 지구의 오랜 역사상, 사람은 단 한 번도 현재와 같이 자신의 고유한 환경과 자신의 종 전체를 파괴할 수 있는 능력을 갖출 만큼 '발전된' 상태에 이르지 못했다. 이 지구의 오랜 역사상, 전에는 결코, 대지의 생태계가 이토록 불가역적인 손상에 직면한 적이 없었다. 우리가 기원전 48년에 있었던 알렉산드리아 도서관의 화재를 회고적으로 생각하는 것과 똑같은 방식으로, 미래의 세대들은 언젠가 우리 시대의 종의 다양성과 유전정보의 풍요로움의 몰상식한 파괴를 생각하게 될 것이다.[13] 이런 까닭에 미래 세대에 대한 우리의 의무를 다하기 위해서, 우리만의 방식으로 응답해야할 필요성을 받아들일 책임이 우리에게 있다.

동시에, 나는 또한 이 시대 우리가 직면하고 있는 위기는 생태적인 것만은 아니라는 것을 알게 되었다. 이 위기는 세상에 참여하거나 세상을 생각하는 우리의 방식과 관련된다. 우리는 우리 지구를 비인간적이고 불경하게 대한다. 왜냐하면 그것을 위로부터 받은 선물이라 여기지 못하기 때문이다. 우리의 의무는 미래 세대를 위해 이 선물을 받아들이고 존중하고 전해주는

---

13 Lester Brown, *Plan B 2.0 : Rescuing a Planet under Stress and a Civilization in Trouble*, updated and expanded ed. (New York : Norton, 2006).

것이다. 이를 위해서는, 환경 문제를 효과적인 방식으로 처리하기 전에, 먼저 세상을 인식하는 우리의 방식을 변화시켜야 한다. 그렇지 않으면 우리는 그 원인이 아니라 단지 증상만 다루게 될 것이다. 진정 "새 땅"(묵시록 21:1)을 열망한다면, 우리에게는 새로운 세계관이 필요하다.

그러므로 자연세계에 속한 것은 크든 작든 "온 우주 안에서 그리고 세상의 생명을 위해" 중요한 것임을 명심하면서, "감사의 정신" "금욕적인 기풍"을 획득하자. 무익하거나 경시받아 마땅한 것은 아무 것도 없다. 살아있는 피조물 하나하나에 대해 그리고 자연 피조세계 전체에 대해, 우리 스스로를 하느님 앞에서 책임 있는 존재로 여기자. 모든 것을 합당한 사랑과 최고의 돌봄으로 대하자. 오직 이런 방법을 통해서만, 인류의 미래 세대가 건강하고 행복하게 살아갈 물리적 환경을 보장해 줄 수 있을 것이다. 그렇지 않으면, 우리 세대의 충족될 수 없는 탐욕은 파괴와 죽음을 초래할 치명적인 죄가 될 것이다. 더 나은 미래를 물려주겠다는 우리의 바람이나 장담과는 달리, 탐욕은 우리 자녀 세대를 제거해버리는 결과를 가져올 것이다. 결국 무엇보다 우리 자녀들을 위해서, 우리는 세상 속에서의 행동 하나하나가 환경의 미래에 직접적인 영향을 준다는 것을 명심해야 한다.

2002년 6월 10일 베니스에서 로마 가톨릭 교회의 교황 요한 바오로 2세(1978-2005)와 함께 표현했던 바, 나의 낙관주의의 원천은 이것이다.

너무 늦지 않았다. 하느님이 창조하신 세상은, 믿을 수 없이 강력한 치유 능력을 소유한다. 단 한 세대 안에, 우리는 다시 이 땅을 우리 자녀들의 미래로 인도해 갈 수 있을 것이다. 하느님의 도우심과 강복과 함께 이 세대가 지금 시작하고 행동하자.

2006년 11월 30일 현재의 교황 베네딕토 16세가 세계총대주교청을 공식 방문했을 때, 나는 그와 함께 동일한 감정을 피력했다.

> 자연 환경과 관련된 커다란 위험들 앞에서, 제한을 알지 못하는 경제적 기술적 진보가 초래할 수 있는, 인류와 피조세계 전체에 가져올 부정적인 결과들에 직면하여, 우리는 우리의 염려를 표명코자 한다. 종교 지도자로서 우리는, 하느님의 피조세계를 보호하고 그것을 미래 세대에 남겨주기 위해 행하는 모든 노력을 격려하고 지지하는 것이야말로 우리의 의무 중 하나라고 생각한다.

숲, 물, 대지 등 자연 환경은 우리 세대만 아니라 미래 세대의 것이기도 하다. 우리는 인류가 우리 주변에서 볼 수 있는 것보다 더 나은 것을 누릴 권리가 있음을 솔직하게 인정해야만 한다. 우리 자녀들, 더 나아가 미래 세대와 마찬가지로, 우리 또한 파괴와 폭력과 학살이 아닌 최상의 세상, 관용과 사랑의 세상을 누릴 권리가 있다. 우리 자녀를 위한 사심 없고 희생적인 사랑만이 우리가 미래에 따라가야 할 길을 우리에게 보여줄 것이다.

VII | 신앙과 자유
양심과 인권

> 하느님의 형상대로 창조되었기에,
> 인간은 본성상 자유롭다.
>
> 고백자 성 막시모스 (7세기)

서론 : 신학적 관점

신학적으로 말해서, 우리는 '타락한' 세상, 다시 말해 죄와 사망으로 조건 지워진 세상, 생명의 모든 형상이 크건 작건 어느 정도는 죄와 죽음의 현실에 의해 왜곡되거나 변형되어버린 세상에서 살고 있다. 우리의 모든 환경은 사랑의 복음서가 주저하지 않고 이렇게 이름붙인 "세상의 임금"(요한 14:30)의 지배와 우세로 인해 그 형상이 왜곡되고 있다. 우리의 안락한 울타리를 조금만 벗어나도, 우리의 것인 이 세상에서 이런 현실을 식별해 내는 것은 어렵지 않을 것이다.

이것은 우리 세상에 선이 결여되었다고 말하는 것이 아니다. 실상 가난, 배타성, 전쟁과 같은 문제를 해결하기 위해 개인적이고 제도적인 차원에서 수많은 선이 이 세상에서 성취되고 있다. 그럼에도 현실 속에선, 자선과 인간애의 이 고귀한 발로들이 악에 대한 지속적인 저항 투쟁을 동반하고 있다. 선은 악과 싸운다. 우리 주변, 우리 지역, 우리 나라, 우리 지구를 일견하기만 해도, 이 세상은 "정의의 태양"(말라기 4:2)의 거룩한 현존을 즉각적으로 반영하고 있지 않음을 인정하지 않을 수 없다. 하느님의 계획과 뜻을 공공연하게 거스르면서, 인류는 만물의 본성적 질서를 타락시켰고 그 결과로 모든 참된 자유로부터 소외되었다.

이 근본적이고 근원적인 소외의 결과로, 인류는 자유를 박탈당한 존재, 거룩성을 벗어버린 존재, 죄에 종속된 존재가 되었다고 정교 신학은 주장한다. 이것은 세상에 대한 부정적이거나 비관적인 전망이 아니다. 이것은 우리가 알고 있는 바의 세상에 대한 심오한 신학적 성찰이다. 더 나아가, 사랑의 하느님이 성화의 잠재적 가능성을 부여하시고, 하느님의 영광을 함께 누리도록 "아름답게(혹은 좋게)" 창조하신 몸은, 이 죄의 현실과 하느님으로부터의 소외라는 현실의 결과로, "약해졌고 죽음으로 향하게"(로마 8:3,6) 되었다.

온 세상은 타락의 현실 안에 갇혔다. 그 덫에 사로잡혔다. 그것은 어떤 사람, 어떤 장소, 어떤 직업, 어떤 관습에 국한되지 않는다. 죄와 소외의 현실을 식별하고 이해할 수 있는 능력이라 정의될 수 있는 '참된 지식'은, 죄와 죽음으로 인해 오염되고 부패했다. 이 세상에서, 특별히 인간의 자유나 권리를 너무나 잘 알고 있다 자부하는 이 시대에, 우리가 절대 자유로운 존재가 아니라고 말하는 것은 쉽지 않다. 실제로 자유는 영적인 노력과 투쟁을 통해 얻는 선물이다. 이런 까닭에 성 바울로는 "우리를 교만하게 만드는" 악한 지식(I 고린토 8:1)을 경계하라고 권면하면서, 동시에 "지식으로" 풍요로워지라고(I 고린토 1:5) 말한다.

정교 신학의 관점에서, '그노시스'(γνῶσις)로서의 지식(knowledge)과 '에피그노시스'(ἐπίγνωσις)로서의 자각(awareness)은 구별되는 개념이다. 적어도 선과 악의 차이를 인식하는 최소한의 능력은 본성적이고, 인간 이성의 한 부분, 하느님이 창조 때 부여해 주신 선물이다. 그것은 양심의 음성, 다시 말해 문자적으로, 인간의 가능한 모든 지식의 만남(con-science)이다. 하지만 교부들에게 참된 양심은 하느님 은총에 대한 인격적 경험을 통해서만 이를 수 있다. 7세기 시리아 광야에서 니느웨의 이삭이 지적했던 것처럼 말이다.

> 신앙에 앞서는 지식은 자연적 지식이고, 신앙에서 나오는 지식은 영적 지식이다. … 우리가 선과 악을 식별하고 신앙을 받아들이게 될 때, 자연적 지식은 하느님께로 향한다. 그런 지식의 힘은 만물을 창조하신 일자(the One)를 믿는 것이다. 이 신앙으로부터 하느님에 대한 경외감이 나온다. 이렇게 해서 점차, 감춰지고 초월적인 것들에 대한 감각인 영적 지식에 이른다. 그것은 신앙과 모순되지 않고, 오히려 그것을 확증한다. 그것은 관상을 통해서 신앙으로 부름 받는

다.[01]

이렇게 죄인이나 성인이나 우리 모두는, 악의 현실이 깊이 새겨진 그런 세상에서 살고 있고, 그 악의 현실을 전통적인 신학은 '아담의 죄'라고 인식했다. 서방 신학의 용어로 말하면, 소위 '원죄'가 그것이다. 하지만 정교 신학의 언어는 이를 '우리의 사멸성의 현실'이라고 말하길 선호한다. 이 현실은 어떤 죄책감도 부과하지 않는다. 그것은 단지 인간 존재들이 경험하는 상황을 묘사할 뿐이다. 이러한 근본적인 인식 차이가 존재하기에, 개인적 자유나 민족적 자유, 개인적 정의나 사회적 정의 등과 같은 다른 많은 개념들도, 우리가 죄와 사멸성을 인식하는 방식에 따라 그 의미가 달라질 수 있다는 것은 조금도 놀랍지 않다. 자유에 관한 정교회의 특징적인 이해는 신앙과 밀접하게 결부되어 있다. 나는 자주 수용소 갇힌 한 수인의 심오한 해설을 인용하곤 한다.

> 어떤 율법 지식도 개인에게 힘을 줄 수 없다. 필요한 것은, 힘이 아니라 자유다. 분명 그런 자유를 얻게 해주는 것은 지식이 아니라 믿음이다. 믿음만이 어떤 객관적 사실로도 확인할 수 없는 그런 내적 음성에 복종케 한다.[02]

'자유'와 '권리'는 매우 어렵고 복잡한 용어다. 다양한 시대

01　*Ascetic Treatises*, 18.
02　"On Faith and Knowledge", in *Special Ceremony of the Aristotle University of Thessaloniki*, Oct. 1997, p. 76.

서로 다른 문화 속에서 다르게 이해되었기 때문만 아니라, 또한 우리가 그 용어를 사용하는 방식이 다양한 특수 상황들에 의존하기 때문이다. 어쨌든, 확신을 가지고 말할 수 있는 것은, 자유는 사회의 모든 구성원과 모든 부분에 대해 동일하게 존중하는 것을 전제한다는 것이다. 자유는 어떤 경우에도 배제하거나 차별하는 것일 수 없다.

절대적이고 상대적인 자유

오늘날 이 시대에 자유에 대해 논할 때, 습관적으로 우리는 어떤 것들 사이에서 선택할 수 있는 무제한의 가능성을 상상하곤 한다. 간단하게 현대적 사고에서 자유는 선택을 의미한다. 하지만 정교 그리스도인에게, 이런 정의는 적절치 않다. 왜냐하면 우리가 선택할 수 있는 지상의 모든 것과 모든 활동 중 무엇을 선택하든, 그것은 영적인 시각으로 볼 때 타락과 죄와 사멸의 현실로 젖어있기 때문이다. 이로부터 자유는 제한된 선택지 앞에 선 확실성과 미결정 사이의 단순한 차이 그 이상의 무엇이다. 이것은 현대적 의미에서의 심리학적 자유가 초점으로 삼고 있는 것일 수 있다. 심리학적 자유란 인간의 나약함을 강화시키고 인간의 마음을 지지하려고 한다. 하지만 우리의 영적 관심은 이보다 더 심오한 무엇을 향해야 한다. 그것은 인간 타락의 결과들 혹은 인간 실존의 허약성을 극복하기 위한 하나의 싸움이다. 더 나아가 현대적인 사고에서, 자유는 단지 원하거나 갈망하는 어떤 것을 할 수 있는 가능성을 지칭할 수 있다. 만약 적절한 이해를 은총으로 얻는다 해도, 과연 우리는 생명과 죽음, 선과 악 사이에서 주저할 수 있을까? 분명 이것은 하나의 잘못된 선택지이다. 오직 하느님만이 악을 식별하고 선을 선택할 궁극적 가능성을 부여해주신다는 것을 명심하는 것이 중요하다.

오늘날 우리는 인간의 자유와 인권에 대해서 마치 그것들이 무조건적인 현실이고 절대적 개념인 것처럼 말하는 경향이 있다. 하지만 영적인 관점에서 볼 때, 인간이 정의한 자유는 언제나 상대적이다. 신학적 관점에서 참된 자유의 조건은 하느님의 은총이다. 그리고 인간의 자유는 언제나, 자유와 정의에 관한 우리의 관념을 포함하여 인간적인 모든 범주들을 뛰어넘는, 하느님의 무조건적이고 절대적인 자유와 연결되어 있고 그것에 의존한다. 사실 우리는 하느님만이 자유와 정의를 초월하면서 동시에 그것들을 주실 수 있다고 믿는다. 하느님은 결코 정의되지 않으신다. 간단히 말해 하느님은 존재하신다. 적어도 불타는 가시떨기 나무에서 모세에게 하신 하느님의 자기 계시가 또한 그러하다. "나는 존재하는 자이다." 그리고 이것이 바로 '아포파시스 신학'(부정 신학)의 심오함이다.

인류는 하느님 안에서 자신의 기원과 자신의 실존을 취한다는 것, 그리고 인간 존재 안에 있는 하느님 형상이야말로 자유의 본질이고 깊이라는 것, 그리고 그 형상이 세상에 사회적 정의의 씨앗을 뿌린다는 것, 이것이 바로 나의 확신이다. 이 확신은, 정교 그리스도인이 이해하는 바, 인간 자유의 신학적 기원과 원리의 바탕이다. 인간 자유의 목표와 목적은, 인류와 온 피조세계가 창조주를 만나게 될 다가올 세상에서 확연하게 드러날 것이라고 우리는 믿는다. 인간 존재는 나머지 피조세계와 함께 하느님을 대면하게 될 것이다. 그러면 인간의 자유는 단 한 번 영원토록 하느님 의지와 화해되고 재연합될 것이라고 우리는 믿는다. 이것을 우리는 자유의 종말론적인 차원이라 부른다.

어쨌든 이 시점까지 우리는 영적 긴장 속에서, 양립 불가한 선택의 세상에서 살아간다. 자유의 깊은 신비는 최고 존엄의 원천임과 동시에 극단적 고통의 원인이다. 정교회의 사유 안에서, 그것은 하느님도 간섭하지 않고 반대할 수 없는 궁극의 신비이다. 7세기 고백자 성 막시모스(580-662)는 하느님은 단 한 가지를 제외하고 모든 것을 하실 수 있다고 말했다. 그 한 가지는 바로, 하느님은 인간이든 다른 피조물이든, 피조세계의 그 어떤 것에게도 하느님을 사랑하라고 강제하거나 강요하지 않으신다는 것이다. 이렇듯 신앙은 오직 이 자유를 충실하게 지지하는 곳에서만 비로소 존재할 수 있다. 왜냐하면 자유의 궁극적인 표현이 바로 사랑이기 때문이다. 사랑은 자유와 영원의 궁극적 내용이다. "당신을 사랑해" 혹은 "당신은 사랑받고 있어"라고 말하는 것은, '당신'은 결코 죽지 않을 것이라고 확신시켜 주는 것이고, '당신'은 절대적으로 자유로운 존재라는 사실을 확증해주는 것이다.

하느님의 자유

이미 언급했듯이, 정교 신학의 근본적인 차원 중 하나는 '아포파시스의 길'(부정의 길)을 중요하게 여긴다는 점이다. 아포파시스는 부정을 의미한다. 그것은 현실을 이해함에 있어서 잘못되고 부적절한 방법들을 거부하는 것이다. 이것은 역으로 하느님과 세상에 대한 역동적인 이해를 함축한다. 하느님, 인간, 세상은 정적인 현실로 인식될 수 없다. 동방 그리스도교 사유와 영성이 지닌 고유한 차원과 그것의 위대한 기여는 바로 이점에 있다. 정교 신학의 본질적 직관은, 비록 깊은 인격적 관계를 통해 도처에서 하느님을 만날 수 있고 알 수 있지만, 누구도 지적으로는 하느님을 충만하게 알 수 없다는 것이기 때문이다.

교부들은 항상 하느님의 이해불가능성을 조금도 훼손하지 않으면서 동시에 하느님의 인격적 접근가능성을 강조한다. 이런 이유로 교부들은 '하느님의 본질'(essence)과 '하느님의 에너지들'(energies, 능력)을 구분한다. 하느님의 본질은 인간의 정신이 절대 알 수 없고, 다가갈 수 없고, 볼 수 없고, 표현할 수 없다. 반면 하느님의 에너지들은 하느님의 은총을 통해 알 수 있고, 느낄 수 있고, 볼 수 있고, 묘사할 수 있다.

아포파시스의 길은 인간 지성이 하느님을 이해할 가능성을 배제한다. 하느님은 언제나 인간의 지식과 교리적 정의들을 초월하신다. 아포파시스의 길은 오히려 사랑으로 하느님께 자신을 내맡기는, 전례를 통해 하느님을 예배하는 방법이다. 이런 점에서 그것은 침묵의 길, 가장 심오하고 친밀한 친교의 길이다. 여기서 전례와 침묵은 동시적이다. 이렇게 하느님은 전적으로 이해될 수 없거나, 완전하게 알려질 수 없다. 그 누구도, 그 어떤 신앙도, 그 어떤 직관이나 종교도 하느님의 충만을 다 담아내고 있다고 장담할 수 없고, 하느님을 알고 있다 해서, 타자를 심판하거나 타자를 해칠 권리를 주장할 수 없다.

이것은 아포파시스의 길이 인간 자유의 출발이요 전제임을 의미한다. 또한 참으로 영적인 의미에서, 자유는 궁극적으로는 하느님에 대한 감사, 찬양의 감사로 이끈다는 것을 의미한다. "참으로 자유로울수록 사람은 하느님에 대한 확신을 가지며, 참으로 자유로울 때 나는 내가 내 힘으로 자유로운 것은 아님을 확신하게 된다."[03] 이것은 하느님의 자유가 인간의 자유를 결정하고 규정한다는 의미이다. 이렇게 인권은 하느님의 정의에 부합하는 방식으로 이해되어야 한다. '인권'과 '하느님의 계명'은 그리스어로 같은 단어 '디케오마타'(δικαιώματα)로 만들어진다.[04] 인간의 자유와 인권은 궁극적으로 하느님의 정의와 진리와 사랑을 내용으로 한다. 이 진리를 깨닫는 사람은 모든 사람에게 하느님의 신비가 있음을 인정하게 된다.

> 하느님 말씀은 신비롭게 모든 계명 안에 현존하고 … 이렇게 해서 그 계명을 이루는 사람은 누구나 그 계명이 포함하

---

03 Karl Jaspers, *Way to Wisdom*, trans. Ralph Manheim, (New Haven, Conn. : Yale University Press, 1979), p. 65.

04 예를 들어 시편 119편 4-5절 "당신은 계명들을 내리시고 온전히 그대로 살라 하셨으니 당신 뜻(계명)을 어기지 않고 꿋꿋하게 살도록 해주소서." 시편 119편 12절 "주여, 찬송을 받으실 분이여, 당신 뜻(계명)을 가르쳐 주소서."

고 있는 말씀(the Word, 그리스도)을 받아 모신다.⁰⁵

인간의 자유

비록 인간은 어떤 특성이나 묘사로 완전히 남김없이 담아내거나 정의할 수 없는 존재이지만, 그럼에도 우리는 인간 본성의 복잡성과 다양성을 조금은 파헤쳐 볼 수 있다. 그래서 우리는 인간 존재란 무엇인가에 대해 하나의 개념을 마련할 수 있다. 인간 본성 안에는 잠재성과 아름다움의 보고인 헤아릴 수 없는 심연이 있다. 4세기 후반에 살았던 성 마카리오스는 『설교들』에서 인간의 마음을 이렇게 묘사했다.⁰⁶ 이것이 바로 교부들의 저작을 따라서 정교회가, 하느님의 헤아릴 수 없는 본성에 대해 말할 때와 마찬가지로, 인간 존재에 대해 말할 때도 그 신비를 보존하려 애쓰는 이유이다. 인간의 본성은 하느님의 형상과 닮음(창세기 1:26)을, 그리고 하느님의 숨결 그 자체(창세기 2:7)를 포함한다. 우리는 우리 자신의 가장 깊은 곳에 하느님을 소유한다.

그래서 정교 신학은 인간의 삶 혹은 인간의 본성이라는 문제에 대해 최종적이거나 결정적인 대답을 내놓지 않는다. 모든

---

05 St. Maximus the Confessor, *Chapters on Theology*, II, 71. 참고. *The Philokalia : The Complete Text*, comp. St. Nicodemos of the Holy Mountain and St. Makarios of Corinth, trans. and ed. G. E. H. Palmer, Philip Sherrard, and Kallistos Ware (London : Faber 1981), vol. 2, p. 154.

06 *Macarian Homilies*, 15.

개념이나 이해를 한참 넘어서는 인간의 마음 안에는, 깊은 심연과 차원들이 존재한다. 논리적 아니 신학적 토대는 정말 단순하다. 하느님이 완전히 이해될 수 없다면, 그리고 인간이 하느님의 형상대로 창조되었다면, 인간 또한 완전히 이해될 수는 없다는 것이다. 그러므로 하느님에 대해 아포파시스(부정)의 방식으로 말하듯이, 우리는 똑같이 인간 존재에 대해서도 아포파시스의 방식으로 말한다.

고백자 성 막시모스(7세기)는, 인간은 '미크로테오스'(μικρο-θεός, 작은 신), 하느님의 이콘이라 말한다. 또한 5세기 앙키라의 성 닐로스(†430년경)의 말처럼, 인간은 '미크로코스모스'(μικρόκοσμος, 소우주), "세상 속의 세상", 세상의 이콘이다. 진실로 인간의 역할과 소명은 정확히 이 두 이콘, 즉 하느님과 세상을 화해시키는 것이다. 인간의 궁극적 운명은 인간의 영혼 안에, 사회 속에, 세상의 영혼 안에 하느님을 현존케 하는 것이다.

인간은 피조세계의 중심에 서서, 위대함과 미천함, 성스러움과 나약함, 하늘과 땅 사이에, 다리와 연결이 되어 봉사한다. 이렇게 인간은 중재자로서 봉사한다. 하지만 신화(神化)의 과정으로 알려진, 이 중재의 길은 길고도 험하다. 교부들은 이것을 위로부터 주어진 선물로서의 '하느님 형상'에서, 이 최초 선물의 실현과 성취로서의 '하느님 닮음'으로 나아가는 여정이라고 불렀다.

이것은 인간 본성, 인간의 삶, 인간 인격에 대한 역동적인 인식을 함축한다. 리용의 성 이레네오스(130-200)의 표현처럼, 우리는 항상 "되어감 속에 있는 인간 존재"다. 타락을 넘어선 곳에, 우리에게서 드러나야 할 하느님의 형상과 닮음의 충만한 영광이 있다. 이생에서는 하느님의 영광이 "거울에 비추어보듯이 희미하게" 알려질 것이지만, "그 때에 가서는 얼굴을 맞대고 볼 것이다. 지금은 불완전하게 알 뿐이지만 그 때에 가서는 완전하게 알게 될 것이다."(I 고린토 13:12)

인간의 본성이 이해할 수 없는 것인 만큼, 우리는 모든 인간이 그 가치에 있어 동등하고 동일한 특권을 공유한다고 확신을 가지고 주장할 수 있다.[07] 그것은 분명 1986년 세계총대주교청이 개최한 3차 범정교회 공의회 준비 컨퍼런스에서 발표된 정의와 인권에 관한 선언에 영감을 준 확신이다.

> 정교 그리스도인은 인간과 민족을 분열시키는 모든 형태의 광신주의와 분파주의에 맞서 싸워야 한다. 하느님의 육화와 인간의 신화(神化)를 끊임없이 선포하기 때문에, 우리는 모든 인간 존재와 모든 민족의 인권을 옹호한다. 하느님이 그리스도의 구속 사역을 통해 우리에게 주신 자유를 가지고 살기 때문에, 우리는 각각의 인간 존재와 각각의 민족이 자유를 가진다는 보편적 가치를 충만하게 드러낼 힘이 있다.[08]

이런 까닭에 어느 누구도 타인 혹은 타인의 행위에 대해 도덕적으로 결정적인 판단을 내놓는다고 장담할 수 없다. 우리 자

---

07   참고. St. Basil the Great, *On the Holy Spirit*, 20, PG 32, 160-161.
08   *Episkepsis*, Dec. 15, 1986.에서 인용.

신의 인간적인 한계들을 생각할 때, 우리는 우리 주변 사람들의 한 측면, 혹은 기껏해야 몇몇 측면만을 알고 있을 뿐이다. 우리는 결코 사람들, 또한 그들의 행위에 대해 완전하게 알 수 없다. 그들의 마음은 우리에게 언제나 하나의 신비로 남아 있기 때문이다. 하느님 안에서 생명의 자유를 누리며 살아가는 타인에게는, 더 발견해야 할 무언가가 항상 존재한다.

생명으로의 자유

로마서에서 성 바울로는 자유를 죽음을 지배하는 능력으로, 우리의 사멸성에 대한 승리로 묘사한다.(로마 8:10-11) 이것은 자유를 성령의 은총과 관련시킨다. 정교회에서 모든 예식을 시작할 때 읊는 성령께 드리는 익숙한 기도에 따르면, 성령은 "모든 선의 보고시고 생명의 수여자시다." 자신의 고유한 필요나 욕구를 충족시키는 것은 자유와 동일한 것일 수 없고, 오히려 포로의 상태와 같다. 정교회의 금욕적 삶의 용어로 이것은 '정념에의 굴종'이라고 규정될 수 있다.

죄는 단지 악한 선택만 아니라 실상 의로운 선택을 하지 못한 무능의 결과다. 그것은 문자 그대로 수동적이고(passive) 주체적이지 못하며, 통제되고 창조적이지 못하며, 타락하여 자유롭지 못한 상태, 다시 말해 충동 혹은 정념들(passions)에 포로가 된 상태다. 그것은 공고한 습관의 힘에 종속된 상태다. 오늘날 중독이라고 부르는 것과 같은 상태다. 내가 좋아하고 원하는 모든 것을 먹고 마신다면, 나는 자유를 얻지 못한다. 오히려 우리는 자유를 잃어버린다. 이 경우, 나는 내 본성의 충동과 정념들의 독재에 강요받고 있기 때문이다. 이렇듯 우리 인생 전체가 "죽음의 공포로 인해 종살이에 얽매여 있다."(히브리 2:15)

성령이 인간 자유의 규정적 차원이라면, 먼저 우리는 "하느님의 형상을 따라 닮아가도록"(창세기 1:26) 인간이 창조되었다고 묘사하는 창세기의 첫 장에서 이 자유의 원천을 찾아야 한다. 흙먼지로 아담을 빚으신 후, 하느님은 그에게 생명의 숨결을 불어넣어주었다고 성경은 말한다. 이 하느님의 숨결은 아담을 창조주의 이콘으로 만들어주고, 또한 아담을 다른 모든 피조물과 구별시켜준다. 아담의 고유한 특징은 바로 자유, 완전한 의미의 생명을 향한 자유다.

교부들에게 하느님의 숨결은 성령이고, 예수 그리스도는 십자가 위에서 마지막 숨을 거두시며, 그의 숨을 아버지께 돌려드리셨다. 더 나아가 교부들은 아담의 자유를 정확히 하느님의 형상과 닮음의 내용이요 본질이라고 보았다. "주님의 성령이 계시는 곳에, 자유가 있기 때문이다."(II 고린토 3:17)

유명한 정교회 신학자 블라디미르 로스끼(1903-1958)는 하느님 말씀이 나자렛 예수 그리스도 안에서 인간의 육신을 취하실 때(요한 1:14) 이 육화 사건에서 일어났던 하느님의 케노시스(필립비 2:7), 하느님의 낮아지심이, 또한 성령이 인간 안에 수용되기 위해 자신을 낮추실 때에도 인간의 마음 안에서 일어난다고 말한다.(I 고린토 3:16-17) 이런 까닭에, 우리 스스로가 자발적인 사랑과 개방의 행위를 할 때마다, 우리는 그것이 하느님 은총의 자극과 영감에서 비롯된 것이라고 확신한다. 그것은 참된 자유의 행위다.

이것은 우리가 성령으로 충만할 때만 참으로 자유로울 수 있다는 것을 의미한다. 그 어디서도 우리의 의지가 하느님의 은총에 의해 인도될 때보다 더 자유로움을 느낄 수는 없다. 자유는, 우리 안에 계시고 우리 곁에 계신 성령의 행위요 활동이다. 위에서 언급한 성령께 드리는 정교회 기도문이 말하듯, 성령은 "위로자, 진리의 영이시며, 어디에나 현존하시고, 온갖 것을 채워주시는 분"이시기 때문이다.

우리로 하여금 이 세상에서 자유와 정의를 선포하고 증진시킬 수 있게 하시는 분은 하느님의 영이시다. 우리가 어둠, 고통, 불의, 악을 만날 때마다, 성령은 '생명을 살리는 방식으로' 그것을 생각하고 그에 응답하라고 부르신다. "하느님의 동역자"(I 고린토 3:9)로서, 우리는 "마침내 우리 모두가 하느님의 아드님에 대한 믿음과 지식에 있어서 하나가 되어 성숙한 인간으로서 그리스도의 완전성에 도달하게 될 때"(에페소 4:13)까지 세상에서 치유와 화해라는 하느님의 계획을 실현하도록 부름 받는다. 그러면 하느님의 영은 이 세상을 하늘나라로, 타락한 세상을 새로운 피조물로, 그리고 모든 활동을 참된 삶으로 변모시켜주실 것이다.

타락으로부터의 자유

영적 포로 혹은 노예화는 불가피하게 사회적 정치적 억압과 종속을 가져온다. 똑같은 방식으로 타락으로부터의 자유는 우리를 정치 사회적 해방과 자유로 이끌어주고, 모든 형태의 강요에서 벗어나게 해준다. 하지만 성령에 의해 인도되는 사람에게 이것은 조금도 안락함과 편안함을 의미하지 않는다. 오히려 이것은 "죄의 일시적인 쾌락을 즐기기보다는 오히려 하느님의 백성과 함께 학대받는 길을 택하는"(히브리 11:25), 약자와 상처받은 자와의 동일화와 연대를 의미한다.

모든 형태의 억압과 노예화가 타락과 죄의 사회 정치적 표현이듯이, 해방과 정의를 위한 투쟁은 타락으로부터의 자유의 가장 심오한 영적 상징을 보여준다. 이것은 물론 그와 같은 투쟁이 모든 인종적 경쟁이나 민족적 대립을 뛰어넘어야 한다는 것을 또한 함축한다. 그런 경쟁은 결국 타인의 노예가 되는 또 다른 형태일 뿐이기 때문이다. 자유를 위한 이 투쟁의 진실성과 정통성은 언제나 영적 심오함의 깊이에 따라, 그 궁극적 목표의 영속적 가치에 따라 판단되어야 한다.

정교 신학과 종교의 자유

그리스도교는 인간 존재를 단순한 소비자 혹은 단순한 경제적 객체로 축소하는 개념에 이의를 제기한다. 그리스도교 전통은, 신학자 성 그레고리오스의 표현처럼, 각 인간 존재는 "신화(神化)되어가는 동물"(ζῷον θεούμενον)이라고 주장한다.[09] 이것

---

09   St. Gregory the Theologian, *Oration*, 38, 11.

은 하느님의 영광을 공유하도록, "하느님의 신성에 참여하는 자"(II 베드로 1:4)가 되도록 부름 받은 본성을 의미한다. 인간의 가장 중요한 특징은 인간의 초월적 차원이다. 우리는 하느님의 형상으로 빚어졌다.(창세기 1:26) 우리는 하느님을 알 수 있는 능력을 부여받았고, 그래서 기도할 수 있다. 우리는 감사함으로 이 세상을 다시 하느님께 바칠 능력이 있다. 그리고 바로 이 봉헌 행위 안에서만 우리는 참으로 인간일 수 있고 참으로 자유로울 수 있다.

우리는 인격적(personal) 자유에 대해 말했다. 하지만 우리의 자유는 단지 인격적일뿐만 아니라 상호인격적인(interpersonal) 것이라고 말해야 한다. 인간 존재로서 우리는 타인들과의 관계를 거부하는 그런 고립 속에서는 결코 자유로울 수 없다. 자유로운 인간들의 공동체에 속해 있을 때만 우리는 실제로 자유로울 수 있다. 자유는 결코 고독한 것일 수 없고, 언제나 사회적이다. 그리스어로, '인격'(person)을 의미하지만 문자적으로는 '얼굴' 혹은 '낯'이라는 뜻을 가진 '프로소폰'(πρόσωπον)이 될 때만, 다시 말해 내 눈으로 그를 바라보고 또 그의 눈에 나를 보여주기 위해, 타인을 향해 돌아설 때만, 우리는 비로소 자유로워진다. 등을 돌리는 것, 나누길 거부하는 것, 그것은 자유를 상실하는 길이다. 이렇듯 자유는 만남 안에서만 표현된다.

하느님에 대한 그리스도교 교리가 함축하고 있는 바가 정확히 그것이다. 그리스 교부들의 가르침에 따르면, "하느님의 형상대로"라는 말은 특별히 "그리스도의 형상대로"라는 의미를 가진 말이다. 인간이라는 것, 그것은 그리스도와 닮은 존재라는 것이다. 그리스도는 인간이 무엇인가에 대한 최고의 모범이기 때문이다. 하지만 "하느님의 형상대로"라는 표현은 또한 "성 삼위 하느님의 형상대로"라는 의미를 가리키는 것이기도 하다. 정교 그리스도인은 셋으로 하나이신 한 하느님을 믿는다. 그리스도인의 하느님은 인격적이실 뿐만 아니라 상호인격적이시다. 하느님은 하나(unit)이실 뿐만 아니라 또한 연합(union)이시다. 성 삼위로서의 하느님은 단지 유일하고 자족적이신 일자(the Monad)이신 것만은 아니다. 하느님은 성 삼위시다. 성부, 성자, 성령, 세 신적 위격은 상호 사랑의 영원한 운동 안에서 서로 연합되신다. 이것을 교부 전통은 '페리코리시스'(περιχώρησις)라 불렀다. 케사리아의 성 대 바실리오스(330-379)에게, 하느님은 친교의 신비이다. "하느님의 단일성은 하느님의 친교(코이노니아, κοινωνία) 안에 있다."[10] 세 위격의 상호관계성 안에서 참으로 연합되어 있다는 것이다. 현대 정교 신학자의 표현대로, "하느님의 존재는 관계적 존재이다. 친교의 개념 없이 하느님의 존재에 대해 말하는 것은 불가능하다."[11]

인간이 성 삼위 하느님의 형상대로 빚어졌다면, 이제 하느님에 관해 말해진 모든 것은 인간에게도 적용되어야 한다. 하

---

10 "하느님의 친교"는 문자적으로는 "신성의 친교"다. St. Basil the Great, *On the Holy Spirit*, 18.

11 John D. Zizioulas, *Being as Communion : Studies in Personhood and the Church*, Contemporary Greek Theologians Series, no. 4, (Crestwood : New York, St. Vladimir's Seminary Press, 1997), p. 17.

늘에서 성 삼위 하느님의 세 위격을 연합시키는 이 '페리코리시스', 이 상호 사랑의 순환 운동을, 우리는 가능한 만큼 세상에 구현해야 한다. 우리는 기도의 내적인 삶 안에서만 아니라 더 넓게는 경제적이고 정치적인 차원에서도 그렇게 하려고 노력해야 한다. 직장, 학교, 도시 혹은 민족 등, 모든 형태의 공동체는 각자 자신만의 방식으로 성 삼위 하느님의 살아있는 이콘이 되라는 소명을 부여받는다. 성 삼위 하느님의 각 위격들이 서로에게 투명하듯이, 민족들 또한 서로서로 투명해지도록 부름 받는다. 급격한 변화를 겪고 있는 세상에서, 만남과 친교를 바탕으로 사람들 가운데 자유를 증진시키는 것, 그것은 분명 종교가 감당해야할 주된 역할 중 하나이다.

세계총대주교청과 종교의 자유

종교의 자유와 관련하여 정교회의 태도를 이해할 때 문제가 되는 것 중 일부는 정교회의 현실과 최근의 역사에서 비롯된다. 한편으로 최근 20세기까지만 해도, 전 세계 정교 그리스도교의 절대적 다수는, 철의 장막 뒤에 살았다. 그들 중 수천 수백만이 수십 년간 순교의 위험 혹은 불안한 관용 아래서 박해를 받았다. 수백만의 정교 그리스도인은 소수자로 사회 경제적 억압을 통해 심각하게 제한을 받거나 고립을 당하는 종교적 불관용을 경험했고 또 지금도 경험하고 있다.

한편, 오늘날까지, 유럽 국가 중 하나인 그리스에서 정교회는 국가 종교의 상태를 유지해 왔고, 루터교가 주류인 또 다른 나라 핀란드에서도, 비록 작지만 역동적인 정교회는 국가 종교로 인정받고 있다. 오늘날 세계에서 정교회는 매우 다양한 문화와 정치 체제 속에서 자신의 자리와 역할을 식별해야만 한다. 1959년 키프러스의 백만도 안 되는 시민은 그들의 대주교, 마카리오스 3세(1913-1977)를 국가의 대통령으로 선출했다. 종교와의 관계가 매우 밀접하지만 정교 분리의 정체를 가진 미국에서, 정교 그리스도인의 존재는 헌법 제정 이전으로 소급된다. 비록 터키 정부가 "세계적"(에큐메니칼) 위상을 법적으로 인정하길 여전히 거부하고 있지만, 그동안 콘스탄티노플(현재의 이스탄불)의 세계총대주교청은 전 세계 정교 그리스도인들에게 "동등한 자들 중 첫째"로서의 자신의 위상을 지켜왔다.

직면해야만 하는 여러 어려움에도 불구하고, 세계총대주교청은 중요한 교차로에 서 있는 특권과 책임을 누리고 있다. 보스포로스 해협은 유럽과 아시아, 두 대륙의 경계이다. 역사적으로 옛 도시 콘스탄티노플은 항상 다양한 문명이, 그리고 유대교, 그리스도교, 이슬람교 세 유일신 종교가 만나는 장이었다. 이런 까닭에 현대의 종교간 대화에서 우리가 맡아야 할 역할은 이토록 판이한 세계들 사이에 다리를 놓아주는 것이라고 우리는 항상 생각해왔다. 1996년 뢰번(Leuven) 가톨릭 대학의 요엘 델로벨(Joël Delobel)은 우리 도시를 "참으로 다리를 놓는 도시"라고 올바르게 묘사했다. 그에 따라 동방과 서방의 보다 폭넓은 관계 안에서 우리 세계총대주교청은 고유한 역할과 책임을 안고 있다.

인권과 종교적 관용

서로 다른 대륙과 서로 다른 문명이 만나는, 세상에서 가장 민감한 지역 중 하나에 위치해 있다는 것만 아니라 그 역사 자체로 인해, 세계총대주교청은 종교적 관용의 문제에 매우 민감하다. 정교 그리스도인으로서 우리는 종교적 억압, 인종주의, 불관용 아래서 아무 보호도 받지 못하고 죄 없이 희생당하는 이들을 지지하고 보호하라는 소명을 받는다. 결국 우리는 이렇게 세상 곳곳에서 평화를 위해 일하라는 소명을 받는다. 평화를 위한 기도는 정교회 예배의 첫 번째 간구이다. 정교회의 성찬 예배는 "온 세상의 평화를 위해" 간구하면서 시작된다. 우리 또한 역사의 거대한 힘들을 비켜갈 수는 없었지만, 그렇다고 해서 그것들 앞에서 절망하지도 않았다. 우리는 세계를 향한 사랑과 통합의 정신으로, 민족주의가 야기하는 형제살해와 파편화에 응답해야 한다. 궁극적으로 평화와 정의의 신성함을 존중하는 관용의 정신을, 우리는 세상 속에서 끊임없이 상기시켜야 한다.

우리들 중, 믿음과 신뢰를 영적 헌신과 종교 공동체에 두고 있는 사람에게, 첫 번째 원리는 각 사람이 자유의 신성한 불씨를 지녔으며 또한 똑같이 하느님의 참된 자녀가 되라는 "명령을 받았다"는 사실이어야 한다. 각 인간 존재는 "하느님의 형상을 따라 닮아가도록" 창조되었다. 각 인간 존재는 생명의 자유를 부여받았고, 자유 안에서 살아가라는 명령을 받은 하느님의 자녀. 이것이 의미하는 바는, 우리가 유럽인과 미국인에게 아시아인이나 아프리카인과는 다른 원리를 적용할 수 없다는 것이다. 문화는 상대적이지만 인간 본성은 그렇지 않기 때문이다.

민족주의라는 새롭고도 사나운 이데올로기가 동유럽 국가들에서 수많은 다툼을 야기했던 19세기 거의 내내, 정교회는 이 민족주의에 맞설 수 있는 담론을 오래전부터 추구해왔다. 1872년, 콘스탄티노플의 세계총대주교좌 대성당에서 개최된 위대한 공의회는 인종주의를 죄악으로 단죄하는 선언을 반포했다. 이 공의회에는 고대의 모든 총대주교관구 대표들이 참석했고, 그래서 그 내용과 영향력에 있어서 폭넓은 대표성을 띠고 있다. "우리는 그리스도 교회 안의 모든 인종주의적 차별, 종족 간의 다툼과 증오와 대립을 거부하고 금지하고 단죄한다."

불행하게도 인종 차별 문제는 오늘날까지도 특별히 종교 집단과 심지어 교회 안에서조차 심심찮게 제기되고 있다. 정치적, 광신적, 민족주의적 목표를 위해 종교 감정을 이용하는 것을 몰아내고 없애기 위해, 모든 종교 지도자가 특별한 관심과 사목적 책임과 거룩한 지혜를 사용해주길 우리는 희망한다. 칼로 얻은 평화는 어떤 것이든 수용될 수 없다. 종교의 이름으로 부당하게 행해진 모든 범죄는 종교 그 자체에 대한 범죄요, 하느님에 대한 모독이다. 호전적 민족주의를 위해 종교적 상징과 계명을 사용하고 동원하는 것은 종교적 믿음의 보편성에 대한 부정이다.

양심의 자유와 종교의 자유는 모든 소수 집단을 위해 주어진 명령이다. 인간 생명의 거룩성을 침해하고 도덕적 가치들에 배치되는 정책들을 추진하는 이들을 우리는 용납할 수 없다. 우리는 어떤 경우에도 '민족 청소'를 참을 수 없고 정당화할 수 없다. 피난민들에게 강요된 이주와 민족 대이동의 현실을 마주할 때마다, 우리는 깨어있어야 하고 신속하게 응답해야 한다. 거짓된 민족주의 혹은 광신주의의 이름으로 가족을 분리시키는 자들을 우리는 단죄해야 한다.

양심의 자유는 인류에게 주신 하느님의 가장 위대한 선물이다. 그것은 각 인간 존재 안에 있는 하느님의 반영을 분명하게 드러내준다. 하느님이 인류를 "하느님의 형상에 따라 닮아가도록" 창조하였다고(창세기 1:265) 선언하고 주장함으로써, 그렇기에 인간은 자유로운 선택과 판단, 양심의 자유 등, 하느님께 속한 영적 자질들을 부여받은 존재라고, 우리는 감히 주장한다. 양심의 자유가 어떤 외적 혹은 내적 필요에 의해, 특별히 신성한 예배 안에서의 제약의 형태로 억압될 때마다, 이 예배는 하느님이 주신, 모든 인간을 차별하지 않는 본래의 지복을 더 이상 반영하지 않는다.

정교회의 관점에 볼 때, 양심의 자유와 종교적 신념의 자유로운 실천은 "나를 따르길 원하는 사람은 누구든지"(마태오 16:24)라는 예수 그리스도의 말씀에서 비롯되는 근본 원리이다. 창조의 순간에 하느님이 주시고, 육화 혹은 재창조의 순간에 하느님의 아들이 확증하신 이 자유는, 하느님의 현존 자체를 부정하고 거부하지 않는 한, 결코 부정될 수도 거부될 수도 없다. 2세기 『디오그네토스에게 보내는 편지』는, 하느님이 세상과 맺으시는 관계 안에서 누리는 자유를 강조하기 위해 이렇게 주장한다. "하느님은 설득하신다. 하느님은 강요하지 않으신다. 폭력은 그분께 낯선 것이기 때문이다."[12]

그러므로 양심의 자유, 특별히 종교적 자유를 법적으로 공고화하는 것은, 종교에 기초하여 어떤 이가 다른 이를 억압하지 못하게 하는, 문명화된 세계의 결정적인 특징이다. 어떤 이들은 이것이 역으로 지금까지는 균질성과 획일성으로 인해 영화를 누렸던 사회를 파편화로 이끌어 가지 않을까 두려워한다. 하지만 그런 두려움이 있다는 사실 자체가, 외적인 힘들에 의해 강제된 이 균질성과 획일성이 하느님의 뜻을 반영하지 않는 것임을 보여주는 증거다.

분명 정치가들은 극단적 민족주의로 인해 야기된 이 찢긴 상처를 혼자서 치유할 수 없다. 종교 지도자는 이 점과 관련하여 중심적이고 결정적인, 분명 카리스마틱한 역할을 지닌다. 우리는 참된 세계성(ecumenicity)과 관용의 영적 원리들을 제일 먼저 앞세우도록 도와야 한다. 우리의 깊고도 지속적인 영적 메시지들은, 비록 때때로 명백한 대비를 보여주기도 하겠지만, 현대 정치의 세속주의에 대한 하나의 보완으로 제시되어야 한다. 인간 사회의 상처를 치유함에 있어서, 순전히 세속적인 접근이 할 수 있는 일에는 늘 한계가 있기 마련이다. 유명한 심리학자 칼 융(1875-1961)은 언젠가 이렇게 적었다.

> 인생 후반기를 살고 있는 내 환자들 모두는, 모든 시대의 살아있는 종교들이 그 신자들에게 주었던 것들이 사라져 버

---

12 *Epistle to Diognetus* 7, 4.

리고 말았다는 것 때문에 고통 받고 있었다. 그리고 세상에 대한 이 종교적 관점을 회복하지 못하고는, 그들 중 누구도 참으로 치유되지 못하였다.

더욱 영적인 형태의 휴머니즘을 제시함으로써, 신앙 공동체는 세속적 휴머니즘과 배타적 민족주의를 견제할 수 있다. 이것은 이슬람교도만큼이나 그리스도인과 유대인에게도 적용된다. 우리의 차이를 단순히 부정해서도 안 되겠지만, 그 만큼, 불관용과 인종주의를 억제하고 몰아내기 위해서는 반드시 연대와 형제애가 필요하다는 것 또한 아무도 부정할 수 없다. 우리가 "사랑이신 하느님"(I 요한 4:16)을 믿는다면, 우리는 "완전한 사랑은 두려움을 몰아내고"(I 요한 4:18) "평화를 도모한다"(로마 14:19)고 선언해야 한다. 평화는 전쟁이 없는 것 그 이상의 무엇이다. 평화는 하느님의 이름을 부르는 것이다. 그것은 하느님의 현존 그 자체이다.(요한 14:27)

어쨌든, 이런 평화를 깨닫고 이해하려면, 우리의 세계관을 완전히 변화시켜야 한다. 인간의 마음이 개인적이든 집단적이든 자신의 자아가 아니라, 정의의 태양이신 그리스도의 신성한 빛에 중심을 두게 하려면, 성령의 코페르니쿠스적인 참된 혁명이 일어나야 한다. 분명 종교인들은 국가 지도자나 군대의 장관처럼 행동해서는 안 된다. 우리는 우리를 통해 하느님이 행동하시도록 할 때만 비로소 행동할 수 있다. 하느님은 결코 복수나 폭압의 원천일 수 없다. 오직 사랑과 평화의 원천이시다. 그러므로 우리는 "겸손하게 우리 하느님과 함께 걸음으로써"(미가 6:8) 이 사랑과 평화의 하느님을 선포하는 예언자들이 되도록 부름 받는다.

홀로코스트에 대한 기억

1999년 이스라엘의 야드 바솀을, 그보다 2년 전 워싱턴 디씨의 홀로코스트 기념관을 방문했을 때, 나는 종교적 불관용과 수치스런 인종주의가 낳은 끔찍한 결과들을 목도하였고, 아직도 충격적인 기억으로 간직하고 있다. 이 두 기념관은 하느님의 살아있는 형상이었던 한 민족이 겪어야 했던 헤아릴 수 없는 깊이의 고통을 적나라하게 보여주는 충격적인 이콘이었다. 어떻게 인간 본성이 그렇게까지 바닥으로 추락할 수 있는지, 그 공포는 차마 눈 뜨고는 볼 수 없는 것이었다. 더 이상 이런 일을 반복하지 않기 위해서 끊임없이 기억해야 할 책임이, 이런 일을 피하기 위해서 정직하게 인정해야할 의무가 우리에게 있다. 홀로코스트에 희생된 아이들을 위한 이스라엘의 그 기념 의례를 내가 어떻게 잊을 수 있겠는가? 수많은 거울에 비춰진 하나의 불꽃. 정교 그리스도인으로서 내가 어떻게 이 아이들을 헤롯에 의해 학살된 아이들과 동일시하지 않을 수 있겠는가?(마태오 2:16-18) 혹은 내가 어떻게 이 아이들을, 히브리어로 "주님이 구원하신다"라는 의미의 이름을 가진 아기 예수, 이스라엘의 선조들과 예언자들의 유산을 물려받은 팔레스타인 땅에 태어나도록 선택받으신 아기 예수와 결부시키지 않을 수 있겠는가?

우리는 정교회의 자킨토스 섬 대주교 크리소스토모스의 이야기를 기억한다. 나치 권력은 그 섬에 살고 있는 모든 유대인의 명부를 제출하라고 그에게 요구했다. 그는 나치 권력에 단 한 사람의 이름, 즉 자기 이름을 대며 대답했다. 그리스의 많은 주교들처럼 이 주교는, 이 세상의 어두운 지배자와 권력자들 앞에서(에페소 6:12) 용기 있게 말하는 참된 사랑의 교훈을 우리에게 준다. 이들은 선으로 악을(로마 12:21), 믿음으로 두려움을 정복했다. 자유가 그들의 삶을 지배했다.

거대한 악과 공포의 순간을 보존하고 기억하면서, 이 박물관들은 동시에 희망과 재생의 이콘을 창조한다. 마찬가지로 우리도 서로를 인간 존재로 바라봄으로써 관용과 사랑의 길을 발견할 수 있다. 편견과 증오의 이름으로 자행되는 인간 존재의 학살에 무관심으로 일관하는 것이 과연 인간적으로 가능할까 나는 종종 자문한다. 그럼에도 발칸반도와 이라크에서 일어난 최근의 전쟁들, 그리고 르완다와 다푸르의 종족말살 행위 등에서, 아무 이유 없이 고통당하고 불법무도하게 죽임을 당한 수많은 어린이들을, 나는 나의 특별한 기도 안에서 항상 기억한다. 이 잔인무도한 행위들은 지금도 우리 눈앞에서 계속 자행되고 있다. 그러면서도 과연 우리는 자유롭다고 장담할 수 있겠는가?

하지만 나는 신앙 공동체들이 참으로 그와 같은 무관심에서 깨어날 수 있고 또 그래야 한다고 확신한다. '인권'은 계몽주의자들의 발명품이 아니라, 본성적으로 자유와 종교적 관용을 지지하고 증진시키는 종교의 본질에 속하기 때문이다. 신자로서 불관용과 가혹하고 불의한 형벌 앞에서 발언하지 못할 때, 우리는 더 이상 종교적이지도 인간적이지도 않다. 분명코 우리는 자유롭지 못하다. 신자로서 타인에 대한 편견과 차별을 침묵하며 묵인할 때, 우리는 타인에게서 하느님의 형상을 알아차리는데 실패한다. 이 순간 우리는 스스로 자유의 특권을 내버린다. 믿음의 백성으로서 다른 백성들의 고난과 고통을 무시할 때, 우리는 결국 타인 안에서 우리 자신을 알아차리길 거부한다. 신앙과 관용은 동일한 언어를 공유한다. 그 알파벳은 바로 자유다.

신앙과 관용

종교적 신념은 활기 없는 힘이 아니다. 불가지론자들이나 스스로 무신론자를 자처하는 이들에게도, 그것은 수많은 함축과 결과들을 가진 능동적 원인으로 여겨진다. 역사 진보의 책임을 신앙에 귀속시키는 이들도 있다. 어떤 이들은 역사의 물결에 개입하고 결정하는 신적인 최고 존재를 고백하기도 한다. 종종 신앙은 삶에 앞서고 그 내용을 채운다. 또 어떤 경우에는, 삶이 미리 결정되고, 신앙은 단지 그것을 인준할 뿐이다. 하지만 어떤 방식으로든 신앙은 개인의 삶뿐만 아니라 한 사회 전체의 방향을 변화시킬 수 있다.

더 나아가 어떤 종교 신념은, 완전에 이르는 수많은 길이라는 관념을 통해서건, 각 민족에게 계시되는 다양한 신들이라는 관념을 통해서건, 다른 종교 신념 앞에서 자신의 상대성을 인정하고 수용한다. 첫 번째 관점은 사회적 현실로서의 관용을 함축한다. 두 번째 관점은 종교적 혼합주의의 형태로 인도된다. 하지만 그것들이 종교적 관용과 자유를 증진시키는 유일한 방식은 아니다.

이 상대적 신앙에 맞서 절대적 신앙이 부상한다. 그들 중 몇몇은 진리의 총체를 담지하고 있다 장담하면서, 다른 신앙에 대해서는 관용을 베풀 뿐이다. 여기에는 그와 똑같이 절대성을 자처하는 다른 신앙도 포함된다. 또 어떤 신앙은 자신의 종교 밖에 진리가 존재할 가능성 자체를 배제하기도 한다. 이런 경우는 사회에 큰 위험 요소가 될 수 있다. 마지막으로 개인적인 이유나 집단적 확장의 목적을 위해, 신자들을 오류로 유인하고 악을 행하도록 충동하는데, 종교 신념이 이용되기도 한다.

다음 장에서 나는 종교적 관용에 있어서 상호존중의 필요성에 대한 논거를 발전시키고자 한다. 그런 논거에서 몇 가지 기초적인 원리들이 상기될 필요가 있다. 진리를 주장하는 방법은 수없이 많을 것이고, 어떤 것들은 서로 반대될 수도 있고 상호 배타적일 수도 있겠지만, 하느님은 결코 그 자신 안에서 모순적일 수 없다. 예를 들어 하느님은 사랑과 미움을, 평화와 전쟁을, 겸손과 교만을, 관용과 편견을 동시에 선포할 수 없다. 이런 경우라면 분명 이 모순적 가르침 안에 표현되는 것은 하느님이 아니라 인간이다. 이런 까닭에 모순적 가르침을 식별하고 그 차이를 인식해야 한다. 다양한 종교적 신념들의 상호존중을 위해 서로 귀 기울이는 것은 응당 인류가 해야 할 일이다.

진리의 충만이 한 하느님에 대한 신앙에 기초한다는 신념과 병행하여, 정교회는 또한 우리가 흠숭하는 하느님을 누구에게라도 결코 강요할 수 없음을 인정한다. 계시의 하느님은 말씀하신다.

> 들어라. 내가 문 밖에 서서 문을 두드리고 있다. 누구든지 내 음성을 듣고 문을 열면 나는 그 집에 들어가서 그와 함께 먹고, 그도 나와 함께 먹게 될 것이다.(묵시록 3:20)

이 계시는, 하느님을 믿고 찬양하는 정교 그리스도인의 방법을 힘으로 강제하는 것을 정당화하는 모든 악한 해석에 어떤 자리도 내어주지 않는다. 신앙은 선전의 방법이나 개종주의의 방법으로 확산될 수 없다. 다시 말해 하느님의 지성소처럼 인간의 마음 문은 베일에 가려져 있다. 복음 전도는 결코 경제적 대가나 군사적 보상의 형태를 취할 수 없다. 적어도 정교 그리스도인의 관점에서 볼 때, 복음을 전하는 유일하게 지속가능한 방법은 자기 영혼을 경작하여, 모든 백성을 품을 수 있을 만큼 충분히 넓어지는 것뿐이다. 이런 방식일 때, 사회적 평화는 유지되고 종교적 관용은 보존된다.

비록 그 자체의 가치로서나 종교의 원리로서나 종교적 다원주의를 추구하지는 않지만, 그럼에도 종교의 자유와 다원주의가 하느님의 자유의 불가해한 넓이와 위대성과 신비뿐만 아니라 인간의 자유에 대한 하느님의 존중을 확증하는, 엄청난 도덕적 사회적 가치를 지니고 있음을 나는 인정한다. 그와 같은 존중은 인간 존재가 서로간의 관계에서 지켜나가야 할 가치의 최고 표현이고 확증이다. 인간의 종교적 자유를 훼손하는 것은 필연적으로 하느님의 자유를 침해하는 것일 수밖에 없다.

결론 : 인권과 물질적 피조세계

정교(政敎)분리 문화도 종종 인권이 하느님의 선물이라는 원리를 받아들인다. 하지만 동시에 그것은 하느님과 인간의 관계는 개인적이고 사적인 영역에 머문다고 생각한다. 이와는 다른 관점을 제시하는 정교 신앙은, 우주 전체를, 우주 속의 모든 것을, 하느님의 광대한 피조세계의 이음 없는 통옷으로 이해하려 노력한다. 개인은 나머지 피조세계와 타인들로부터 분리되거나 고립되어 존재하는 것이 아니라 끊임없는 관계 속에 존재한다. 그리고 이 관계는 인간의 실존을 창조주 하느님으로부터 비롯된 것으로, 그리고 창조 질서 안에 뿌리를 둔 것으로 이해하게 해준다.

이런 맥락에서 우리는 우주의 한 부분으로서의 가치를 부여받는다. 이런 맥락 위에서 정의로운 사회가 세워지고 유지된다. 정교 신자에게 신화(神化) 개념은 단지 개인적이고 인격적인 것 그 이상이다. 그것은 심히 공동체적이고 사회적이다. 자유의 참된 원천이고 정의를 누릴 양도할 수 없는 권리인, 각각의 인간 존재 안에 있는 하느님의 이 형상을 우리가 존중할 때, 사회 또한 변화된다. 게다가 자유는 자연 환경의 변화에 있어서도 하나의 열쇠이다. 자연 환경이 토해내는 침묵의 소리는 자유의 아들

딸들을 통해 분명히 들려져야 한다.

> 모든 피조물은 하느님의 자녀가 나타나기를 간절히 기다리고 있습니다. 피조물이 제 구실을 못하게 된 것은 제 본의가 아니라 하느님께서 그렇게 만드신 것입니다. 그러나 거기에는 희망이 있습니다. 곧 피조물에게도 멸망의 사슬에서 풀려나서 하느님의 자녀들이 누리는 영광스러운 자유에 참여할 날이 올 것입니다. 우리는 모든 피조물이 오늘날까지 다 함께 신음하며 진통을 겪고 있다는 것을 알고 있습니다. 피조물만이 아니라 성령을 하느님의 첫 선물로 받은 우리 자신도 하느님의 자녀가 되는 날과 우리의 몸이 해방될 날을 고대하면서 속으로 신음하고 있습니다. (로마 8:19-23)

VIII. 세상을 변화시키는 것
1. 사회적 정의 : 가난과 세계화

> 당신의 부는 하느님께 속한 것입니다.
> 그것은 당신의 이웃과 나눠야 하는 것입니다.
>
> 성 요한 크리소스토모스 (4-5세기)

신앙의 세계는 사회 정의 문제를 해결하려는 노력에 있어서 하나의 강력한 동맹이 될 수 있다. 그것은 사회, 정치, 경제적 전망들을 넘어서는, 하나의 특별한 전망을 제공해준다. 그 전망은 가난을 뿌리 뽑고, 세계화로 치닫는 세상에 균형을 제공하며, 근본주의와 인종주의와 싸우고, 충돌의 세계에서 종교적 관용을 발전시키는 것이다. 가난하고 불안정하며 주변화된 사람들의 필요에 응답하는 것은 확실히 종교의 역할이다. "신앙의 제도가 공간을 구획 짓고 공동체의 표지를 드러내는 것만은 아니다. … 종교는 분명 이 땅에서 가장 설득력 있고 가장 강력한 힘이다"[01]라고 말하는 것은 지극히 정당하다. 이런 까닭에 종교와 신앙 공동체가 사회적 가치에 직접적으로 영향을 주고 국가 정책에 직접적 자극을 줌으로써 국제 관계와 세계 정치에서 새로운 관심 주제가 되었다는 것은 내게 그리 놀라운 일이 아니다.

종교는 전 세계에 걸쳐 개인의 인격적 삶에서 축의 역할을 할 뿐만 아니라, 다양한 차원에서 사회 제도적 결집력으로서 결정적인 역할을 한다. 종교와 영성의 신학적 언어는 경제나 정치의 기술적 언어와는 다를 수 있다. 언뜻 보기에 구원이나 영성 등의 종교적 관심과 상업이나 교환 등의 실용적 이해관계를 분리하는 듯한 장벽이 있으나, 이는 결코 통과할 수 없는 그런 것은 아니다. 실제로 사회 정의와 세계화의 수많은 도전 앞에서 그런 장벽들은 무너져 내리고 있다. 환경이든 평화든, 가난이든 기아든, 교육이든 건강이든, 오늘날에는, 그 모든 것이 공동의 관심사요 공동의 책임이라는 더욱 증대된 자각이 존재한다. 명백히 세속적인 관점을 가진 이들만큼이나 신앙의 사람들도 특별히 민감하게 그것을 느끼고 있다.

물론 그런 문제들에 대한 우리의 관여는, 다양한 원리들 사이의 차이를, 또한 세상을 다양한 방식으로 바라보는 이들 사이에 나타나는 불일치를 축소하거나 없애지 않는다. 하지만 인류

---

01 Katherine Marshall and Lucy Keough, *Mind, Heart, and Soul in the Fight Against Poverty* (Washington D. C. : World Bank, 2004), p. 1.에 인용된 종교학자 Charles Kimball의 말이다.

의 행복과 세상의 생명을 위해 함께 일하려는, 공동 참여의 점증하는 표지들은 매우 고무적이다. 우리의 세상에 좋은 징조는 개인들 혹은 기관들의 만남이다. 그것은, 온 세상을 변화시켜 하느님께 영광 돌리려면 정치 종교적 다툼을 초월해야 한다는 인류 최고의 목표와 소명에 초점을 둔 공동의 참여이다.

땅과 땅 위의 모든 것

최근 몇 년 우리는 환경 보호에 있어서 아주 혹독한 교훈을 얻었다. 하지만 우리는 또한 환경을 위한 행동이 인간관계와 분리될 수 없는 것임을 배웠다. 우리가 땅을 위해 하는 일은, 인권과 국제 정치와 가난과 사회정의와 세계 평화 등 우리가 사람들을 위해 하는 일과 밀접하게 결부되어 있다. 우리가 자연 환경에 응답하는 방식은 우리가 인간존재들을 대하는 방식 아래 놓여있고, 즉각적으로 그것을 반영한다는 것은 이제 더욱 분명하다. "세상의 살"(flesh of the world)과도 같은 환경을 착취하고자 하는 사람들의 의도는, 그들의 이웃이 육신으로 겪고 있는 고통을 무시하고자 하는 의도와 병행한다. 마찬가지로, 피조세계와 우리 이웃의 필요에 응답하고자 하는 우리의 의지는, 하느님의 계명을 존중하고자 하는 우리의 의지를 반영한다. 이런 이유로 인해, 4세기 성 요한 크리소스토모스는 주님의 기도를 우주적인 차원에 적용하고자 했다. 사실, "하늘에 계신 우리 아버지"라고 기도함으로써 우리는 전(全)지구적인 더 나아가 우주적인 관점을 껴안는다. 그리스도는 우리에게 이렇게 간구하라고 요청하셨다. "아버지 당신의 나라가 오게 하시며, 당신의 뜻이 하늘에서와 같이 땅에서도 이뤄지게 하소서."(마태오 6:10) 성 요한 크리소스토모스는 그리스도가 "당신의 뜻이 내 안에서 혹은 우리 안에서"가 아니라 "이 땅 어느 곳에서나 이뤄지게 하소서"라고 말씀하셨다고 강조한다.[02]

하지만 동시에, 우리가 환경 문제에는 더 민감해졌지만, 인간의 행복과 관련된 여러 가지 근본 문제들에 대해서는 계속해서 무시하고 있음을 우리는 인정해야 한다. 그런데 이것이야말로 참을 수 없는 모순이다. 사실, 우리의 관심을 피조된 자연의 영역으로 확장시키는 것은, 다른 인간 존재들을 향한 우리의 태도와 실천의 변화를 함축하고 또 요청한다. 세상은 나눔과 공유를 목적으로 주신 하느님의 선물이다. 세상은 이기적인 방식으로 소유하라고 존재하는 것이 아니라, 겸손하게 그것을 보존하라고 존재한다. 하느님(하늘)과 관계를 맺는 방식은, 우리가 다른 사람을 대하는 방식, 자연 환경(땅)을 대하는 방식과 결코 분리될 수 없다. 이 둘을 분리시키는 것은 결국 위선이 되고 말 것이다. 이 단순한 진리를 식별할 줄 아는 사람이라면, 그리스도인의 하느님이 말구유에 태어나길 선택하신 것에 놀라지 않을 것이다.

자연 환경을 보존하려고 노력하면서, 우리는 이웃에 대한 우리의 관심에 대해, 우리의 삶의 방식과 일상의 습관에 대해,

---

02 *Homily on Matthew*, 19, 5, PG 57, 280.

몇 가지 어려운 질문을 자신에게 던져볼 수 있어야 한다. 다른 이들이 기본적인 생존권을 누릴 수 있도록 하기 위해, 우리는 과연 얼마나 우리의 과도한 생활 방식을 희생할 준비가 되었는가? 과연 나눔을 배우기 위해 포기할 준비는 되었는가? 언제나 되어야 "이것으로 충분해!"라고 말하는 법을 배울 것인가? 어떻게 우리의 관심을 우리가 바라는 것들로부터 세상과 우리 이웃이 바라는 것들로 향하게 할 것인가? 타인의 고통을 경감시키지 않는다면, 또 우리 자신의 이익만 보고 그것에만 관심을 둔다면, 우리는 우리 세계의 고통과 가난에 직접적으로 일조하는 역할을 하게 될 것이다.

복음의 길

신약성경에 나오는 양과 염소의 비유(마태오 25:31-46)는, 우리가 기도를 얼마나 했는가, 우리가 얼마나 엄격하게 금식했는가, 우리가 얼마나 많은 사람을 개종시켰는가, 우리가 얼마나 많은 선행을 했는가로 심판받지는 않을 것이라고 우리에게 말한다. 우리는 세상 관점에서의 성공, 명성, 사회적 신분, 성공의 잣대로 질문 받지 않을 것이다. 오직 한 가지 질문만이 우리에게 주어질 것이니, 그것은 바로 우리는 나누었는가, 우리는 배고픈 이들을 먹였고, 가난한 이들을 입혀주었는가라는 질문일 것이다. 하느님을 향한 사랑은 오직 타인에 대한 사랑을 통해서만 증명될 수 있다. 간단히 말해 다른 방법은 없다. 다른 방법이 있다면 그것은 다 속임수다.(1 요한 4:20)

복음서의 같은 비유에서, 도움이 필요하거나 고통 속에 있는 각각의 사람을 그리스도가 "나"라고 부른 것은 의아하다. "내가 배고팠을 때", "내가 목말랐을 때" "내가 나그네였을 때, 아팠을 때, 헐벗었을 때, 감옥에 갇혔을 때"라고 말이다. 실제로 하느님은 고통 받는 모든 사람의 눈을 통해 우리를 바라보신다. 어떻게 우리가 그 시선을 외면하겠는가? 거의 모든 곳, 특별히 가장 부유한 도시와 우리의 거리가 굶주린 노숙자들, 매춘과 가난의 덫에 걸린 젊은 여성들과 아이들, 우리 사회의 탐욕으로 인해 치유할 수 없을 정도로 상처받은 이들로 가득 찬 이 시대에, 그들의 얼굴에서 하느님을 기억해 내는 것은 얼마나 두려운 일인가! 이 남자들과 여자들은 우리 가운데 있는 하느님이다. 십자가에 달리신 그리스도 안에서 상처받으신 하느님의 고통을 그들은 드러낸다. 하느님은 우리 도시를 헤매신다. 이 상처들은 우리에 대한 심판이다. 하지만 그 상처들은 또한 우리의 치유요 우리의 희망이다. 우리는 언제 그들에게 응답하러 갈 것인가? 아니 적어도 우리는 그들을 알아볼 수 있기라도 할 것인가?

　신약 성경의 또 다른 비유에서, 예수는 라자로라는 이름을 가진 거지에 대해 말한다. 그는 "부자의 식탁에서 떨어지는 부스러기로라도 주린 배를 채우려고"(루가 16:21) 부잣집 문 앞에서 살았다. 부자는 단 한 번도 라자로를 초대하여 같이 먹지 않았다. 더욱 끔찍한 것은, 그의 식탁에 그토록 가까이 있었음에도 불구하고, 부자는 아마도 라자로의 존재를 눈치조차 채지 못했을 것이라는 사실이다. 우리 주위에서 일어나고 있는 일들을 우리는 알고 있기라도 한지, 나는 종종 자문해보곤 한다. 그것을 눈치 채지 못하면 혹은 그것을 알지 못하면, 아무런 정보도 가지고 있지 못하면, 우리가 어떻게 그것에 응답할 수 있겠는가? 게다가 우리는 몇 명이나 우리의 식탁에 초대하여 함께 앉아 먹을 것인가? 과연 몇 명이나 우리의 품에 안아줄 준비가 되었는가? 가난, 평화, 환경, 의료적 돌봄, 교육, 사회 정의, 인권 등 우리는 이중에서 과연 몇 가지나 우리의 삶이라는 식탁에 올려놓을 준비가 되었는가? 우리가 앉는 식탁은 개방되고 얼싸안는 식탁인가 아니면 폐쇄되고 배타적인 식탁인가?

고대로부터 유구한 역사를 이어온 교회의 총대주교로서, 나는 내 사역의 한 축을 가난, 인종주의, 근본주의, 갈등과 같은 우리 시대의 가장 근본적인 도전에 두기로 했다. 그런 문제는 사람들, 종교 지도자들, 정치 지도자들과의 만남 속에서 거의 일상적으로 마주치는 것들이다. 분명 우리 가까이, 우리의 평범한 삶 가까이에는 취급되고 해결되어야 할 또 다른 많은 문제들이 있고, 많은 경우, 그것들은 직접적으로 우리에게 영향을 미친다. 기초 교육과 적정한 임금을 보장하는 것, 적절하고 괜찮은 의료적 돌봄을 제공하는 것이 여기에 포함된다. 또 노인에 대한 적절한 돌봄과 같이 그 필요성이 점증하는 문제도 있다. 장애인 문제, 피난민과 소수자 문제, 전세계적으로 여성 혹은 어린이의 몸과 노동을 착취하려는 체계적인 학대의 문제가 또한 매우 긴급하다. 나는 또한 출생에서 사망까지 생명의 거룩성과 관련된 많고도 다양한 문제들을 만난다. 이 문제들은 민감한 성(性) 문제들로부터 매우 논쟁적인 사형 문제까지를 포함한다. 사회 윤리적인 차원에서의 이런 도전들에 대해, 정교회는 단지 방어적으로 이런 저런 입장들을 지지하려고 하지 않는다. 보통 일방적이고 배타적인 교의를 통해 경직된 방식으로 이런 문제들에 응답하는 것을 우리는 지양한다. 오히려 교회는 하느님의 형상을 따라 닮아가도록 창조된 인간의 신성함을 강조하려 한다.

환경에 대한 시민의식의 각성과 관련하여, 또한 위태로운 지구의 미래를 위해 우리의 태도를 변화시키는 것과 관련하여, 최근 몇 년은 매우 결정적인 시간이었다. 우리 교회가 나의 사역을 통하여 얻게 된 다양한 영예와 2005년 유엔 환경 계획(UNEP)으로부터 받은 "지구의 챔피언"(Champion of the Earth)이라는 칭호에도 불구하고, 나는 우리의 활동이 끝나기는 아직 멀었다는 것을 겸손하게 인정한다. 그것은 결코 거짓 겸손이 아니라, 진실하고 실제적인 감정이다. 왜냐하면 우리가 마시는 물, 호흡하는 공기, 밟고 다니는 땅을 위협하는 임박한 위험에 대해서 시민들을 각성시키고 교육하기 위해, 전 세계를 돌아다니면서 싸웠고 또 계속 싸우고 있음에도 불구하고, 우리는 여전이 사람들의 행동 방식과 삶의 방식에서 요구되는 참으로 근본적인 변화를 이끌어내기 위한 활동에서 단지 첫 번째 단계에 있다는 것을 너무도 잘 알고 있기 때문이다. 세계 도처에서 사람들은 전 지구적 수질 오염의 문제에 대해 점점 더 깊이 의식해 가고 있다. 우리의 세상을 자기 파괴의 위험한 길로 이끌어왔던 이기적인 소비와 낭비의 형태 안에서 갇혀 있기를, 우리는 분명 여전히 고집하고 있다. 그러므로 지금 우리에게는 우리 자신과 세상을 위한 근본적인 변화의 전망이 필요하다.

성령의 길

마음의 변화가 사회의 변화를 이끌 수 있고 또 이끌어야 한다. 이것은 결국 만남의 길이다. 이런 방향의 변화는 본질적으로 관계와 자비의 관점을 전제한다. 그것은 공동체 안에서의 행동의 길이다. 우리 그리스도인은 영성을 공동체에 대한 우리의 책임과 분리시켰다. 내부를 향한 시선은 외부를 향한 시선과 날카롭게 구분되어서는 안 된다. 우리가 해야 할 것은 우리의 내부만 아니라 우리 바깥 우리 주변에서 일어나는 것을 더욱 분명하게 보는 것이다. 변화의 사건인 신성한 성찬 예배를 마치고 떠날 때, 우리 정교 그리스도인은 똑같은 세상으로 나가서 똑같은 습관을 계속 이어가고 똑같은 문제들을 마주한다. 하지만 우리는 전례의 빛으로, 새로운 방식으로 사물들을 바라볼 수 있어야 한다. 우리는 세상을 다른 방식으로 알고 있기 때문이다. 우리는 새로운 방식으로 호의의 정신 안에서 행동하도록 추동되고 영감 받음을 진정으로 느껴야 한다. 하느님의 은총으로 변화될 때, 우리는 억압이나 지배에 호소하지 않고 나눔과 교류를 통해 갈등을 해결하려 한다.

우리는 우리 세계에 가해진 심각한 손상이 계속 증가되도록 방치할 수도 있고, 그것의 변화와 치유에 기여할 수도 있다. 소비주의의 낭비가 우리의 영적 사회적 문화적 육체적 환경에 미치는 해악을 우리는 언제나 깨닫게 될 것인가? 종교적 인종적 불관용이 증오와 폭력을 종식시키기는커녕, 오히려 우리를 그 악순환 속에 가둬버릴 것임을 우리는 언제나 이해하게 될 것인가? 상상력과 의지의 부족을 드러내는, 군사적 폭력과 민족적 갈등의 명백한 비합리성을, 우리는 언제나 인정하게 될 것인가? 변화는 무관심에서 깨어나는 것을 함축한다. 그것은 우리의 자비를 가난과 차별과 모든 형태의 사회적 불의의 희생자들에게로 뻗어가게 한다.

위에서 언급한 양과 염소의 비유는 이점에 대해 많은 것을 말해주고 있다. 그것은 세상의 변화에 관한 이야기다. 보제서품을 받던 날, 그 당시에는 임브로스의 대주교였던, 영원히 기억될 칼케돈의 대주교 멜리톤이 나를 보제로 서품해주며 행하신 설교를 나는 생생하게 기억한다.[03] 설교의 주제는 그날의 복음경 봉독본문이었던 마태오 복음의 '그리스도의 변모(Transfiguration of Christ) 이야기'(17:1-8)였다. 영광스러운 변모의 고귀한 순간, 제자들이 "고개를 들고 쳐다보았을 때는 예수밖에 아무도 보이지 않았다."(17:8)고 성경은 들려준다. 우리 주변의 절망한 이들을 바라볼 때, 우리는 무엇을 혹은 누구를 보는가? 우리는 낯선 이들을 보는가 아니면 그들에게서 예수를 알아보는가? 내가 서품 받던 날, 내 마음 깊은 곳에는 이런 생각이 자

---

03 그 날은 8월 13일 그리스도 변모 축일 종례일로, 정교회는 8월 6일을 주 예수 그리스도의 변모 축일로 기념하고, 일주일 후인 이날 축일 기간을 마감한다.

리 잡게 되었다. 그 생각은 바로, 내 주위를 바라볼 때 나는 어디서나 "다른 누구도 아닌 오직 예수"만을 보아야겠다는 것이었다. 이것은 우리의 생각과 세계관의 초점이 되어야 한다. 변모의 첫 열매는, 사회적 위상, 종교 신념 혹은 인종과 상관없이 우리 자매 형제들에게서 하느님을 알아보는 능력이다.

변모는 가난과 불의의 악순환을 끊어버릴 우리의 유일한 희망이다. 가난과 불의가 악한 것은 그것이 악덕과 이기심의 열매이기 때문이다. 그렇지만 이 악덕은 바로잡을 수 있다. 그것은 여전히, 우리 안의, 우리 각자의 실천에서의, 우리의 정책에서의 변화를 선택하는 것과 관련된 문제다. 하지만 변모는 그것의 필수적 전제로, 회개 혹은 참회를 의미하는 "메타니아"(μετάνοια)를 요청한다. 세상의 변모는 참여와 용기와 회개를 요구한다. 그것은 변모하는 공동체가 되겠다는, 세계적 차원에서 변화의 전제인 정의를 추구하겠다는 우리의 의지를 요청한다. 그것은 희생의 길이고, 특별히 관대함의 길이다. 우리는 이 길 어디쯤에 있는가?

정교회의 영적 고전들이 정의하는 것처럼, 인간의 변모는 단번에 일어나는 사건이 아니다. 그것은 오히려 하나의 지속적인 과정, 결코 끝이 있을 수 없는 진보로 인식된다. 조금은 다른 의미에서, 경제의 세계화 과정 또한, 참을성 있고 주의 깊은 분석 없이는, 부분적으로라도 이해할 수 없는 지속적인 과정이다. 실제로 그 결과들은 긍정적이면서 동시에 부정적이기에, 가난과 환경이라는 세계적인 문제를 해결하지 못했다고 해서 세계화가 모든 상황에서 해로운 것이라고 단순하게 판단하는 것은 올바르지 않을 것이다. 반대로 최근 몇 년간 8억을 헤아리는 아시아, 인도, 중국의 민중들이 교육, 건강, 기술의 보급을 통해서 가난을 완화하고 삶의 질을 개선할 수 있었던 사실에 대해 숙고해보는 것은 매우 유익할 것이다. 이렇게 말하는 것이 순진한 낙관주의를 함축하지는 않는다. 지속되고 있고 더 넓게 퍼져가는 아프리카의 가난과 질병은 이점에 있어서 좀 더 겸허해져야 함을 깨닫게 한다. 하지만 하느님의 선하신 은총과 꽤나 많은 사람들의 선한 의지로 인해 성취된 진보를 상기시켜준다면, 개인들과 기관들은 더욱 긍정적인 방식으로 영감을 받고 용기를 얻게 될 것이다. 이것은 세계화의 역설적인 측면이다.

세계 경제, 세계적 기풍

세계 경제가 일구어낸 최근의 급속한 성장은 전 세계적으로 종교에 여러 가지 중대한 도전을 제기한다. 이 현상은 많은 이들에게 희망을 약속해주지만, 또 그만큼 수천 수백만의 다른 이들을 위협하고 주변화시킨다. 그러므로 우리가 이 복잡한 현상들에 대해 많은 정보를 얻는 것은 매우 중요하다. 하지만 그것만큼이나 세계적 그물망 안에서 우리의 책임과 우리의 역할을 깨닫는 것 또한 매우 결정적이다. 우리는 세계의 일부에서 행해진 경제적 결정과 행위들이 어떻게 해서 수천 킬로미터나 떨어진 곳에 사는 수많은 개인들에게 직접적인 반향을 일으키게 되는지, 그 복잡한 과정을 알 수 있어야한다. 이 연관성을 알지 못하는 한, 우리는 세계화의 심각한 결과들을 전혀 파악하지 못할 것이다. 그 결과 긍정적인 방식과 방향으로 이 결과들을 이끌어 갈 희망을 거의 갖지 못하게 될 것이다.

세계화는 종종 우리가 상상하는 것만큼 세계적이지 않다는 것은 사실이다. 그것은 종종 그 이름에 걸맞지 않게 배타적이고 지역적이기도 하다. 많은 지역에서는, 우리의 세계화된 사회가 단지 초국가적일 뿐, 충분히 세계적이지 못한, 다시 말해 그 대표성에 있어서 세계적이지 못한 경우가 왕왕 있다. 어떤 국가들, 어떤 지역들이 중대한 논의와 중요한 조직에서 통째로 배제되곤 한다. 유엔, 세계 경제 포럼, 세계은행 등과 같은 주요 정책 결정자는 우리가 마땅하다고 생각하고 희망하는 만큼 세계적이거나 개방적이지 않다. 그런 많은 조직들이 2차 세계대전 종전의 결과로 20세기에 등장하게 된 정치 현실에 기초하고 있다. 이것은 몇몇 지역이 불가피하게 불공평한 방식으로 대표되고 있음을 의미한다. 그러므로 모든 인간 존재와 모든 민족 문화의 '이코스'(οἶκος, 집)인 지구의 거주자로서 우리 각자가 어떻게 행동해야 할지를 안내받고자 할 때, 어쨌든 우리는 이 제도들만을 의존하고 있을 수는 없다. 이런 까닭에 우리는 세계적인 방식으로 생각하고 행동하는 법을 배워야 한다.

세계총대주교청의 관점에 따라서 경제(economy) 혹은 생태학(ecology)에 대해 말할 때, 이 두 단어의 그리스어 어근 '이코스'(οἶκος) 혹은 접두어 '에코'(eco)가 함축하고 있듯이, 이 세상이 우리 모두의 집이라는 사실을 깨닫는 것은 매우 중요하다. 실제로 이 세상은 우리 모두의, 피조물 전체의 집이다. "우리 가정의 통솔" 혹은 돌봄을 의미하는 '이코-노미아'(οἰκο-νομία), "우리 집에 대한 연구" 혹은 평가를 의미하는 '이코-로기아'(οἰκο-λογία), 그리고 우리의 집인 "세상에 거주하는" 방식을 의미하는 '이쿠-메니'(οἰκου-μένη)가 모두 이코스(οἶκος)라는 어근으로부터 파생된다.

그래서 '에코노미'(경제)라는 단어에 대한 정교 신학의 숙고는 즉각적으로 "세상의 생명을 위해"(요한 6:51) 하느님이 펼쳐보이시는, 연민에 가득차고 자비로운 관심을 반영한다. 신학적인 용어로 그것은 "하느님의 경륜"(divine economy)이라 불린다. 그리스도교 영성의 고전적 저술인 교부들의 글들을 보면, 바로 이 하느님 경륜의 신비가 하느님으로 하여금 먼저는 세상을 창조하시고 이어서 세상에 필요한 것들을 공급해주시도록 이끌었다. 이 신비는 세상에 대한 정교회의 영적 비전의 중심이다.

게다가 그리스도교 신학에서 이 하느님 경륜의 절정은 유일하신 하느님 말씀의 육화 안에서 계시되었다. "말씀이 사람이 되셔서 우리와 함께 계셨고 우리는 그분의 영광을 보았다."(요한 1:14) 왜냐하면 "하느님은 이 세상을 극진히 사랑하셔서 외아들을 보내주셨기"(요한 3:16) 때문이다. 실제로 정교회 신학은 하느님의 경륜이 모든 생명의 원천임을 전적으로 확신한다. 복음사도 성 요한의 이 결정적인 계시는 이렇게 요약될 수 있을 것이다. "하느님은 세상을 사랑하셨고, 그래서, 간단히 말해, 그는 주셨다(GAVE)!" 그렇기 때문에 우리 또한 자비롭게 내어주라는 부름을 받는다. 우리는 자기희생으로 조건 없이 주라는 소명을 받는다. 우리가 만날 수도 있을 반대와 폭력과 테러에도 불구하고, 이 사랑을 널리 차별 없이 실천하라는 부름을 받는다.

이 깨달음은 분명 우리가 세계화의 과정에서 배울 수 있는 가장 단순하고 위대한 교훈이다. 나 이외의 나머지 세계는 존재하지 않는 것처럼 홀로 살아갈 수 있다고 장담할 수 있는 사람은 오늘날 아무도 없다. 우리는 많은 여행의 경험 속에서, 우리의 일상적인 대화에서, 매일 아침 배달되는 신문에서, 매일 저녁 텔레비전을 통해서, 나머지 세계와 마주친다. 우리에게는 이 세상에 거주하는 방식, 우리가 채택하기로 한 삶의 스타일을 주의 깊게 검토해보아야 할 윤리적 책임이 있다. 우리는 더 이상 고립된 개인으로, 세계에서 벌어지는 온갖 사건들과 무관한 존재로 살아갈 수 없다. 우리는 만남을 위해 창조되었고, 결국 이 만남 각각에 대한 우리의 대응에 기초하여 심판받게 될 것이다. 우리는 사회적 존재다. 우리는 세상을 공유한다. 우리는 공동체로 살아간다.

더 나아가 오늘날 이 공동체의 경계는 우리 지구 전체를 포함할 정도로, 아니 그 이상으로 확장되었다. 오늘날 우리 모두는 값싼 노동, 경제적 불평등과 연계된 죄악을 너무 잘 알고 있다. 우리 모두는 어떻게 자산과 투자 자본이, 평범한 사람들은 그저 혼란스럽고 박탈감밖에는 느낄 수 없게 만들고 동시에 사회적 환경적 행위와 관련해서는 그 투자자들에게 어떤 책임을 물을 수 없게 만드는 그런 방식으로, 이 나라 저 나라를 옮겨 다니는지 알고 있다. 경제적 이득을 향한 전 세계적인 경쟁에는 언제나 잃는 자와 얻는 자, 승리자와 희생자가 있다는 것을 우리는 분명하게 볼 수 있다. 자주 우리는 이 세계 시장을 통제하거나 지배할 수 있게 해줄, 필수적인 지식이나 수단들이 우리에게는 결여되어 있음을 느낀다. 우리 자신의 행동, 소비자로서의 우리의 선택, 일반적으로 소득에 대한 우리의 맹목적인 갈증을 통해서, 우리는 행사할 수 있는 모든 영향력을 긍정적인 방식으로 이용하기보다는, 오히려 세계 경제를 지배하는 기업들이 더 큰 악을 자행하도록 자극하고 격려하고 방조하곤 한다.

책임을 감당하는 것

우리는 문제를 더욱 간단하게 제기할 수 있다. 우리가 일하는 방식, 우리가 벌어들이는 급여, 우리가 짓는 집, 우리가 운전하는 자동차, 우리가 소비하는 돈, 우리가 누리는 사치, 우리가 소비하는 재화, 우리가 낭비하는 자원, 그리고 우리가 시청하거나 훑어보기 위해 선택하는 텔레비전 채널, 이 모든 것은, 더 이상 우리가 무시할 수 없는 것으로서, 우리 사회 안에서, 그리고 지역 혹은 세계적인 차원에서 우리 이웃에게 직접적인 충격을 가한다. 이제 우리 모두가 잘 알고 있듯이, 우리의 삶의 방식은, 세상에 살고 있는 나머지 모든 사람뿐만 아니라 미래 세대를 유익하게 하는 것일 수도 있고 또 그 모든 이들을 위험에 빠뜨릴 수도 있다. 아마도 그것은 20세기를 살아가는 인간 존재로서 우리 모두가 공유하는 유일한 책임이고 역사적 특권일 것이다.

우리는 이 책임을 감당하고 이 도전을 받아들일 준비가 되어 있는가?

분명 돈과 부에 대해 말하면 불편해할 사람들이 많을 것이다. 또한 돈을 악마적인 것(마태오 6:24)으로 생각하거나 침묵하며 부를 축복으로 이상화하는 많은 종교인들에게도 이것은 마찬가지일 것이다. 하지만 신학적이고 영적인 차원에서, 돈의 의미는 우리가 그것으로 무엇을 하는지에 달려있다. '돈'을 뜻하는 그리스어 단어 '크리마'(χρῆμα)는 문자적으로 "사용될" 잠재성이 있는 무엇을 말한다. 사람을 중요하게 여겨야 하고, 돈은 유익한 목적에 사용되어야 한다는 것을 우리 모두는 기억해야 한다. 이 원리를 뒤집어서 도리어 돈이 중요하고 사람은 단지 부를 얻기 위해 동원되고 이용되어야할 존재라고 믿게 되었다는 것은 너무나도 비극적이다. 사람이 중요하고 인간존재의 행복과 인간 생명의 신성함이 우리의 최우선적인 관심이 될 때, 우리는 이 세상을 어느 지점까지 바꿀 수 있을지 알게 될 것이다. 그렇다면 우리에게 남는 것은 그에 따라 행동하는 것뿐이다.

자유로운 교환, 국제 무역, 시장의 성장과 같은 문제들은 단지 몇몇 힘 있는 자들만 아니라 모든 사람의 관심거리가 되어야 한다. 이것을 충분히 인정하지 않는 한, 개인과 공동체, 부자와 가난한 자 사이의 심연은 더욱 깊어지고 심화될 것이다. 공동체라는 개념은 공동의 가치들을 함축한다. 이 가치들은 민족, 정치, 종교, 인종, 문화의 모든 장벽을 초월한다. 서방 국가의 주민들은 조금 뒤로 물러나서 시장과 투자 경쟁이 그들의 이익을 향상시키거나 그들이 선호하는 삶의 스타일에 영향을 주는 것에 머물지 않을 것임을 깊이 생각해야 한다. 실상 이 특권은 세계의 나머지 인구를 더욱 가난하게 만드는 대가로 주어진 것이다. 왜냐하면 우리가 소유하고 있는 많은 것들이, 거울의 다른 쪽에 있는 이들, 다시 말해 똑같은 것을 소유하지 못한 이들에게 영향을 준다는 것을 깨닫는 것은 매우 고통스러운 자각이기 때문이다. 하지만 이 고통스러운 진단이야말로 만남의 의미이고 신비이다. 이 진리를 무시할 때, 우리는 더 이상 창조의 목적, 존재의 목적에 맞게 살아가는 존재일 수 없다.

다시 한 번, 우리의 윤리적 양심을 성찰하는 것은, 어떤 종교에 속하여 가난한 이들을 기억하며 기도하느냐가 아니라, 오히려 다른 이들의 가난에 대해 우리의 책임을 인정하고 감당하느냐를 살피는 것이다. 우리 모두가, 많이들 그렇게 하듯 다른 민족을 착취하여 성공하고자 하는, 그런 시스템의 일부가 되어 있지는 않은지 자문해 보아야 한다. 또 어떤 점에서는, 우리 모두가, 많이들 그렇게 하듯 불의하거나 비도덕적인 방식으로 이윤과 소득을 조작하는 금융 자본이나 투자자본의 공범은 아닌지 자문해 보아야 한다. 우리는 국가 지도자들이나 탐욕스런 채권자들이 어떤 제재나 규제도 없이 개발을 추진할 수 있게 해주는 그런 시스템의 일부는 아닌지 정직하게 물어보아야 한다. 이 모든 질문에 비추어, 우리는 마침내 우리 각자의 개입 여부에 관한 심각한 질문에 직면해야 하고 우리의 선택에 대한 비난과 윤리적 책임을 받아들여야 한다. 이 질문들을 마주하는 것은 세상 안에서 우리의 몫이 무엇인가에 대해 균형감을 되찾아주는 것을 의미한다. 이것은 예전에는 탐욕이 자리했던 바로 그 지점에서 관대함을 배우는 것을 의미한다. 그것은 결코 배우기 쉬운 것이 아니다. 하지만 분명 종교가 우리에게 가르쳐 주어야 하는 교훈 중 하나는, 세상에서 일어나는 모든 것은, 삶 속에서, 집에서, 직장에서, 교회에서, 우리 사회에서, 우리 정치에서, 우리나라에서 한 개인으로서 우리 각자가 내린 결정들에 직접적으로 의존한다는 진리이다.

세계화와 세계성

전 세계적으로 선이나 악을 행할 수 있는 정부 권력의 힘은 사기업들이 지구의 구석구석에 무역을 확장시켜감에 따라 조금씩 침식되었다. 세계화(globalization)는 대부분, 가능한 곳이라면 어디든지 이윤을 목적으로 무역과 투자를 확장시켜 가는 것을 거의 배타적인 목표로 삼고 있는 사기업들에 의해 확산되었다. 이 기업들은 기술과 통신의 믿을 수 없는 놀라운 발전으로 큰 이익을 얻었는데, 이런 수단들은 역으로 국제적인 경제 활동의 엄청난 성장을 추동하고 용이하게 해주었다. 좋든 싫든, 개별적인 차원에서 국가의 영향력은 감소했고, 소수의 강력한 기업들의 힘은 증가되었다. 그럼에도 그것은 우리 세계가 알고 있는 세계적 발전의 유일한 범주는 아니다.

정교회는 다른 형태의 세계화를 경험했고 진작시켰다. 우리는 그것을 '에큐메니시티'(ecumenicity, '세계성')라 부른다. 우리는 이 단어를, 인종이나 종족과 무관하게 사랑과 협력의 끈을 통한 모든 인간 존재의 연합을 선언하는 세계적 감수성을 지칭하는 것으로 사용한다. 정교회가 모든 민족을 단 하나의 신앙으로 초대하는 것은 사실이지만, 정교회의 사랑은 결코 이 신앙에 귀의한 사람들에게만 해당되는 우연적인 것이 아니다. 우리 신앙의 세계성은 세속적 권력이나 권위의 구조와 결부되어 있지 않다. 이런 관점에서, 정교회의 세계성, 특별히 전 세계 정교회의 품 안에서 세계총대주교청이 추구하는 세계성은, 최근의 경제적 세계화의 현상과 근본적으로 구별된다. 전자는 만백성을 향한 사랑에 기초하여 인간을 존중하며 온전히 섬기지만, 후자는 주로 경제를 성장시키고자 하는 욕망에 의해 추동되고, 비록 서로 다른 문화를 한데 모으는 효과가 있을 수는 있겠지만, 그것의 새로움은 획일성일 뿐이고 대중의 쾌락과 세계적으로 성공을 거둔 상품이나 브랜드의 소비일 뿐이다.

세계화, 오래된 현상

오늘날 사람들은 보통 세계화를 경제 현상으로 이해한다. 하지만 "사람이 빵으로만 사는 것이 아니다"(마태오 4:4)라는 복음서의 말씀은 보다 폭넓게 해석되고 이해되어야 한다. 이 말씀이 확증해주듯이, 나 자신을 위한 빵은 물질적 가치를 가지지만 내 이웃을 위한 빵은 영적인 가치요 도덕적 의무라는 것이야말로 참으로 진리라는 것이다. 우리는 경제 발전만으로는 살 수 없기에, "하느님의 입에서 나오는 모든 말씀"(마태오 4:4)을 추구하며 살아야 한다. 다시 말해 우리는 경제적 이익을 초월하는 가치와 원리들을 찾아야 한다는 것이다. 그리고 우리가 그 가치와 원리들을 받아들이기만 하면, 경제는 더 이상 인류의 주인이 아니라 인류의 종이 될 것이다.

종교적 혹은 정치적 신념과 무관하게, 경제 발전 그 자체와 그것에 봉사하는 세계화는, 수많은 사람들의 결핍을 야기하고 부를 몇몇 개인의 손에 지나치게 집중시킬 때, 그 가치를 잃어버린다고 나는 깊이 확신한다. 나는 그것이 모두에게 쉽게 이해되리라 믿는다. 이런 방향에서 세계화의 진전은 결코 한계 없이 지속될 수 없기 때문이다. 어느 순간, 우리는 세계 경제의 막다른 골목에 이를 것이다. 어떤 한계를 넘으면, 이익에만 집착하는 소수의 탐욕은 고대로부터 잘 알려져 온 이 대답을 듣게 된다. "가진 것이 없는 사람에게서는 아무 것도 빼앗을 수 없다." 고대 입법가요 7인의 현자 중 하나인 솔론(기원전 638-558)은 어느 날 이렇게 선언했다. 몇몇 사람의 이익을 위해 아테네의 대다수 시민이 막대한 빚을 지고 있기 때문에 아테네 사회가 더 이상 적절하게 기능하지 않고 있다고 말이다. 그래서 그는 '모든 부채의 탕감'을 뜻하는 '시삭흐티아'(σεισάχθεια) 제도를 제정했다. 이렇듯 세계적인 차원의 부채에 관한 논쟁은 전혀 새로운 것이 아니다. 솔론의 개혁은 먼저 부자들에게 불이익을 주는 것처럼 보였지만, 결국 그것은 아테네 공동체 전체에게 이익이 되었다. 그 개혁은 모든 구성원이 서로가 서로에게 노예가 되는 것이 아니라, 창조적이고 의욕 넘치는 자유로운 시민으로 행동하게 만들어 주었기 때문이다.

물론 경제가 매우 복잡한 현상이긴 하지만, 일반적으로는, 역사 속에 있었던 다른 많은 경우처럼 솔론의 예는 세계 공동체의 모든 구성원이 이에 참여할 수 있을 때만 경제적 진보가 정당화될 수 있고 이로운 것임을 드러내준다. 현재 우리 세계의 불평등한 상황은 솔론으로서는 상상하기조차 힘들었을 차원에서 제기되는 여러 경제 윤리 문제들을 제기한다. 새로운 도전들에 대해 많이들 말하지만, 그럼에도 우리는 분명 본질적으로 고대부터 있어온 문제의 악화된 형태들을 접하고 있다. 고대 아테네인들이 탁월했던 것은 "부자에게 더 이익이 되게 함을 통해서가 아니라 부자와 함께 가난한 사람들이 공평하게 공유함을 통해서"였다.[04] 아테네가 무정부적인 민주주의에 빠지고 그 정체가 선동가들의 통제 아래 있게 되었을 때, 그 옛 영광은 가려졌다. 고대뿐만 아니라 그 후 아리스토텔레스(기원전 384-322)가 "과두제(寡頭制)"(올리가르키아, ὀλιγαρχία)라 불렀던 사회에서도 똑같은 일들이 일어났다. 과두제는 소수(그리스어로 '올리기', ὀλίγοι)에 의한 부의 독점을 전제하는 체제였기 때문이다.[05]

양날의 칼

인간에 대한 존중, 공동체 구성원 각각에 대한 존중이 경제

04　Euripides, *Suppliants*, 407.

05　Aristotle, *Politics*, 4, 8, 1294A.

의 최고 원리요 목적이 되지 못하고 포기될 때, 다른 부정적 결과들이 급속하게 뒤따를 것은 불을 보듯 뻔한 일이다. 각 개인이 단지 소비자의 신분으로 축소되면, 그들을 조작하고 그들의 소비에 영향을 주는 능력은 매우 중요해진다. 그 뒤에 따라오는 것은 '가진 자들'로 하여금 '가지지 못한 자들'에 비해 자신의 소유를 더욱 늘리도록 이끄는, 충족을 모르는 탐욕의 만연이다. 그것은 부의 영역만 아니라, 정치적 수단, 군사적 힘, 사상들을 만들어내는 힘, 혹은 더 일반적으로 말해 사회에 영향력을 미칠 수 있는 힘과 같은 모든 영역에서 만연할 수 있다.

이런 까닭에 경제적 사회적 발전은 항상 윤리적이고 사회적인 가치들에 의해 조절되고 또 뒷받침되어야 한다. 세상이 어떻든지, 물론 유익한 경제적 진보에 무익한 장애물을 조성하지 않으면서, 인류와 관련하여 근본적이고 문화적인 가치들을 보존하기 위해 우리는 노력해야 한다. 동시에 우리는 또한 세계화가 오직 그 이익의 세계적인 분배를 동반할 때만 윤리적으로 정당화될 수 있음을 염두에 두어야 한다.

그러므로 세계화는 우리에게 양날의 칼이다. 그것은 어떤 이들에게는 새로운 전망을 마련해주기도 하지만, 다른 이들에게는 새로운 위협이 된다. 그것은 이 둘 모두에게 그 개념과 현실에 있어서 영감을 불어넣어 줄 수 있는 관점이다. 하지만 그것은, 이 세계화의 역동성이 너무도 강력해서 우리의 윤리 의식, 우리의 규범, 사회적 규칙과 기제에 의해 억제될 가능성을 뛰어넘어 버리게 되면, 공포스러운 광경을 드러낸다. 예를 들어

정보의 자동적인 세계화보다 더 충격적인 것은 없다. 동시에 의도적인 정보차단의 가능성은 점점 더 우리의 경계심을 고취시킨다. 대우주(macrocosm) 혹은 소우주(microcosm)의 심층에 관련된 지식의 세계화 또한 이 지식에 접근할 수 있는 수많은 사람들의 참여로 인해 놀라울 정도다. 이와 같이 축적된 지식을 악용할 가능성이 점증하고 있다는 이 위협은 당연히 우리를 두렵게 한다.

위험과 딜레마뿐만 아니라 다른 여러 도전과 변화들이 우리 앞에 일어난다. 세계화 현상이 너무도 긴밀하게 결부되어 있는, 무역 분야에서의 국제적인 협력, 원거리 통신 체계, 세계 금융 등에서의 성취는 여러 방면에서 실로 경이롭다. 하지만 경제가 상피병에 걸린 것처럼 예술, 음악, 철학, 관상 등 삶과 문화의 다른 영역들을 다 갉아먹어버린다면, 인류에게 그것이 가져다주는 참된 이익은 대체 무엇이겠는가? 숨 막히는 세계 경제가 그 창조적 능력들을 시들게 하고 개인들과 민족들 간의 정의 평화 연대와 같은 공존과 생존의 근본적인 원리들을 약화시킨다면, 그것이 인류에게 유익할 게 대체 무엇이겠는가? 모든 실존과 공존의 불가피한 토대인, 인간의 총체성과 존엄에 대한 감각을 잃어버린다면, 하나의 세상으로서 우리가 얻을 것은 과연 무엇인가? "사람이 온 세상을 얻는다 해도 제 목숨을 잃는다면 무슨 이익이 있겠느냐?"(마르코 8:36)

정교회는 인류 전체에 봉사하는 경제적 진보에 반대하지 않는다. 반대로 우리는 전 세계 모든 개인과 종교적 혹은 문화적 소수자들의 가능성을 지켜주고, 그들의 차이를 지지하고, 그들의 문화적 특수성을 보존할 수 있게 되길 바란다. 세계화가 보다 긴밀한 협력과 모든 민족의 더 나은 행복을 향해 문을 여는 것이 된다면, 또한 그것이 만남과 개방의 강력한 수단이 된다면, 우리는 세계화가 가져오는 빛과 진보를 완벽하게 일치된 마음으로 지지한다. 차이는 제쳐두고 실천적인 차원에서 함께 일하기 위해, 정치적 혹은 종교적으로 다양한 이데올로기와 이해관계를 가진 이들을, 나는 자주 초대했었다. 이 지구에서 우리의 운명은 서로 밀접하게 엮여있다는 것은 분명한 진실이다. 과거 문명들은 거의 완벽한 고립 가운데 고유한 자연 환경 속에서 발전했다. 하지만 역으로 점점 더 세계화되고 경제적으로 상호 의존 되어가는 오늘날의 세계에서는, 각각의 국가나 민족 집단의 행동은 인류 전체에 영향을 준다.

　세계화의 긍정적인 차원은, 지구상의 모든 백성이 그들 공동의 운명을 깨달아 가고, 그들의 공동 목표를 인정해 나가고 있다는 것이다. 이런 까닭에, 소비 모델의 통제 기제 혹은 사람들의 양심에 영향을 주는 과정으로서의 세계화, 그래서 단조롭고 획일적인 사고방식을 만들어낼 뿐인 그런 세계화라면, 우리는 그것에 반대한다. 이런 형태의 세계화는 문을 닫고 만남을 배제한다. 똑같은 이유로, 모든 사람을 희생시켜 소수만을 배타적으로 부유하게 만들기 위해 세계화를 이용하는 것을, 나는 불의하고 받아들일 수 없는 것이라 여기며, 그래서 그것은 반드시 피해야하고 단죄되어야 한다고 생각한다.

가난과 부

이와 관련하여, 나는 모든 이의 삶의 수준을 개선하는 일에 협력하도록, 부자나 가난한 자 모두를 초대한다. 그것은 무엇보다도 아마 '가진 자들'에게, 그 어떤 경제적 가치의 일방적 증가보다 더 큰 최고의 이익이 된다. 사람의 행복은 단지 이 세상에 창출된 부가 얼마나 되느냐가 아니라 그것이 어떻게 분배되느냐에 달려 있다. 하지만 인류 역사상, 부자와 가난한 자의 불평등이 이토록 전 세계적인 차원에서 분명하게 감지된 적은 단 한 번도 없었다. 세계 경제는 국제적인 엘리트들로 하여금 다시 한 번 부의 정상을 누리게 허락했고, 반면 가장 가난한 이들의 운명은 전에 없이 눈에 띠게 악화되었다. 이렇게 기술 발전과 세계적 통신 수단은 가장 큰 성공을 얻은 소수의 부자들에게는 다시 한 번 특권들을 축적하게 해주었지만, 사회의 폭넓은 영역, 특별히 아프리카, 아시아와 같은 전 세계의 넓은 지역은 질병, 무정부적인 폭력, 환경파괴로 황폐화되었다. 의료와 교육 등 기초 분야에서의 불평등이 낳은 결과는, 알건 모르건, 좋건 싫건, 전 세계에 충격을 주고 있다. 의료적 돌봄을 개선하고 적절한 교육을 제공함으로써 가난을 뿌리 뽑는 것은, 결국 지구에 사는 모든 이들과 환경 전체를 안정되게 해 줄 것이다. 그래서 우리는 한편으로는 소비 모델을 축소하고, 에너지 소비를 줄이고, 도시에서의 지속가능한 삶의 방식들을 개발하고, 공동체 안에서 사회적 불의에 맞서면서, 또 한편으로는 조금은 "이기적"인 주장일지도 모르지만, 세계적 차원에서 부채의 축소를 요구하고 지지할 것이다.

　보고와 통계는 암울해 보여도, 현실은 결코 비관적이지 않다. 사실 역사상, 가난 척결과 지구의 미래에 대해 이토록 일반화된 관심과 열의가 있었던 적은 없었다. 바로 이런 점에서 세계화는 우리 사회와 세계 안에 긍정적 영향과 변화의 잠재력을 가져온다. 부자와 가난한 자의 간극이 이토록 컸던 적이 없었던 것도 사실이지만, 이제 전 세계를 자유롭게 떠다니는 이미지들과 정보들로 인해 그와 같은 불평등이 더욱 분명하게 드러나고 있다는 사실은 인류에게 새로운 우선순위와 더욱 각성된 책임을 제공한다. 우리의 관심은 무엇보다도 우리 지구상의 가장 가난한 이들과 가난한 나라들의 상황을 개선하는 데로 모아져야 한다. 물론 많은 것들이 아직은 희망으로만 남아있지만, 실현될 수 있는 것 또한 적지 않다. 이제 가난은 더 이상 불가피한 것도 운명의 문제도 아니다. 우리 시대에는 가난이 결코 가난한 자에게 "운명"같은 것이어선 안 된다. 가난 문제는 긍정적으로 접근되고 있다. 그리고 그것은 확고하고 자비로운 행동을 통해서 실제로 해결될 수 있다.

　논리는 간단하지만 그렇다고 속단하지는 않는다. 단기간에 소수의 손아귀에 독점된 부는, 많은 사람의 상대적 가난을 더욱 심화시킨다. 하지만 영적인 관점에서건 세속적인 관점에서건, 많은 사람이 가난한 현실은, 장기적으로 볼 때, 결국 가난한 이들보다는 오히려 부자들에게 더욱 해롭다. 과다한 소유를 유지하고 더 증대시키기 위한 노력, 그리고 가난한 자들에게 짐을 지우는 불균형으로부터 오는 이 스트레스는 "재산을 지키는 것은 그것을 얻는 것보다 더욱 어렵다"는 또 하나의 그리스 속담을 떠올리게 한다. 우리는 이 악순환을 어떻게 끊어버릴 것인가?

가난과 종교

'호모 에코노미쿠스'(homo economicus)에 배타적으로 기초한 세계관의 덫에 빠질 때, 다시 말해 인간 본성을 순전히 물질주의적인 개념으로 이해하게 될 때, 세속적인 우리 시대의 가장 타락하고 강력한 현상 중 하나인, 제동되지 않고 통제할 수 없는 소유의 충동에 저항하는 것은 실천적으로 엄청나게 힘겨운 것일 수 있다. 종교지도자들과 신자들은 이런 경향들을 바로잡기 위해 아주 엄격한 방법을 취할 수 없을지도 모른다. 하지만 우리는 의식을 각성시켜 움직이게 할 수 있고, 어쩌면 엄청난 결과들을 낳을 지도 모르는 제한적인 실천 방도들을 취할 수는 있다. 정치적으로 가장 의미 있는 방법은 때때로 모든 방법 중에서 가장 개인적이고 가장 실천 가능한 것이다. 문제는 세상을 보는 방식을 바꾸는 것이다. 우리가 더 이상 단순한 관객으로 머물 수 없다는 것은 분명하다. 우리 각자가 모두 연계되어 있기에, 우리 각자가 모두 적절한 수단을 취해야만 한다.

아주 다행스러운 것은 점점 더 많은 개인과 기업이 자신의 사회적 윤리적 책임을 다 하려 한다는 것이다. 기관들과 기업들은 사회와 세상에서 결핍 속에 있는 이들을 존중하겠다는 약속과 다짐을 보여주기 시작했다. 또한 그들은 파트너, 투자자, 시장, 피고용자, 소비자까지도 책임 있고 인간적인 경제 안에 포함시키고 참여하게 하는 것의 중요성을 제대로 평가하기 시작했다. 이 수단들은 바다만큼이나 많은 필요한 일들에 비하면 물한 방울에 불과할 수도 있겠지만, 그럼에도 윤리 의식과 사회적 양심을 발전시키는 데 결정적인 것이다.

나는 종교 지도자들의 영향력이 아주 제한적이라는 것을 모를 만큼 순진하지는 않다. 우리의 풍요로운 사회의 절대 다수는 최대의 이익과 물질적 이윤이 아무런 제한 없이 추구될 수 있다는 환상에 사로잡혀 있는 것 같다. 내가 "있는 것 같다"고 말한 것은 세상의 대다수는 실상 이런 정신의 희생자임이 분명하기 때문이다. 동시에, 대다수 사람들은 가난이 단순한 환상이 아님을 알 수 있다. 그것은 정말로 고통스러운 현실이다. 경제는 인간의 행복을 제물로 바쳐야 하는 제단이 아님을, 종교지도자들은 신자들에게 상기시켜주어야 한다. 1999년 2월 다보스 세계 경제 포럼 참가자들에게 강조했던 것처럼, 오히려 경제는 항상 인간을 위한 봉사자여야 한다.

어떻게 해야, 나머지 세계에 비하면 얼마 되지 않는 서방 사회의 수많은 개인들은 자신의 요구를 줄여야 한다고 확신을 가질 수 있을까? 어떻게 해야 그들로 하여금 나누고 특권을 내려놓고 자신의 관점을 확장하게 할 수 있을 것인가? 나의 깊은 확신은, 종교 지도자들이야말로 가진 자들을 향하여, 최종적인 이득, 가장 큰 이익은 자비와 인간애의 존귀함을 통해 도달될 수 있다고 설득할 방법을 찾아야 한다는 것이다. 언뜻 보기에 희생처럼 보이는 것이야말로, 결국에는 우리 사회와 세상의 보다 폭넓은 이익을 위해 우리 자신의 직접적인 환경들을 변화시키는 씨앗이 된다. 온 세상과 미래 세대의 선을 위해 자원을 나누는 방식으로 실천되는 한, 인간애는 주는 자에게도 받는 자에게도 결코 부담스러운 것이 아니다. 각각의 방향으로 뻗어간 이윤은 주는 자에게도 궁극적인 축복으로 돌아온다. 이는 최종적인 결과가 받는 자뿐만 아니라 주는 자에게도 이익이 됨을 의미한다. "주어야 한다"는 의무는 단지 어떤 형이상학적 원리가 아니다. 영적 보상만을 목적으로 한 부의 나눔은 위험하다. 부의 나눔은 세상이 하나의 공동체로서 세워지고 자라나는 토대이고, 세상이 양육되고 번영하는 유일한 방식이다. 바로 이런 이유로, 하느님은 복을 내리시고 은총을 주시면서 개입하신다. 하느님은 친교의 하느님, 사랑의 공동체의 하느님, 만남의 하느님이시다. "하느님은 사랑이시다. 그러므로 사랑하지 않는 사람은 하느님을 알지 못한다."(I 요한 4:8) "하느님이 먼저 우리를 사랑하셨기 때문에 우리도 사랑을 한다."(I 요한 4:19) 우리의 삶을 통해 하느님의 관대함과 사랑을 경험하고 받는 만큼, 우리는 비로소 그것들을 이해할 수 있다.

더 나아가 가난에 대한 근본적인 종교적 응답은 타인들을 우리 자신의 공동체, 우리 자신의 몸처럼 여기는 것이다. 유대교, 그리스도교의 경전은 "네 이웃을 네 몸과 같이 사랑하라"(레위기 19:18, 마태오 5:43)고 말한다. 이것은 결국 이웃에게서 하느님의 얼굴을, 진실로 우리 자신의 얼굴을 보는 것을 의미한다. 지리적으로 혹은 문화적으로 얼마나 멀리 떨어져 있는지는 중요하지 않다. 단지 다른 이들에게서 우리 자신의 몸을 이렇게 알아차릴 때만, 우리는 우리 가족의 요구에 응답하듯이, 그들의 필요에도 응답하게 될 것이다.

나머지 세상과의 관계를 이렇게 "되새기는 것", 다시 말해 "서로 서로 한 몸의 지체임"(에페소 4:25)을 기억하는 것은 가난을 해결하는 가장 고귀한 방법이다. 우리 이웃을 우리 자신처럼 여긴다면, 결핍 속에 있는 이들을 우리 가족 구성원처럼 여긴다면, 우리는 정말로 그들을 돌보려 할 것이고, 우리가 가진 것을 넉넉하게 그들과 나눌 것이며, 그들의 행복과 진보에 충분히 관심을 주어 그들 스스로 자립하고 자활할 수 있도록 힘쓸 것이다. 세상이 그 전체로서 본질적인 방식으로 우리 각자의 삶에 기여하고 있음은 분명한 진실이다. 우리는 나머지 세계의 운명과 결코 떨어져 있을 수 없다.

재정 지원과 기술 협력을 통한 개발 원조의 모든 성공적 프로그램이 바로 이 인식 위에 기초하고 있다. 전문가들도 확인해 주듯이, 아마도 몇몇 잘 실행된 원조의 경우 그것의 최종적인 결과는, 원조를 제공했던 이들에게, 다만 얼마 안 되는 시장 혹은 몇 나라만을 위한 물질적 이익이 아니라 인류 전체와 지구 전체의 지속을 위한 성장이라는 풍요한 결실로 되돌아오게 한다. 즉각적인 소비를 위한 원조는, 그것을 받는 사람이건 주는 사람이건 간에, 모두에게 생산적이지도 그리 유익하지도 않다.

필요한 원조의 형태는 원조를 받는 국가가 세계 시장 안에서 하나의 특별하고 고유한 국가로서 생산하고 스스로를 발전시켜 나갈 수 있게 해주는 그런 방식이다. 친교와 만남의 예술이 되는 '주는' 행위는 모두를 부유케 하고 모두를 위한 축복이 된다.

이런 원조는 개발을 위한 재정적 원조일 수도 있다. 하지만 그것은 단지 경제적인 차원으로만 제한되지 않는다. 그것은 또한 사회적 혹은 윤리적 원조가 될 수도 있다. 첫째 유형의 원조의 효용성은 일반적으로 인정되고 있다. 하지만 두 번째 유형의 원조에 관해서는 많은 것들이 더욱 분명하게 밝혀져야 한다. 우리는 도덕성을 너무 일반적으로, 너무도 성급하게, 생산성이라는 척도로 정의하기 때문이다. 어쨌든 사회적 불의와 윤리적 타락은 물질적 번영과 재정 생산성에 장애가 될 수 있다. 그것들은 필연적으로 안전 비용을 증가시키고 외국 자본을 밀어낸다. 그리고 국가의 신용도를 해침으로써 전체 시민의 행복을 위협한다. 사회적 불의와 윤리적 타락은 전체적인 발전을 가로막고 더디게 함으로써 기초적인 경제 과정의 기능 그 자체에도 해를 끼친다. 이점과 관련해서 예를 들어 교육과 같은 분야에 우리는 관심과 주의를 기울여야 한다. 세계화는 종종 교육을 조금이라도 더 많이 받은 이들을 선호하고 덜 배운 자들은 외면하는 경향이 있다. 구성원들이 최소한의 교육을 받을 권리를 누리지 못하기 때문에, 공동체 전체, 혹은 국가 전체가 세계 경제의 통합의 힘에 의해 주변화되곤 한다.

이것은 서방 국가들이 어떤 특정 민족의 민족적 종교적 문화적 감수성을 가지고 강요하거나 간섭해야 함을 말하는 게 아니다. 서방 국가들과 종교들은 매우 자주 서방 세계의 빛을 제공하는 것이 수혜자들에게 엄청난 이익이 될 것이라고 생각하면서, 극빈 국가들을 황폐화시키곤 했다. 그리고 그것은 거의 항상 그들 자신의 이익을 위한 것이었다. 당연하게도 인도주의적 원조의 절대적 긴급성을 망각할 수는 없다. 서방국가의 시민들은 가난한 이들에게 양식을 제공하거나 자연재해로 인한 피난민들을 도우러 옴으로써 이러한 긴급성에 응답해왔다. 하지만 불행하게도 사회적 불의나 윤리적 타락과 결부된 문제들에 맞서기 위한 충분하고도 적절한 원조는 합당한 관심을 받지 못하고 있다. 우리는 경제적이고 환경적인 차원에 집중함으로써 우리의 노력과 관심을 제한하길 선호하고, 사회적이고 윤리적인 문제들은 계속해서 무시하고 있다. 그런데 한 국가의 사회적 윤리적 발전은 분명 그 경제 혹은 여타 영역의 발전을 결정한다. 한 국가의 사회 윤리적 가치들은, 아무 힘도 없고 아무런 부도 소유하지 못한 이들에게 어떻게 응답하는가에 의해 규정된다.

가난과 권력

서방 사회들은 노동과 자본의 활동을 규제하는데 시장보다 더 유익한 경제적 메카니즘을 발견하지 못했다. 서방의 자본주의 경제 시스템은 언제나 비용을 줄이고 이익을 증대시키는 새로운 방법들을 찾는다. 어쨌든 그 작동이 인간 존재를 궁극적 가치로 인정하는 윤리적 영적 가치로 조명되고 지탱되고 조정되지 않는 한, 자본주의가 인간 사회의 토대로 기능할 수 있을 것이라고는, 자본주의의 가장 열렬한 옹호자들조차도 장담하지 못한다. 너무도 자주 고삐 풀리고 규제되지 않는 시장은 가난과 오염으로 귀결되었다. 그것은 실업과 불평등을 진정시키거나, 문화나 민족적 특수성 등과 같은 비경제적인 유산들을 보호하는데 성공하지 못했다.

내 말에는 특별한 정치적 계획과 일정에 관한 언급이 없다. 나는 추상적 교의나 마르크스주의에 따른 부의 재분배나 가난 척결에는 조금도 찬성하지 않는다. 세계총대주교청은 그 역할과 책임에 있어서 비정치적임을 독자들은 기억해야 한다. 세계총대주교청은 사회 정의의 영적 가치를 강조하고 탐욕의 악덕에 내재된 영적 위험에 맞서 싸우고자 한다. 하지만 각국 정부들이 공적 이익의 수호자로서 책임을 온전히 감당하고 있지 못함은 엄연한 사실이다. 반면 종교 기관들이 담당할 수 있는 이 "예언자적" 역할은 보다 균형 있고 보다 정의로운 사회를 만들어감에 있어서 근본적인 것이다.

시장 권력에 응답함에 있어서, 정부는 보다 커다란 책임성과 보다 큰 감시를 행사해야할 의무를 진다. 하지만 적지 않은 나라의 정부는 국제적인 기업들의 경제활동을 통제하고 생산 능력을 남용하지 못하게 해야 할 책임을 다하지 못하고 있다. 마케팅에 있어서 기업들은 조정자 혹은 비정부 조직들보다 훨씬 자유롭게 국경을 넘나든다. 이런 이유로 종교 기관들과 여타 독립 단체들은, 제동 풀린 세계화가 초래한 부정적인 결과들을 알게 될 때마다, 비판의 목소리를 내야할 의무를 가진다. 어쨌든 우리의 노력과 무관하게, 세계 경제는 불가피하게 수억 명의 수혜자뿐만 아니라 그보다 더 많은 수많은 희생자들을 만들 것이다. 그것은 부자와 가난한 자의 불평등과 적대 감정을 더욱 날카롭게 만들 것이다. 세계화 현상에는 수많은 이점도 있지만, 또한 불평등의 증대와, 사회적 경제적 정치적 우선순위와 관련된 갈등 등 심각한 부정적 결과들도 나타난다. 그러므로 종교 기관들은 인권과 사회 정의의 우선성을 주장해야 한다. 이 두 가지는 시민 사회 안에 깊이 뿌리 내렸고 신앙 공동체에 의해 크게 영감을 받았다. 비정부조직들과 협력하면서, 종교 기관들은, 경제 조직이든 독재 정치권력이든, 세계 경제 권력이 소수 힘 있는 자들의 손에 집중되게 하는 모든 경향에 반대해야 한다.

결론 : 왕의 귀환

그리스도인은 성경의 양과 염소의 비유를 기억한다. 그것은 생과 사의 주관자이신 주님이 다시 오셔서 심판하실 때 심판의 척도가 무엇인가를 상징적으로 보여준다. 이 복음서 이야기가 말하는 심판의 척도가 추상적이거나 자의적이지 않음을 확인하는 것은 얼마나 충격적인가. 우리의 책임, 아니 우리의 소명은, 세상 전체를 변화시키는 것이 아니라, 우리가 살아가는 작은 지역에서, 우리가 일상적으로 마주치는 만남들 속에서, 우리의 행위가 미치는 영향력의 범위 안에서, 치유와 변화의 효과를 내는 것이다. 그것은 다시 한 번 대중적 관심을 불러일으키고 있는 20세기 한 저술가가 말한 것과 같다.

> 세상의 모든 조수(潮水)를 다스리는 것은 우리에게 속한 일이 아니다. 하지만 우리 다음에 살아갈 이들이 경작하기에 좋은 땅을 가질 수 있도록, 우리가 알고 있는 영역에서 악을 제거하면서 우리에게 주어진 시간들을 구하기 위해, 우리에게 가능한 일을 하는 것은 우리의 일이다. 그들이 어떤 기후를 가지게 될 지는 우리가 결정할 수 있는 게 아니다.[06]

---

06 J. R. R. Tolkien, *The Return of the King : Being the Third Part of the Lord of the Rings* (Boston and New York : Houghton Mifflin Company, 1994), p. 861.

2. 종교와 사회 : 근본주의와 인종주의

> 아무도 멸시하지 말라.
> 아무도 정죄하지 말라.
> 그러면 신께서 너에게 평화를 주시리라.
>
> 아빠스 삐멘 (5세기)

세계총대주교청과 종교간 대화

이스탄불에 있는 세계총대주교청 중앙 건물 입구에는 두 개의 상징적 이미지가 벽난로를 장식하고 있다. 그것은 정교 그리스도인들과 무슬림들 그리고 다른 종교인들이 수 세기 동안 함께 공존해온 콘스탄티노플의 풍요롭고도 복잡한 역사 속에 있었던, 두 가지 결정적 순간을 조용히 표상하고 있다. 하나는 11월 30일을 축일로 기념하는, 세계총대주교청의 주보성인이요 사도들 중 "첫 번째로 부름 받은" 성 안드레아를 표상한다. 성 안드레아 옆에는 스타키스가 표상되어 있는데, 그는 안드레아의 첫 번째 사제요 계승자로, 역사상 비잔티움, 콘스탄티노플 그리고 이스탄불이라는 이름으로 불리어 온 이 도시의 주교로서 38-54년까지 봉직했다. 우리 교회의 시작을 알려주는 이 이콘을 마주보고 또 하나의 이콘이 장식되어 있는데, 그것은 오토만 제국 지배 하의 첫 번째 세계총대주교였던 게나디오스 스콜라리오스(1405-1472)를 표상한 아름다운 모자이크다. 총대주교는 손을 벌려 술탄 마호메드 2세(1432-1481)로부터 칙령을 받고 있다. 이 칙령은 오토만 제국 통치 하에서 정교회의 지속성과 보호, 그리고 그 전통의 보존을 보장해줄 법적 문서였다. 그것은 오래도록 지속된 종교 간의 공존과 약속의 시작을 알리는 이콘으로, 이 지역에 살았던 그리스인, 터키인, 그리고 다른 민족들은 그 역사의 유산을 항상 느끼고 경험해 왔다.

세계총대주교청은 세계 속에서 자신이 감당해야 할 매우 폭넓은 역할, 다시 말해 여러 면으로 이해될 수 있는 세계성(ecumenicity)의 담지자라는 자신의 책임을 항상 확신해왔다. 다른 민족들과 신 앞에서 감당해야할 이 책임감과 지도력에 대한 강력한 자각은 다양한 방면에서의 주도적 역할을 추동했다. 예를 들면 세계적인 차원에서 정교회의 통일성을 더욱 공고히 하기 위해 세계총대주교청이 지칠 줄 모르고 노력해 온 것을 들 수 있는데, 이 노력은 종종 민족 간의 긴장과 정치적 분열들로 인해 큰 어려움을 겪곤 했다. 세계총대주교청이 에큐메니칼 대화에 참여한 것은 16세기 '아우구스부르크-콘스탄티노플' 만남으로까지 거슬러 올라간다. 이 만남은 1572년에서 1595년까지 튀빙겐의 루터교 신학자들과 세계총대주교 예레미야 2세 사이에 있었던 일련의 교류였다. 엄밀한 의미에서의 대화는 아니었지만, 이 교류는 타교파 교회들과 타종교를 대하는 세계총대주교의 일반적인 철학을 증언한다.

똑같은 철학이 20세기 초부터 오늘에 이르기까지 에큐메니칼 대화와 세계교회협의회와 같은 에큐메니칼 조직에 참여하도록 용기를 불어넣어 주었다. 그래서 세계총대주교청은 1948년 세계교회협의회가 창설된 이래로 줄곧 창설 멤버로 적극 활동해오고 있다.[07] 더 나아가 다른 그리스도교 교회들과의 다양한 양자 대화의 도약과 기초를 제공했다. 정교회(Orthodox Churches)와 동양정교회(Oriental Orthodox Churches)들 간의 공동 선언들에 더하여[08], 이 신학적 대화들 중 가장 성공적이고 풍부한 결실을 맺은 대화는 가톨릭교회와의 대화이다. 이 대화의 몇 가지 눈에 띠는 사건을 들자면, 먼저 1964년, 세계총대주교 아테나고라스

07 1920년 1월 세계총대주교청은 "온 세상 모든 곳에 있는 그리스도의 교회들에게"라는 제목의 역사적인 회칙을 반포하였다. 회칙은 온 세상 그리스도인들에게 멸시와 증오의 정신을 이기고 교회간의 코이노니아(친교)를 확립함으로써 화해와 사랑의 능력을 증명해 보이자고 호소했다. 이와 함께 선언된 서신은 "국제 연맹"(Ligue of Nations)의 창설에 상응하는 "교회 연합"(Ligue of Churches) 창설을 제안했다. 그것은 일치와 평화의 문제에 대하여, 세계총대주교청의 예언자적 목소리를 낸 좋은 예이다.

08 동양정교회(Oriental Orthodox Church)라는 표현은 정교회와 구별하여 5세기 칼케돈 4차 세계공의회를 인정하지 않는 교회들을 지칭하기 위해 사용되었다. 이들과의 대화는 이미 1960년경부터 추진되었지만, 공식적인 대화는 1985년에 시작되어 1989년의 공동 선언으로 절정을 이루었다. 그리고 이 선언은 1992년 내가 총대주교좌에 오른 뒤 화해의 모든 행위 중 첫 번째로서 공식 수용되었다.

(1886-1972)와 교황 바오로 6세(1897-1987)의 역사적 만남이 있다. 이를 계기로 1054년의 파문을 상호 취소하였다. 또 1979년, 교황 요한 바오로 2세(1920-2005)가 나의 전임 세계총대주교 디미트리오스(1914-1991)을 방문한 역사적 사건도 있다. 이 방문은 우리 두 교회의 공식적인 양자 대화를 이끌어냈고, 대화는 1980년에 공식적으로 개시되었다. 교황 베네딕토 16세의 터키 방문 또한 중요한 사건으로, 이것은 2006년 11월 30일 세계총대주교청 주보성인 축일에 참여해달라는 나의 초대에 대한 응답으로 이뤄졌다.[09] 이 방문을 계기로 이 양자 간 신학적 대화는 다시 한번 새로운 동력을 얻게 되었다. 그러한 주도적 활동의 또 하나 중요한 결과는 1930년 람베스(Lambeth) 회의 이래로 이어져온 성공회와의 대화이다. 1973년부터는 특별한 신학적 주제들에 관해 성공회와 대화가 진행 중이다.[10]

복음의 진리를 "부정했다"고 우리를 고발하는 많은 중상에도 불구하고, 우리는 다른 그리스도교파들과의 만남을 제한하지 않았다. 대륙과 문명과 신앙 공동체들이 교차하는 곳에 있는 세계총대주교청은 그리스도인과 무슬림과 유대교인 사이에

---

09 11월 30일은 성 사도 베드로의 형이자 콘스탄티노플 교회의 창립자요 사도들 중 "첫 번째로 부름 받은" 사도로 알려진 성 안드레아의 축일이다.

10 이에 대한 더 많은 정보는 다음을 참고하라. C. Patelos, ed., *The Orthodox Church in the Ecumenical Movement*, Genève, WCC, 1978. 국제적인 대화가 루터 교회와도 전개되고 있고, 감리교회와의 대화도 시작되었다. 신학적 대화는 또한 지역적 차원에서 세계 곳곳의 이런 저런 교회들과도 전개되고 있다.

서 다리가 되어 봉사해야 한다는 자각과 책임감을 언제나 간직해왔다. 1977년부터 세계총대주교청은 율법, 전통, 현대세계에서의 부흥, 사회 정의 등과 같은 주제를 놓고 유대교와의 양자 대화를 선구적으로 개척했고 직접 참여했다. 1986년 우리는 권위, 공존, 평화, 정의, 다원주의, 현대 세계 등과 같은 주제를 가지고 무슬림 공동체와의 양자 대화를 진행해 왔다. 1994년부터는 종교의 자유, 관용, 평화와 같은 주제를 놓고 그리스도교, 이슬람교, 유대교가 진지하고도 깊이 있게 다자간 대화를 진행할 수 있게 해준 다수의 국제적 만남의 장들을 조직함으로써, 다양한 다자 대화를 성사시켰다.

세계총대주교좌에 오른 이래로, 서유럽, 동유럽, 중동, 아프리카, 오스트레일리아, 아메리카의 여러 대중 모임에서, 나는 평화, 인종차별, 종교적 관용, 세계화, 세속화 등의 문제에 대해 발언할 기회를 얻었다. 이 문제들은, 정치적 관심사에서 종교적 혹은 간(間)종교적 관심사에 이르기까지, 또 경제적 관심에서 과학적 학문적 관심에 이르기까지 매우 다양했다. 그럼에도 내 사역 중 가장 만족스러운 것 중 하나는 의심할 것 없이 다음과 같은 국제적 선도 활동을 조직하거나 후원하는 복을 누렸다는 것이다.[11] 그것은 다음과 같다.

---

11 여기 나열하는 것은 내 사역의 특수한 차원을 보여주기 위한 것이 아니다. 그것은 오히려, 종교 간의 문제, 인종 간의 문제들을 둘러싸고 수많은 갈등과 논쟁들이 있었던 이 시기에, 종교 지도자들을 한데 모으려는 국제적인 차원의 노력이 미미했음을 보여준다.

- 1994년 이스탄불에서 처음으로 열린 '평화와 관용에 관한 회의'. 「보스포로스(Bosphore) 선언」을 발표했고, 1992년 베른 평화 회의에 기초하여 "종교의 이름으로 행해진 범죄는 종교 자체에 대한 범죄이다."라고 주장했다.

- 2001년 9월 11일 브뤼셀에서 열린, '유대교, 그리스도교, 이슬람교의 평화로운 공존을 위한 회의'. 「브뤼셀 선언」을 발표했고, "종교가 문명의 충돌을 야기한다는 가정을 거부하고" "문명 간의 대화를 위한 건설적이고 교육적인 강령을 제공함"에 있어서 신앙의 역할에 대해 관심을 요청하였다.

- 2002년 그리스도교-이슬람교의 대화 개시 2주년 기념을 계기로, 바레인에서 진행된 특별회기. "지역적 차원에서 구체적이고 주도적인 활동들을 전개함으로써 과거 역사의 아픈 기억과 경험들을 치유하기 위해, 또한 부정적 편견들을 제거하기 위해, 그리고 다른 종교 전통의 특수성을 대할 때 신자들 간의 상호 존중의 기풍을 진작시키기 위해" 협력할 필요성을 주장한, 「바레인 선언」을 내놓았다.

- 2004년 올림픽 경기 전야, 아테네에서 개최된 '종교, 평화, 올림픽의 이상에 관한 회의'. 이 회의는 "병적인 종교적 불관용과 광신주의를 지탱하는 축이 되고 있는, 민족주의적, 인종주의적, 종교적, 사회적 그 밖의 모든 형태의 차별을 거부했다."

- 2005년 이스탄불에서 열린, '평화와 관용에 관한 회의'. 이 회의는 "아브라함의 자손들의 영적 지도자들로서, 종

족적 종교적 긴장을 완화시킬 책임이 우리에게 있으며" "다른 신앙과 종족 공동체를 향한 폭력을 설교하는 이들을 고발하고" "폭력을 거부하고, 절대적으로 그리고 조건 없이, 권력 남용, 종족 청소, 야만성을 단죄한다."고 선언했다.

다른 모든 만남과 마찬가지로, 이 만남들 또한 그 목적에 있어서 선구적이었고 그 실체에 있어서 역사적이었다. 하지만 무엇보다도 그것들은, 분열된 우리 세계에서, 문화와 종교의 다양성, 그리고 세계 현실의 다중적 복잡성에 대해 우리 눈을 열어주었다. 또한 다원주의와 세속주의 그리고 인종주의와 근본주의에 대해 우리의 관점과 평가를 보다 확장시켜주었다.

다원주의의 상승

변화하는 우리 세계를 생각할 때, 두 가지 의미심장하고 결정적인 특징이 즉각 머릿속에 떠오른다. 그것은 다원주의와 세속주의다. 먼저 국가와 국가를 분리시키는 국경은 점점 덜 분명하게 정의된다. 이것은 다른 곳보다 특별히 유럽에서 두드러진다. 그리고 이 현상은 정치, 경제, 사회 등 다른 차원에서도 벌어지고 있다. 우리 중 그 누구도 단일한 환경, 단일 민족, 혹은 단일 문화 속에서 살아가지 않는다. 우리 모두는 매우 폭넓고 다중적인 문화의 조류에 속해있거나 그 속에 머물고 있다. 이런 다문화적인 경향의 한 표현은 전 세계적으로 이주자가 엄청나게 늘어나고 있다는 점이다. 반드시 배타적으로 그런 것은 아니지만, 이것은 특별히 서유럽에서 현저한다. 예를 들어, 오늘날 유럽에는 1천 5백만에서 2천만에 이르는 무슬림이 있다. 영국에서는 무슬림이 인구의 2.7%을 차지한다. 하지만 대부분의 다른 나라에서는 이 비율이 더 올라간다. 독일이 4.9%이고, 프랑스는 8.3%로 5백만 명이 넘는다.

우리는 이 사회 정치적 현실을 하나의 문제 혹은 위협으로 인식할 것이 아니라, 하나의 기회요 도전으로 받아들여야 한다. 현대 세계의 국가들은 어떻게 서로에게 속하고 또 서로를 필요로 하는지 깨닫기 시작했다. 한 국가로서 더 이상 자족적이지 않고 상호 의존되어 있음을 배워가고 있다는 것이다. 구약 성경에 나오는 카인과 아벨의 이야기에서 "내가 내 형제를 지키는 사람입니까?"(창세기 4:9)라는 카인의 반문에는, 개인적, 집단적, 국제적 차원에서 오직 하나의 대답만 있다.

이것은 국가에의 충성심, 애국주의, 자기 조국에 대한 사랑이 더 이상 의미가 없음을 의미하지 않는다. 반대로, 1972년 알렉산더 솔제니친(1918-2008)이 노벨상 수상 기념 강연에서 말했던 것은 오늘날도 여전히 유효하다.

> 민족들이 사라지는 것은, 모든 사람이 단 하나의 인격과 하나의 얼굴을 가진 똑같은 존재가 되는 것 못지 않게 우리를 빈곤하게 만들 것이다. 민족들은 인류의 풍요로움이다. 그것은 집단적인 인격들이다. 국가들은 인류의 풍요로움이다. 그 중 가장 미약한 민족도 자신만의 고유한 색깔을 입고

있고 그 안에는 신의 뜻이 특별하게 반영되어 있다.[12]

당연히 우리 자신의 민족적 정체성은 오늘날 이 다원적이고 다문화적인 맥락 안에서 경험되어야 한다. 이것은 동시에 우리가 서로에게 보다 더 관대하고 보다 더 사려 깊어지는 법을 배워야 함을 의미한다.

유럽 연합

다문화주의의 가장 인상적인 표현과 현대적 화신은 물론 유럽 연합의 등장이다. 프랑스 외무 장관이었던 로베르 슈망(1886-1963)이 석탄과 철강 유럽 공동체의 설립을 제안했던 1950년, 유럽 연합이 태동한 이래로, 오늘날 유럽연합은 25개국 이상의 회원국을 거느리고 있고 계속 확장 중이다. 터키 시민으로서 나는 터키가 적절한 때가 되면, 특별히 이 나라의 소수 종교 공동체와 그 밖의 다른 소수 집단의 권리를 인정하는 것을 포함하는 유럽연합 가입의 전제 조건들이 충족되면, 유럽 연합의 완전한 회원국이 되길 희망한다. 터키가 유럽연합에 가입하는 것은 무슬림 세계와 서방 세계의 친교와 화해에 의미 있는 방식으로 기여하게 될 것이라고 나는 믿는다.

유럽 연합이 위기의 시기를 지나고 있다는 것은 사실이다. 창설자들의 이상적 비전은 종종 흔들렸고, 심지어 조금은 퇴색

---

12 Leopold Labedz, *Solzhenitsyn : A Documentary Record*, (Harmondsworth (UK) : Penguin, 1974), p. 314.

했다. 하지만 이것이 그 놀라운 성취들을 보지 못하게 해선 안 된다. 거의 60년 이상 동안, 유럽에선 큰 전쟁이 없었다. 아마도 로마 제국의 멸망 이래, 유럽에서 이와 같이 오래도록 평화가 유지된 시기는 없었을 것이다. 최소한의 폭력과 유혈 사태와 함께, 철의 장막이 세계의 눈앞에서 찢어져 버렸다. 1930년대만 해도 상상할 수 없었던 정도로, 오늘날 유럽 사람들은 자유와 정의와 민주주의의 원리를 존중하고 있다. 이런 이유로, 정교회가 매번 신성한 성찬 예배를 드릴 때마다 "온 세상의 평화를 위해" 기도할 때, 우리는 이 역사적 발전을 생각하며 감사할 충분한 이유가 있다. 동시에 자기만족에 빠져 있을 수만은 없다는 것 또한 우리는 잘 안다. 평화와 자유는 신의 선물일 뿐만 아니라 지속적인 의무이기도 하다.

문제는 이슬람교가 의심의 여지없이 서방에서 계속 세력을 확장하고 있다는 것, 혹은 전 세계적 현존으로 인해 이슬람교에 대해 점점 더 많은 것을 보고 들을 수 있게 되었다는 것이 아니다. 문제는 서방이 이 현존을 이해하고 받아들일 준비가 되어있지 않다는 사실이다. 실제로 전투적인 이슬람교의 자기 확신과는 대조적으로 서방은 현저하게 포스트모던적인 윤리적 무관심의 시기를 지나고 있다는 것이야말로 현실이다. 서방의 가장 큰 불안정성은 이슬람교의 약진이라기보다는 오히려 고삐 풀린 세속주의의 무제한적인 성장이다. 그리스도교는 서방 문명에 영감을 주고 안내자가 되어야 할 책임을 포기한 것처럼 보인다. 그리스도교는 자신이 당연히 속해있고 또 그 안에서 성장해 온 공적인 영역에서 아주 물러나서, 서방세계 전체의 지적 유행의 정점에 있는 것처럼 보이는 불가지론과 무신론에 자리를 양보해 버린 것만 같다.

세속주의의 약진

문화적 다원주의에 더하여, 현대 세계의 두 번째 주된 특징은 세속주의의 약진이다. 이전 세기들에는 종교가 철학, 의학, 법률, 예술, 정치에 막대한 영향을 미치면서, 삶의 모든 차원에서 결정적인 역할을 담당했고 교육자로 기능했다. 분명 이것은 서방 중세뿐만 아니라 비잔틴 제국의 경우도 마찬가지였다. 하지만 이 현실은 더 이상, 삶의 모든 측면이 각각 독립적인 의미들을 획득하고 있는 우리 세계, 우리 시대의 특징이 아니다. 그래서 종교는 무엇보다도 먼저 세계 인류를 형성하고 연합시키는 새로운 힘들 중에서, 자신의 고유한 위상과 유일한 역할이 무엇인지 식별하고 확신해야 한다. 무엇보다도, 종교는 문제들을 명료성과 비판정신을 가지고 직면하여 우리 세계에 대한 영적 비전을 집중시키고 때로는 일깨움으로써, 이 다양한 힘들 가운데서 진정 예언자적인 역할을 지속해나가야 한다. 이렇게 종교의 역할은, 만물 안에 있는 신적 아름다움을 가려버릴 위험으로 치닫고 있는 세속주의의 다양한 가면으로 인해 지나쳐버린 신적 신비를 우리 세계에 상기시키는 것이다.[13]

---

13 참고. St. Gregory of Nyssa, *On the Creation of Man*, 18, PG 44, 193.

오늘날 적어도 세계 대부분의 국가에서 특별히 서방 세계에서, 사람들이 종교 집회 혹은 예배에 참여하는 빈도는 정말 드라마틱할 정도로 줄어들고 있다. 몇몇 예외를 제외하면, 거의 모든 곳에서, 종교 집단 특별히 그리스도교 교파는 성직자와 수도 서원자의 부족을 토로하고 있다. 이 문제가 정교회에선 현재까지 큰 문제가 아닌 것처럼 보이지만, 정교회 또한 세속적 경향에 심각하게 젖어들고 있다. 교육의 영역과 사회생활 전체에서, 전통적 정교 그리스도교 국가들을 비롯하여, 그리스도교 전체가 주변화되고 있다.

세속화라 함은 종교적 세계관에 대한 위험한 칸막이 작업을 통해 종교를 주변화시키는 것을 의미한다. 결국 그것은 세상의 생명에 대한 성사적 관점을 포기하는 것이고[14], 신비의 감각을 잃어버리는 것이다. 세속화는 인류를 신과 세상으로부터 고립시키는 이단이다. 그것은 "감사(eucharistic)와 금욕(ascetic)의 능력을 지닌" 인간 존재의 본래적 소명을 무시한다. 앞 장들에서 이미 살펴보았듯이, 인간 생명의 본래적이고 궁극적인 목적은 세상이라는 선물을 모든 인류 전체와 함께 나누고 공유함으로써 신께 예배드리고 영광 돌리는 것이기 때문이다. 세속화는 세상을 성사로 이해하는 우리 자신의 고유한 관점을 침식하고 왜곡한다. 세속화된 사회가 명목상으로는 신의 존재 관념을 수용하

---

14 세상에 대한 성사적 관점에 대해서는 다음을 보라. Alexander Schmemann, *For the Life of the World*. 한글번역. 알렉산더 슈메만, 『세상에 생명을 주는 예배』, 이종태 옮김, 복 있는 사람, 2008.

는 것처럼 보일지 모르지만, 그것이 세상과 인간 존재의 성사적 본성을 칼같이 거부한다는 것은 분명하다.

이점에 있어서, 세속화는, 비록 다른 서방 세계보다는 더 많은 시간이 소요되겠지만, 전통적인 정교회 국가에도 이미 깊이 스며들고 있다. 17세기 이래 이미 분명해졌지만, 세속화의 충격은 20세기에 들어와 날이 갈수록 더욱 심각해져 가고 있다. 오늘날 세속화는 서방 사회뿐만 아니라 정교 문화 어디서나 현존한다. 이것은, 민족 갈등과 세계화로 치닫는 세계 속에서 신앙의 총체성을 보전하려면, 서방 세계의 시민들뿐만 아니라 정교 그리스도인들도 전력을 다해 세속화와 싸워야함을 의미한다.

이 모든 것은 우리로 하여금, 미래에도 여전히 세상 안에서 종교가 감당해야할 역할이 존재할 것인지 자문하게 한다. 그러나 우리는 지나친 과장을 주의해야 한다. 많은 곳에서 종교 예식에의 참여 정도가 줄어들고 있다 해도, 대다수의 사람들은 여전히 신을 믿는다고 확신한다. 말타, 키프러스, 루마니아와 같은 유럽 국가들과 미국 등 몇몇 나라에서는, 그렇게 믿고 있는 사람의 비율이 현저하게 높다. 어쨌든 최근 몇 년간, 어떤 형태든 신앙을 확신하는 사람들이 늘고 있지만, 제도적인 종교나 신앙의 교리적 표현에 대한 그들의 신뢰는 분명 동요하고 있다.

근본주의와 광신주의

그리스도교 교파들이 내적인 위기를 경험하고 있는 시기에, 불행하게도 종교적 근본주의(fundamentalism)는, 확신에 의한 것이든 강요에 의한 것이든, 전 세계적인 차원에서 급속하게 성장하며 대중의 관심을 끌고 있다. 하지만 꾸란조차도(2, 257) "종교는 절대로 강요될 수 없다"고 선언한다. 종교는 개인의 자유로운 선택에 달려있다. "자유로운 개인"이라는 개념은 물론 18세기 서방의 사상과 더 긴밀하게 결부되어 있고, 자유 의지라는 개념은 유기 사회(organic society)에서처럼, 정교회에서도 다르게 이해된다.[15] 어쨌든, 정교회는 각자의 종교적 확신과 관련하여 개인에 대한 존중과 선택의 자유의 중요성을 확고하게 강조한다. 정교 그리스도인으로서 우리는, 종교를 바꾸게 하려고 타인에게 견딜 수 없는 압력을 행사하는 모든 형태의 개종주의를 강력하게 반대한다. 우리는 정교 국가에서 타인에게 정교 신앙을 강요하려는 이들에 대해서도 그렇거니와, 전통적인 정교회 국가에서 정교 신자를 자기들의 신앙으로 개종시키려는 이들에 대해서도 매우 불편한 감정을 가지고 있다. 우리가 무슬림들이나 유대교인들과의 대화에 참여하는 것은, 우리 신앙을 받아들이도록 그들을 설득하기 위함이 아니다. 그것은 그 자체로 이미 일종의 교만 혹은 편견을 함축하고 있고, 그래서 만남과 대화를 실패로 이끈다. 더 나아가 이와 같은 양자 간의 토론에서 우리는 상대인 무슬림 혹은 유대교 형제들이 우리에게 그런 의도를 가지고 대화에 참여한다고 느끼지도 않는다.

분열과 혼란으로 찢겨진 세상에서 그리스도인으로 하여금

---

15 자유와 인권의 개념에 대해서는 앞의 7장을 참고하라.

무슬림이든 유대교인이든 대화의 장에 나서도록 만드는 하나의 근본적인 원리가 있다면, 그것은 인간 사회의 충돌을 만들어내는 것은 종교적 차이가 아님을 깨닫고 널리 선언하고자 하는 열렬한 소망이다. 무엇보다, 인간적 갈등의 원인이 참으로 종교의 차이에 있다면, 같은 종교의 신자들 간에는 긴장이 없어야 할 것이다. 하지만 우리는 같은 종교를 가지고 있는, 더 나아가 같은 종교만 아니라 같은 지역에 살고 있는 이들을 분열시켰던 수많은 긴장과 충돌, 심지어 전쟁을 알고 있다. 긴장과 갈등이 넘쳐나는 우리 시대에, 수많은 서방 사람들 그리고 또 세속화된 정신을 가진 많은 사람들은 종교를 세상의 다양한 문제에 대한 희생양 혹은 성토장으로 삼는다. 실제로 세계적인 갈등이 더욱 강렬해질수록, 그들은 국제관계에서의 정교 분리적 원리를 위해 더욱 열정적으로 종교에 반대하여 싸운다. 어느 단계까지는, 이런 정치가들의 주장이 일리가 있다. 그럼에도 종교는 여기서 주된 요소가 아니다. 종교는 긴급한 문제들의 원천이 아니다. 종교는 분명 세계적으로 점증하고 있는 긴장의 첫 번째 원인이 아니다.

때때로 인간적인 목적 혹은 이기적인 욕망을 정당화하기 위해, 또한 한 종교 안에서 신자들을 현혹하여 특정 지도자를 지지케 하기 위해, 불행하게도 종교 경전에 대한 잘못된 해석들이 의도적으로 추구되곤 했다. 종교적 근본주의에 대한 수많은 오해들이 존재해왔던 것도 사실이지만, 의심의 여지없이 정치적 목적 혹은 개인적 이익을 위한 하나의 수단으로 종교가 이용당하기도 했다.[16] 어쨌든 각 종교의 정직한 개인들은 덕과 자비와 용서와 연민 안에 흔들림 없이 머묾으로써, 신을 존경하고 그와 같은 자기중심적인 이익추구에 빠지지 않기 위해 힘껏 싸워야 한다. 물론 그리스도교, 유대교, 이슬람교 할 것 없이, 모든 종교의 신자들 중에는 항상 다른 관점들을 취하는 소수 그룹이 있게 마련이고, 그 중 일부는 상당히 극단적일 수 있음을 나는 알고 있다. 하지만 그리스도교 지도자로서 나는 합의와 화해와 평화적 협력이라는 복음의 좋은 소식이 결국은 이기게 될 것이라는 희망을 결코 포기할 수 없다. 확실히 그것은 성 사도 바울로의 이 권면과도 일맥상통한다. "여러분의 힘으로 되는 일이라면, 모든 사람과 평화롭게 지내십시오."(로마 12:18)

종교와 절대주의

종교적 근본주의를 대할 때, 가장 미묘하고 또 혼란스러운 문제는 절대주의(absolutism)다. 각 종교가 자기 종교야말로 신과 세상에 대한 절대 진리를 간직하고 있다고 주장하는 것은 잘 알려진 사실이다. 더 나아가 신은 모든 순결한 속성을 가지고 있고 어떤 악한 속성도 가지고 있지 않은 절대적 존재라는 것 또한 잘 알려져 있다. 이것은 그리스도교, 유대교, 이슬람교, 이 세 유일신 종교와 그 밖의 다른 종교에서도 꽤나 일관된 가르침

---

16 근본주의 문제와 관련된 여러 가지 오해에 대해서는 다음을 참고하라.
R. S. Appleby and M. E. Marty, "Fundamentalism", *Foreign Policy* 128, (Jan-Feb, 2002).

이다.

더 나아가 물론 그리스도인들은 성 삼위로 계시는 유일신을 인정하고 믿고자 하지만, 어쨌든 모든 유일신 종교의 고백처럼, 신은 하나다. 이것은 유일신 종교의 신자들이 적어도 '변함없고 완전하고 유일한 신' 개념을 가지고 있으리라는 것을 의미한다. 한 종교의 신자들의 인식이 다른 신앙 공동체에 속한 신자들의 인식과 다른 것은, 신의 "피조물"로서 그리고 세상의 "관찰자"로서 우리가 당연히 서로 다를 수밖에 없다는 사실 이외의 다른 것을 의미하지는 않는다. 달리 말해, 인간 존재로서 그리고 종교 신앙인으로서 우리의 인식은 본질적으로, (만약 우리가 이런 방식으로 진정 신에 대해 말할 수 있다면) 관찰되는 대상/물자체(object/Subject)가 아니라 관찰자로서의 우리의 조건에 의해 결정된다. 의견의 다양성은 유일신의 상대성 혹은 신의 창조에서 비롯되는 것이 아니라, 문화적 종교적 다양성과 우리 인간 이성의 한계에서 비롯된다.

신과 우리의 본성에 관한 이 근본적인 진리의 고백은 우리로 하여금 우리의 무지와 관련하여 "우리가 아는 유일한 것은 우리가 아무것도 모른다는 것이다!"라는 소크라테스의 금언을 인정하게 만든다. 달리 말해, 절대적 가치에 대해 말할 때, 우리는 우리의 지적 능력과 경험을 뛰어넘는 어떤 진리에 직면하고 있다는 사실을 겸손하게 인정한다. 우리는 이성적 논쟁과 논리적 토론을 뛰어넘는 진리들을 마주한다. 이 겸손한 인정의 직접적인 결과로, 다시 말해 우리가 유일하게 흠숭하는 유일신에 관한 진리에 있어서 우리가 짊어져야하는 책임의 직접적인 결과로, 우리는 다른 사람들의 관점에 대하여 적어도 개방되고 관대해야 한다. 신에 관한 진리 앞에서 타인들과 관계할 때, 우리는 오직 신의 초월적 존재와 그분의 범접할 수 없는 현존 앞에서의 완전한 침묵 안에서만 하나로 연합될 수 있다. 신에 관한 언술 혹은 정의는, 그것이 비록 가장 완벽하고 가장 설득력 있는 것이라 해도, 언제나 이해할 수 없고 정의될 수 없고 규정될 수 없는 그 신성을 충만하게 담을 수도 다가갈 수도 없다. 세 번째 하늘에 들려 올라갔던 성 바울로였지만, 그는 고린토 교회에 보낸 편지에 이렇게 썼다. "우리가 지금은 거울에 비추어보듯이 희미하게 보지만 그 때에 가서는 얼굴을 맞대고 볼 것입니다."(I 고린토 13:12)

정치적 실천에서의 아포파시스(부정) 신학

우리는 신의 내적 존재 혹은 신의 본질을 알지 못한다. 우리는 신의 본질을 결코 알 수 없다. 이것은 영원히 우리를 벗어난다. 신에 관한 그 어떤 확실성도 위험하다. 그것은 한 문화의 담론을 극단화하고 문화적 분열을 더욱 깊게 만든다. 우리는 유대교 근본주의나 그리스도교 근본주의와 마찬가지로 이슬람교 근본주의와 대화할 수 없다. 신에 관한 그들의 확신은 모든 보편적 담론들, 모든 종교적 토론을 거의 불가능하게 만든다. 그것의 대안은 겸손한 참여와 절제된 토론일 것이다. 그것은 다른 인간존재를 향한 매우 마땅한 존경만 아니라 모든 확신과 이해

너머에 계시는 신께 합당한 응답의 표현이다. 더 나아가 그것은 자신의 한계와 불완전함을 받아들이는 것이란 점에서, 자기 자신에 대한 합당한 존중을 반영한다.

그리스도인 중에는, 진리의 충만을 장황하게 설명하는 교리로, 혹은 신의 충만한 현존을 표현하는 교회의 성사적 삶으로, 혹은 완전하게 내밀한 신 경험을 가진 성인들의 신비로운 증언으로, 급하게 대답하려는 경향을 가진 이도 있을 것이다. 물론 내가 자라왔고 종교 지도자로서 책임져야하는 전통에 속한 것임에도, 이런 응답들은 유대교인 혹은 무슬림 등과 같은 다른 이들과 소통할 때 요구받는 차원은 분명 아니다. 신은 그 정의와 본성에 있어서 인간의 모든 이해와 인식을 뛰어넘는다. 그렇지 않다면 신은 더 이상 신이 아닐 것이다. 이것이 바로 4세기 니싸의 그레고리오스, 14세기 그레고리오스 팔라마스와 같은 위대한 신학자와 신비가들의 가르침이다. 이 두 교부는 신의 근본적 초월성과 신의 상대적 내재성을 강조했다. 신은 알 수 없는 분이시면서 동시에 깊이 알려지신다. 신은 볼 수 없는 분임과 동시에 인격적으로 다가갈 수 있는 분이시다. 신은 멀리 계시지만 동시에 강렬하고도 친밀하게 현존하신다. 무한하신 신은 이렇게 세상과의 관계 안에서 참으로 긴밀하시다.

신 안에는 우리가 충만하게 알 수 없는, 도달할 수 없는 무언가가 항상 있다. 신은 인간의 모든 능력과 범주 너머에 계신다. 반대로 인간 본성은 항상, 약함, 한계, 불확실, 불완전을 포함할 것이다. 이 확신은 우리에게 자유의 공간을 열어준다. 그 안에서 우리는 우리 무슬림 형제자매들, 우리 유대교 동료들과 한 자리에 앉아서, 어떻게 하면 함께 평화와 조화 안에서 살아갈 수 있을지 그 최선의 길을 결정해 나갈 수 있다. 우리 모두는 사랑이 율법을 능가하고, 신비가 교리를 초월하며, 실천이 이론을 뛰어넘는다는 것을 알고 있다. 참되고 겸손한 신앙은 다른 신앙인에게 관대할 것이다. 그것은 다른 신앙인에게서 위협을 느끼지 않을 것이다. 오히려 자유롭게 두려움 없이 다른 종교인을 품을 것이다.

결국 세 유일신 종교가 존중하는 구약 성경의 출애굽기 또한 "나의 얼굴만은 보지 못한다. 나를 보고 나서 사는 사람이 없다."(33:20)고 증언함으로써 이 아포파시스 신학의 진리를 계시해준다. 여기서 성경의 언어는 은유적이고 상징적이다. 그것의 목적은 신의 신비를 흩어버리려는 것이 아니라 보존하려는 것이다. 그 의도는 신의 초월성 앞에서 기도하게 하려는 것이지, 그것을 거부하게 하려는 것이 아니다. 신은 "존재하시는 신이시다."(출애굽 3:14) 신의 얼굴은 신비 안에 가려진다. 그래서 우리는 신은 "존재하시는 분"이라고 밖에 고백할 수 없다.(판관기 13:15 이하) 우리는 신이 누구신가 결코 정의할 수 없다. 아무도 우리와 닮은 신을 상상할 수 없다. 그런 신이라는 "인간의 모습을 가진" 신일 것이다. 어린 아이라면 신을 그렇게 배울 수도 있겠지만, 신에 대한 이해는 계속해서 심화되어야 한다. 신은 결코 충만하게 파악되거나 다 알 수 없기 때문이다. "살아계신 신의 얼굴"은 신의 참된 본성을 의미한다. 이것은, 비록 사랑, 정의, 평화와 같이 신이 세상에 자신을 드러내는 방식에 따라 신을 알 수는 있지만, 살아 있는 사람이라면 어느 누구도 신을 그 자체로 알 수는 없다는 것을 의미한다. 정교회 신학에서 신의 "에너지들"이라고 부르는 이런 신적 행위를 통해 신을 아는 것조차도, 우리는 제한된 방식으로만, 그래서 필연적으로 서로 다르게 신을 알게 된다. 사실, 우리 자신과 신에 대해 솔직하다면, 신에 대한 우리의 이해를 우리의 조건에 꿰맞추고, 또 우리의 편견과 정념으로 인해 불완전하고 제한된 지식들을 그것에 뒤섞어버리는 순간들이 있음을, 우리는 인정해야 한다. 고대 그리스인들은 이 투사의 개념을 이해하고 있었고, 초대 그리스 교부들은 그것을 우상의 창조와 숭배로 규정했다.

어쨌든, 우리의 신 이해에 대한 이 투사의 현실조차도 인간 존재의 타고난 연약함을 생각할 때 이해할만 하다. 하지만 우리의 불완전한 인격과 정념이라는 프리즘을 통해 굴절되고 심지어 왜곡된 이미지, 신에 대해 우리가 가지고 있는 그 이미지를, 마치 신에 대한 유일하게 절대적인 진리인양 타인에게 강요하려는 욕망은 받아들일 수 없다. 이런 식으로 이해된 "신"은 십자가와 초승달을 대립시켜 근본주의와 광신주의를 부추기고 축복하도록 사람들을 조종하고 지시하는 것이 될 수도 있다.[17] 꾸

---

[17] 광신주의를 의미하는 fanaticism은 라틴어 fanaticus에서 온 것으로, "신에 의해 영감 받은"이라는 의미이다. 살인자를 의미하는 assassin은 십자군 원정 때 그리스도인들을 공격하라는 무슬림의 명령을 일컫는 아랍어에서 비롯되었다. 습관적으로 극단주의와 등치시키는 이 단어들이 종교적 기원과 맥락으로 소급될 수 있다는 사실 자체가 참으로 유감스러운 일이다.

란도 이것을 인정한다. "신으로부터 온 것이 아니거늘 그들은 잘 알고 있으면서 신에 대해 거짓말을 하더라."(3, 78)

이슬람교에서 여러 가지 신의 이름은, 우리와 마찬가지로 살아계신 사랑의 신께 순복하는 무슬림 신앙인들과의 만남에서 분명 또 다른 지점을 제공해준다. 실제로 정확하게 상응하는 것은 아닐지라도, 이슬람교에서의 다양하고도 경이로운 신의 이름들은 그리스도교에서 신에게 귀속시킨 이름들, 특별히 정교회의 신학 전례 전통에서 매우 강렬하게 보존되어온 신의 이름들과 흡사하다.[18] 이 두 종교는 신을 자비로우시고 연민이 많으시고 거룩하신 분이라 묘사한다. 이 두 종교는 신을 창조주, 임금, 평화를 주시는 분, 고쳐주시는 분이라 부른다. 이 두 종교는 용서해주시고 공급해주시고 심판하시는 분으로서의 신께 기도한다. 이 두 종교는 신을 처음이자 마지막이신 분, 또한 빛나시면서 동시에 감춰지신 분으로 본다. 어쨌든 이 모든 유사성을 뛰어넘어 어떤 이들은 너무 성급하게 많은 대조와 차이를 추가하겠지만, 이 두 종교의 여러 신의 이름들은 한 가지 중요한 진리를 강조한다. 그것은 신의 이름들이 만남과 신비의 능력을 반영한다는 것이다. 그 이름들은 신과 세상 사이의 인격적인 관계

---

18 이슬람교에서의 신의 이름에 대해서는 다음을 보라. M. R. Bawa Muhaiyaddeen, Asma'ul Husna, *The 99 Beautiful Names of Allah*, Philadelphia, Fellowship, 1979. 정교회 전통과 관련해서는 성 요한 크리소스토모스 성찬예배서와 성 대 바실리오스 성찬예배서를 보라. 특별히 후자는 신을 "시작이 없으시고, 볼 수 없으며, 이해할 수 없고, 묘사할 수 없고, 변함이 없으신" 분으로 본다.

를 드러내준다. 신이 사랑과 용서를 통해 먼저 시작하시고 지탱하시는 관계를 말이다. 더 나아가 그 이름들은 특별히 구약성경의 백성에 의해 보존된, 신의 궁극적인 불가해성을 숨긴다. 그러므로 비록 힘 있고 인격적이지만, 이 이름들은 이름 없이 머무시는 신에 대한 은유요 상징이다. 역사 속의 많은 신비가들은 바로 이 진리를 알고 있었다.

이렇게 위대한 유일신 종교들은 신의 이름 혹은 다양한 이름들에서만 서로 사이가 좋은 것이 아니다. 더 근본적으로는, 신께는 궁극적인 이름이 없다는 고백에서 더욱 일치한다. 이름들 그 자체의 정확한 함의에 대해 일치하지 않을 수도 있지만, 모든 이름과 모든 지식을 초월하는 신의 신비에 대해서는 일치하기 때문이다. 더 간단히 말해 유대인, 그리스도인, 무슬림은 우리가 신에 대해 희미하게 알고 있는 부분적 진리에 대해서는 불일치하나, 절대적 진리는 알려질 수도, 포괄될 수도, 완전히 다 파헤쳐질 수도 없다는 사실에 대한 인식 안에서는 서로 가깝다.

종교의 역할

이 신앙에 대한 우리의 의식 정도와 무관하게, 신 앞에서 또 우리 신앙의 가르침과 전통 앞에서 책임이 있는 종교 지도자인 우리는, 신의 뜻을 대신하려는 개인적이고 일시적인 감정을 의식적으로 거부해야 할 의무가 있다. 동시에 그럼에도 우리는, 겸손하게 다른 이들의 여정에 간섭하지 않으면서, 그들로 하여금 그들이 이해하고 있는 신의 뜻에 따라, 그들 고유의 방식과 길을 따라 신을 향해 걸어갈 수 있도록 깊이 있는 상호 존중을 나타내 보일 의무가 있다. 다른 이의 종교적 여정과 신념에 대한 이런 깊은 상호 존중은 우리 각자의 근본적인 책무이다. 또한 그것은 민족들이 서로 평화롭게 환대하며 공존함에 있어서 기본이 되는 전제이다.

유일신 종교들의 경전 어디에도, 신이 힘과 강요 혹은 속임수로 개종시키는 것을 기뻐한다는 증거를 찾을 수 없다. 실제로 신이 사람을 강제로 신의 뜻 혹은 신의 길로 이끈다는 증거는 없다. 반대로 이미 확인해 보았듯이, 적어도 유대-그리스도교 경전의 사상은, 인간 존재는 신의 형상을 따라 닮아갈 수 있도록, 인격적인 자유라는 신적 특징을 갖춘 존재로 창조되었다는 것이다. 신이 한편으론 인간에게 이 자유 의지를 주면서 또 한편으로는 이 자유를 제한한다는 것은 분명 역설이요 모순일 수 있다. 이런 까닭에, 그리스도교, 유대교, 이슬람교라는 세 유일신 종교의 가르침은, 세속화된 현대 서방 사회가 종교적 양심의 불가침성과 관련된 자유의지의 표현과 증진을 하나의 문화적 성취로 치켜세우는 것을 본질적으로 공유 공감한다. 그리고 그것들은 실제로 이 종교들로부터 비롯된 것이기도 하다. 이것은 종교간 만남과 대화의 바탕이 된다.

이 종교들에 속한 사람들의 개인적 만남, 혹은 더 특별하게 모세처럼 신의 참된 얼굴을 만나길 염원하는 이들 사이의 토론은 아브라함과 이삭과 야곱의 신께 온전히 합당하고 유일한 길이다. 꾸란에 따르면 "진리는 신으로부터 흘러나오고"(3, 60) 각자 최선을 다해 신을 사랑하는 이들에게 계시된다. 간단히 말해 신은 먼저, 각기 다른 여러 가지 방법으로, 우리와, 인류와 그리고 세상과 대화를 시작하기로 선택하셨다. 게다가 신은 오직 한 가지, "우리 각자의" 마음이 대화를 향해 열리기만을 기다리신다. 신은 결코 "다른 사람의" 마음을 열라고 요구하지 않으신다.

더 나아가 우리 각자는 신앙에 대해, 우리 전통 안에 있는 경험에 대한 설명뿐 아니라 "우리가 간직하고 있는 희망에 대해서 설명을 듣고 싶어 하는 사람들에게는 언제라도 답변하라고"(I 베드로 3:15) 요청받는다. 다시 한 번 우리는 꾸란에서 읽는다. "진리가 신으로부터 이르렀으니 원하는 자로 하여금 믿게 할 것이요 그렇지 아니한 자 불신토록 두라."(18, 29) 동일한 자유가 복음서에서도 확인된다. 그리스도는 여러 번에 걸쳐 말씀하신다. "나를 따르려는 사람은 누구든지 자기를 버리고 제 십자가를 지고 따라야 한다."(마태오 16:24)[19] "한 처음에 주님께서 인간을 만드셨을 때 인간에게 자유의지를 갖도록 하셨다. 네가 마음만 먹으면 계명을 지킬 수 있으며 주님께 충실하고 않고는 너에게 달려 있다."(집회서 15:14-15) 어떻게 우리가 이 성경 말씀들을 무시하고 뒤집어서 타인들에게 우리의 신앙을 강요할 수 있겠는가? 인종주의와 편견은 인간의 선택이다. 그것은 신앙의 확신에서 온 것도

---

19 또한 마르코 8:34와 루카 9:23을 보라.

아니고 역사적 정당성을 가진 것도 아니다. 신자로서 우리는 증오 혹은 사랑, 인종주의 혹은 공존, 전쟁 혹은 평화 등 우리의 선택에 맡겨진 것을 선택하고 결정해야 한다.

마지막으로 세 유일신 종교는 그들 모두의 선조인 족장 아브라함을 본받는 것을 공통의 유산으로 삼아야 한다. 마므레 상수리 나무 아래 앉아있던 아브라함은 세 명의 낯선 나그네의 방문을 받는다.(창세기 18장, 히브리 13:2) 그는 그들을 자신의 소유에 대한 위험이나 위협으로 여기지 않았다. 그는 오히려 그들을 극진히 환대하여 함께 우정을 쌓고 양식을 나누었다. 정교회의 영적 전통과 성서 해석 전통에 따르면, 이 광경은 성 삼위 하느님을 상징하는 세 천사의 영접으로 해석된다. 사실 정교회에서 친교의 신이신 성 삼위 하느님에 대한 유일하게 참된 이콘은 팔레스타인 들판에서 일어난 이 만남의 장면을 표상한 이콘이다. 이 사심 없는 환대의 결과, 아브라함은 불가능해 보이는 것, 다시 말해 불임의 대지에서 이 사랑의 씨앗이 대대로 크게 번성할 것이라는 약속을 받았다. 서로 다른 다양한 종교적 신념의 소유자들로서 대화하고 협력하려는 우리의 의지가 평화로운 세상에서 온 인류가 공존하는, 이 불가능할 것만 같은 기적을 가져올 수 있으리라고 희망하는 것이 과연 지나친 것인가?

더 나아가 전통적으로 이콘 작가들은 아브라함의 환대를 그린 정교회의 이콘에서 식탁의 세 면 각각에 세 천사 손님을 그려 넣고 나머지 네 번째 면은 비워둔다. 이콘은 이렇게 해서 우리 각자에게 열려 있는 초대를 형상화한다. 우리는 이 낯선 손님들과 함께 식탁에 앉지 않겠는가? 우리 세상이 지속적으로 살아있게 하기 위해, 우리 자녀들에게 평화로운 미래를 주기 위해, 우리의 편견들과 우리의 교만을 버리고 이 식탁에 앉지 않으려는가? 아브라함의 환대 이콘은, 우리가 다른 이들을 아무런 거리낌도 의심도 없이 환대할 때 우리와 함께 계시는 신의 현존을 강력하게 상징한다. 그것은 만남과 친교의 형상이다. 그것은 종교적 관용의 이콘이다. 낯선 이들에 대한 공포, 외국인 혐오와는 반대되는 형상인 것이다.

인종주의와 외국인 혐오

정교회의 관점에서, 문화적 다양성의 존중과 종교적 관용의 덕은, 마치 태양 빛과 물이 식물을 자라게 하듯이, 삶의 근본적인 요소들이다. 이 두 가지 덕이 없으면, 양식도 있을 수 없다. 그것은 영적인 결핍이다. 정교 그리스도인은, 오직 다양성 안에서만 참으로 드러날 수 있는 아름다움과 의미의 무한한 다양성을 만끽하며 하느님의 온 피조세계의 다양성을 찬미한다. 우리는 교회를 이렇게 본다. 세상 또한 이런 관점으로 이해한다. 그러한 다양성은 연합되고 평화로운 세상의 전제조건이다. 그것은 교회의 다양한 구성원 사이에 일치와 연합이 있는 것과 같다. 다양성의 가치를 무시하는 것은 실상 하느님의 피조세계의 영광을 감소시키는 것이다. 정교회의 신학적 세계관에 따르면, 다양성은 하느님이 성 삼위 하느님으로 존재하신다는 인식, 다시 말해 친교의 하느님, 그리고 이 친교의 표현으로 생명을 수여하시는 분이라는 인식에 기초한다. 종교, 인종, 종족, 피부색, 신앙, 성별을 불문하고, 모든 인간존재는 하느님의 살아있는 유일한 이콘들이다. 모든 인간 존재가 하느님에게서 비롯되는 이 존중과 존귀를 누림에 있어서 동등하다. 이 존중과 존귀를 평가 절하하거나 소홀히 여기는 모든 태도와 행위는 창조주 하느님에 대한 모욕이다.

전 세계에 걸쳐, 정교 그리스도인들은 다른 종교, 다른 그리스도교파의 백성들과 함께 나란히 살아간다. 적어도 5세기 이상 동안 이것이 그들의 현실이었고 역사였다. 하지만 기술의 급속한 발전, 통신과 교통수단의 획기적인 진보와 함께, 우리는 점점 더 거리와 배타적 국경의 독재로부터 자유로워졌다. 오늘날 모든 사람은, 세상과 역사와 문화에 대한 다양한 관점들을 대표하는 새로운 이웃들과 함께 지구촌 주민으로 살아간다. 특별히 다원주의의 현실은 이 지구촌의 모든 사람으로 하여금 서로 다른 세계관과 전망들에 비추어 관용의 정신을 더욱 증진시키면서 자기 신앙의 가르침들을 비판적으로 숙고하도록 도전한다. 열린 대화와 상호 존중의 정신으로 살아가는 법을 배우는 것은 공동체로 살아가는 자질을 획득함에 있어서 굳건한 토대이다. 그것은 만남의 신비이다. 그것은 또한 더불어 살아가는 예술이다.

존중과 관용의 관점 반대편에는 공포와 바리사이파주의의 관점이 있다. 근본주의와 인종주의가 바로 그것이다. 공포와 바리사이파의 정신에 입각하여 타인들의 신념과 관점에 반응하는 사람들은 하느님이 주신 권리뿐만 아니라 모든 사람이 자신의 정체성과 전통에 따라 하느님을 알고 서로를 알아갈 자유를 침해하게 된다. 불행하게도 우리 중 많은 이들이 너무도 쉽게 공포와 바리사이파 정신에 기초하여 타인들을 생각하는 경향이 있다. 그런 경향은 외국인 혐오, 그리스어로 '크세노포비아'(ξενοφοβία)라 규정될 수 있다. 이것은 타인에 대한 근거 없는 의심을 포함한다. 성경에 나오는 외국인 혐오의 첫 번째 예는 아마도 창세기에 나오는 아담으로, 그는 자신의 창조주이신 하느님과의 내밀한 친교를 떠났다. 그것은 일종의 분리요 소외였다. 사람들은 하느님의 품 안에 있을 때는 타인을 두려운 낯선 사람이 아니라 사랑해야할 형제요 자매로 본다.

정교회의 중심이 되는 가르침 중 하나는, 그리스도교를 비롯한 모든 종교가 모든 백성을 화해시키고 분열과 소외의 벽을 무너뜨리기 위해 적극적인 역할을 감당해야 한다는 신념이다. 이 확신은 "온 마음으로 하느님을 사랑하고 또 이웃을 너 자신처럼 사랑하라"는 계명을 주시고 설교하신 나사렛 예수 그리스도 자신과 옛날 예언자들의 가르침에 기초하고 있다.(마태오 22: 37, 39 신명기 6:5, 레위기 19:18) 이 화해의 사역은 참된 관용을 통해서만 개시되고 지속될 수 있다. 이 관용의 정신은 쌍을 이루는 덕인 다양성의 존중과 함께, 세상을 향하신 하느님의 사랑을 반영한다. 이 임무로 부름 받은 것은 단지 종교만이 아니다. 사회적, 국제적 혹은 정치적 특징을 지닌 모든 기관과 단체가 정의를 추구하고 사회의 행복을 증진시키는 일에 매진해야 하고, 하느님이 기뻐하시는 일을 수행해야 한다.

환대와 성경

초대 그리스도인들을 규정했던 특징이기도 했고 오늘날까지 수도생활의 진정한 가치 중 우선적인 위치를 차지하고 있는 환대의 덕을 우리는 다 잊어버린 것만 같다. 정교회 수도원 혹은 참으로 수도 생활의 이상을 구현하고 있는 수도원을 방문한 사람이라면 누구나, 수도원에 들어설 때나 또 그 안에서 머무는 동안 넘치는 사랑과 환대에 감동받을 것이다. 현대 도시에서의 삶과 세속화된 도시 환경은 고립뿐만 아니라, 이방인으로만 여겨지는 타인에 대한 의심을 증가시킨다.

우리는 이미 아브라함의 예를 통해 하느님의 자비와 연민에 직접적으로 연결되는 그의 환대의 중요성을 살펴보았다. 하지만 성경은 다른 여러 곳에서도(레위기 19:33-34, 시편 146:9) 환대의 중요성을 강조한다. 실제로 성경은 "너희도 한때는 이집트 땅에서 떠돌이 신세였으니, 너희도 또한 떠도는 사람을 사랑해야 한다."(신명기 10:19)라고 말함으로써, 낯선 이를 우리 각자와 동일시한다. 우리가 자신을 이방인과 동일시한다면, 우리 자신을 한 사람의 이주자와 피난민과 동일시한다면, 우리는 어떤 거리낌이나 의심도 없이 그런 사람을 영접할 것이다. 그래서 2세기 『디오그네토스에게 보내는 편지』라는 익명의 한 저작은 그리스도인들은 하느님 나라를 추구하면서도 그들이 있는 곳 어디서나 자기 집처럼 편안함을 느낀다고 강조한다.

궁극적으로, 적어도 그리스도인들에게는, 타인을 영접하고 품는 것은 곧 그리스도를 만나고 받아들이는 것이다.(마태오 25:34-45) 예수는 나그네를 보살폈다.(루가 17:18) 그는 사마리아 여인과 대화를 나누었다. 그는 선한 사마리아 사람의 비유에서 나그네였던 사마리아인을 따라야 할 모범으로 제시한다. "너희도 가서 그렇게 하여라."(루가 10:37) 이것은 이 세상과 다가올 세상에서 우리가 얻게 될 운명이 우리가 이방인을 대하는 방식에 달려있음을 의미한다. '이방인'을 의미하는 그리스어 '크세노스'(ξένος)는 '손님'을 의미하는 말이기도 하다. 하지만 이것은 과연 우리 마음속에 잘 반영되고 있는가? 특별히 우리의 행동은 이와 관련해서 어떠한가? 아니면 우리는 오히려 더 분열시키고 고립시키는 경향에 속해 있는가? 우리는 오히려 낯선 이들을 적이나 악과 동일시하고 있지는 않는가?

총대주교청과 인종주의

내가 이런 방식으로 말할 수 있는 것은, 세계총대주교청이 하나의 민족적인 기구가 아니기 때문이다. 세계총대주교청은 그리스 정교회 혹은 내가 머물고 있고, 전통적으로 총대주교청이 위치해 온 터키 정교회 등과 같이, 특별한 하나의 민족교회, 혹은 지역 교회를 대표하지 않는다. 세계총대주교청은 민족을 초월하는 영적 기관이다. 그것은 세속적 권위의 추구나, 전 세계의 관할권 등으로 규정되지 않는다. 오히려 그것은 다양한 민족의 신자들을 포함하고 있고, 모두를 향해 친절하고 공평한 태도를 지닌다. 더 나아가 세계총대주교청은 다양한 종교적 신념을 가진 이웃들, 특별히 무슬림들을 존중함으로써, 고유한 방식으로 종교적 관용을 증명해보이고 있다. 광신주의 혹은 다양한 종교와 인종에 대한 어떤 편견의 요소도 찾아볼 수 없이, 우리는 수세기 동안 하느님의 형상대로 창조된 각 인간 존재를 존귀하게 여기는 정신 안에서 평화롭게 함께 살아왔다.

더 나아가 세계총대주교청은 언제나 모든 종류의 인종주의적 이데올로기에 맞서왔고 계속해서 그리할 것이다. 유럽과 그 외 지역에서, 다양한 국수주의 이론, 범슬라브주의, 범게르만주의, 범민족주의 등과 같은 대중 운동 속에 반영된 민족주의가 횡행하던 시대에, 세계총대주교청은 1872년 주교회의(혹은 공의회) 결정을 통해 공식적으로 민족주의와 인종주의를 단죄했고, 지금까지도 그런 입장을 취하고 있다. 반대로 19세기의 민족주의 운동은 전 세계적으로, 민족주의적 분리와 충돌을 위해 복음의 일치 메시지는 포기해버린 채 협소한 민족주의적 근거들에 의해 규정된 그리스도 교회들의 창조로 이어졌다. 정교회도 여기서 예외는 아니었다.[20]

그보다 3세기 전(前), 세계총대주교 메트로파니스 3세(1565-1572, 1575-1580)는 그의 관할 주교구 중 하나인 크레타 섬에서 반유태주의적 태도들과 충돌하였다. 1560년대 말, 베네치아인들의 지배아래 있었던 그 섬의 유대인 거주자들은, 일부 정교 그

---

20 7장의 "신앙과 자유"를 보라.

리스도인들을 비롯한 섬사람들의 부당한 대우와 박해에 대해 탄원했다. 총대주교는 1568는 매우 엄정한 회칙을 반포하여 이에 답했다. 회칙은 종교를 빌미로 사람들을 부당하게 대우하는 일에 개입된 모든 정교 그리스도인을 단죄하고 심지어 출교한다고 선언했고 "다른 신앙에 속한 백성을 차별하고 학대하지 말아야함"의 중요성을 강조했다.

몇 세기 전, 서방 교회 권력이 모든 민족의 라틴화를 추진했던 것과는 달리, 세계총대주교청은 성 키릴로스(820-869)와 성 메토디오스(815-885)를 선교사로 보냈고, 그들은 조금도 주저하지 않고 슬라브 백성을 위해 특별한 알파벳을 창제했다. 슬라브족들의 사도인 이 두 선교사 성인은 전례서적의 번역에 착수했고, 그리스적인 것과는 다른, 그 자신의 고유한 영성과 전통을 가진 새로운 문명의 발현을 고무했다. 이 두 형제 성인은 라틴 선교사, 게르만 선교사들의 거센 반대에도 불구하고 이 모든 것을 수행했지만, 서방 선교사들은 선교 확장이 오직 편협한 종교적 방식만을 따라서, 그것도 히브리어, 라틴어, 그리스어 이 세 가지 거룩한 언어로만 전개되어야 한다고 주장했다. 키릴로스와 메토디오스는 법전과 그 밖의 근본적인 문헌들을 번역함으로써 대중의 삶을 변화시키려고 애썼다. 하느님의 성령은 성당의 사방의 벽 안에 갇힌 단순하고 경건한 표현들로 국한될 수 없음을 그들을 이해하고 있었다. 가장 사랑받는 러시아 성인인 사로브의 세라핌(1759-1833), 『카라마조프가(家)의 형제들』의 저자요 세계에서 가장 주목받는 소설가 중 하나인 표도르 도스토예프스키(1821-1881) 등의 인물이 바로 이 슬라브 문명에서 나왔다.

민족주의적 경향들은 분명 정교회 안에도 존속해왔고 계속 존재한다. 실제로 최근세기 그것은 정교회의 발전에 재앙과도 같았다. 그리고 그것은 여전히 정교 영성과 경험의 규범이 되지 못한다. 1976년 제네바에서 열린 범정교회 공의회 준비 4차 컨퍼런스는, 인종주의에 대한 가장 최근의 공식 표현으로 간주될 수 있는 문서를 발표하여, 정교회가 전 세계에서 평화와 자유와 화해와 사랑을 유지하고 인종적 차별을 없애버리는 데 기여하고자 하는 열망을 표현했다. 세계총대주교청에 의해 조직되고 주재된 이 범정교회 컨퍼런스는 인종주의를 종교 간의 협력으로 대체하여 모든 형태의 광신주의를 철폐하자고 호소했다. 그런 극단적인 인종주의는 의심의 여지없이 종교적 광신주의와 근본주의를 낳기 때문이다.

이렇게 세계총대주교청에서 우리는 이방인들을 두려워하지 않고 오히려 그들을 사랑한다. 수 세기 동안 우리는 "나그네 대접을 소홀히 하지 말라."(히브리 13:2)는 사도 바울로의 말씀을 우리의 일상 속에서 실천하며 살았다. 상식과 공감의 능력을 지닌 사람이라면 모두가 받아들일 관점에 따라, 종교적 신념을 불문하고 모든 사람이 하느님의 법 앞에서나 시민법 앞에서나 평등하다고 우리는 계속 주장한다. 기회가 있을 때마다 우리는 소수종교의 권리, 특별히 예배의 권리와 교육의 권리가 제대로 존중되어야 한다고 강조한다. 무엇보다 우리 교회의 명칭에 따라다니는 '세계'(Ecumenical)라는 단어야말로 '이쿠메니'(οἰκουμένη)에 살

고 있는 모든 백성을 평등하고 똑같이 환영받는 존재로 받아들이고 있음을 증명해준다.[21]

성 사도 바울로는 그 자신이 유대인 출신이고 또 유대교와 그리스 교육을 다 받은 사람으로서 다음과 같이 간결한 방식으로 이 목표를 선언했다.

> 유다인이나 그리스인이나, 종이나 자유인이나, 남자나 여자나 아무런 차별이 없습니다. 그리스도 예수 안에서 여러분은 모두 한 몸을 이루었기 때문입니다.(갈라디아 3:28)

노예제가 존재했었고, 여성을 심각하게 차별했던 시대, 한 민족(유대인)은 스스로 하느님의 선택받은 백성이라고 믿었고 또 다른 민족(로마인)은 전 세계적 패권을 행사하고 있던 그런 시대에, 이 말씀은 참으로 강력하고도 혁명적인 것이었다. 바울로의 말씀은 종교적 관용과 평화적 공존을 위해서도 필수적이다.

종교와 정치

종교는 서방 사회의 원천이요 영원한 영적 유산이다. 이 점과 관련하여, 제한을 추구하든, 유연화를 격려하든, 그 발전을 비판하든, 종교는 항상 옛것과 새것의 대화와 만남의 중심에 있다.[22]

---

21 '세계'(Ecumenical)라는 용어는 6세기에 확립되었다. 1장 "역사적 전망들"을 참고하라.
22 참고. P. Berger, *The Desecularization of the World : Resurgent Religion and World Politics*, (Grand Rapids (Michigan) : B. Eerdmans Publishing Co., 1999).

오늘날 종교는 더 이상 과거에 집착할 수도, 현대사회와 분리될 수도 없다. 그것은 현대 사회의 이념들과, 민주주의의 조건들에 대한 경청과 밀접하게 결합되어야 하고, 현대의 권리 이론을 세밀하게 알고 있어야 하며, 모든 곳에서 시민의 삶 속에 개입해야 한다.

현대 사회에서 종교의 역할을 논하는 것은 이미 철지난 일이다. 이미 극복된 이데올로기로서 그것은 시민 사회의 참된 요구들에 더 이상 부합하지 못하는, 근거 없는 미신을 반영할 뿐이다. 여러 나라에서 교회와 국가의 합법적인 분리, 종교에 대한 정부의 독립성을 헌법으로 규정하는 것조차, 실상은 이 둘의 정체성과 통합성을 보존하기 위한 강력한 수단이었다. 마지막으로 그것은 종교의 지속성과 의미를 흔들려는 종교에 대한 이론적 파산 선고라기보다는 오히려 시민과 공동체의 종교의 자유를 보호하기 위한 방법이다. 혼돈의 시대에는 종교와 정치 사이에 분명한 분리선이 필요했을 수도 있지만, 오늘날 종교가 거부되거나 무시된다면, 그것은 민주주의 정치 시스템에 있어서 매우 안타까운 손실일 것이다. 종교적 가치도 종교 공동체도 결코 고립되어 존재하지 않는다. 반대로 그것들은 항상 사회정치적 맥락과 문화적 틀 안에 존재하고, 바로 그 안에서 역동성과 의미를 드러낸다.

교회와 국가, 성과 속 사이의 명백한 구별 혹은 분리가 다양한 방식으로 서방 그리스도교 유산으로부터 비롯되었고, 중세의 교황과 세속 군주 간의 권력 투쟁, 유럽의 18세기 계몽주의

등을 통해서 이뤄졌다. 하지만 동방 그리스도교에서 교회와 국가의 구별은 결코 그토록 분명하게 선언되거나 주장되지 않았다. 비잔티움에서는, 적어도 이상적인 차원에서, 이 둘 사이의 종합과 조화에 강조점이 찍혔다.[23]

그리스도교적 군주제라는 비잔틴의 이론은 분명 오늘날 본받거나 이상으로 여겨져야 할 무엇은 아니다. 하지만 비잔틴 사람들은 종교와 정치 사이의 상호작용을 인정해왔다. 그들은 그리스도교의 발전 전체에 있어서 밀라노 칙령(313년)으로부터 콘스탄티노플의 함락(1453년)에 이르기까지 거의 천 년 이상 존속되어 온, 교회와 국가 간의 아주 오래된 관계를 경험했다. 더욱이 이러한 경험을 '황제-교황주의'(caesaro-papist)로, 다시 말해 국가에 대한 교회의 종속으로 규정하고 단죄하는 것은, 옳지 않을 뿐만 아니라 지나친 단순화라 할 것이다. 비잔틴 제국의 모든 시기 동안, 교회와 국가 간의 관계에서 '황제-교황주의'가 사실 하나의 요소였다 해도, 그것은 유일하거나 결정적인 요소는 아니었다. 교회와 국가의 이 관계가 동일한 시공간 안에서 펼쳐지는 본성 때문에 명백한 부정적 결과들이 있었지만, 동방에서 제국의 간섭은 오늘날 우리에게 "교회의 거룩한 영역을 침범하는 세속 권력의 용납할 수 없는 간섭"으로 나타나곤 했던 것들과는 꽤나 다른 것이었다. "비잔티움에서 황제-교황주의는 인정된 원리가 되지 못했다. 오히려 신앙의 수많은 영웅들은 이단

---

[23] 유스티니아노스의 「신법(Nouvelle)」 6항. E. Barker(trad. et ed.), *Social and Political Thought in Byzantium*, (Oxford : Clarendon Press, 1957), p. 75-76.

적인 황제들과 싸웠다는 이유로 칭송받았다. 교회에서 우리는 발렌티오스 황제에게 굴복하지 않는 바실리오스 성인을, 콘스탄티오스 2세 치하에서 순교의 고통을 당한 막시모스 성인을, 그리고 8세기 이콘 파괴주의를 지지한 황제들에 반대한 수많은 수도사들을 찬양한다. 이 전례적 찬양들은 황제는 그리스도 신앙을 정의하는 것이 아니라 그것을 보호할 의미를 진다는 원리를 수호하기에 충분한다."[24]

최근 몇 년 동안, 1970년대 말 이란 혁명에서의 종교의 급격한 재출현은, 본질적으로 비폭력적인 종교 운동이 전통주의적인 종교 지도자에 의해 주도될 때, 그 종교는 사회 정치 개혁의 강력한 축이 될 수 있다는 사실을 전 세계 정치 지도자들에게 상기시켜 주었다. 세상에서 인구가 많기로 두 번째인 인도에서의 힌두교 민족주의의 약진은 또 하나의 예이다. 서방에서의 그리스도교 복음주의 운동의 약진 또한 유럽과 미국의 정치적 현실이 되었다. 현대 사상은 유럽 계몽주의의 근본적 메시지에 전적으로 동의하고 있기에, 어떻게 역사가 과학과 기술 이외의 것들에 의해 만들어져 갈 수 있는지를 바로 알아보는 것에 성공하지 못했다. 역으로, 종교는 본질적으로 퇴행적이고 시대에 뒤처

---

[24] J. Meyendorff, *Byzantin Theology : Historical Trends and Doctrinal Themes*, (London : Mowbrays, 1974), pp. 214-216 ; J. Meyendorff, *The Byzantine Legacy in the Orthodox Church*, (Crestwood, New York : St. Vladimir's Seminary Press, 1982), p. 43-66 ; F. Dvornik, *Early Christian and Byzantine Political Philosophy*, (Washington D.C. : Dumbarton Oaks Center for Byzantine Studies, 1966), p. 610-850.

진 것으로 인식되면서, 공적인 영역에서 사라져 사적이고 주변적인 것이 되었다.

이 불행스러운 태도는 종교가 종종 진보를 가로막거나 위협한다는 사실로부터 설명된다. 이런 시대정신은 경제적 세계화로만 규정되는 현대 사회 안에 도덕적인 공허를 만든다. 이 공허는 결국 비인간적 세계화나 종교적 극단주의로 채워진다. 하지만 종교는 공적인 공간에서 물러나서는 안 된다. 오히려 사회 정치적인 질문에, 특별히 가난과 전쟁 등의 문제에 응답하도록 초대되어야 한다. 종교는 인간의 고통과 환경의 파괴라는 도전에 응답하기 위해 시민 사회의 모든 활동가와 조직들과 밀접하게 협력하며 일해야 한다. 또한 종교는 인권이나 인종적 불관용 등의 문제와 관련된 미묘한 논쟁들에도 개입해야 한다.

사회 정치적 발전에서 종교의 중요한 역할을 제외시키거나 거부하는 것은 근시안적이고, 장기적으로는 편견의 원인이 될 수 있다. 실제로 종교적 원리들의 정당한 요구와 정치적 권위의 일관된 입장은, 현대 사회와 시민들의 삶에서 종교의 제도적 역할을 분명하게 헌법적으로 보장해야할 긴급한 필요에 있어서 일치한다. 한편으로 그것은 이미 역사에 의해 확인되었고 시간이 또한 확증해주는, 종교와 사회의 상호의존관계에 의해 요구된다. 다른 한편으로 그것은 현대의 문화 간 대화에서 종교가 차지하는 고유하고도 의미 있는 역할을 인정해온 미래지향적 민주주의의 정치적 현실주의에 의해 요구받는다. 더 나아가 모든 사람의 일상적 삶 속에 체화된 종교적 가치들을 통해 구체적으로 발현되는, 종교와 사회 간의 밀접하고 지워 없앨 수 없는 관계는, 모든 두려움 혹은 이 둘을 부당하게 뒤섞으려고 하는 모든 경향을 허구적인 것으로 만든다. 이것은 모든 문명의 공통된 문화적 유산, 특별히 종교가 본질적인 책임을 수용해왔고 사회를 풍요롭게 하는 역할을 감당해왔던 서방 문명의 유산임이 분명하다.

터키 모델

테러리스트 공격의 파괴적이고도 치명적인 결과에 대해 들었을 때, 나는 2002년 11월에 선출된 레제프 타이이프 에르도안 터키 수상의 말을 기억한다. 몇 년 전 이스탄불에서 그와 같은 비극적 테러 공격이 일어났을 때, 그는 이렇게 말했다.

> 나는 사람들이 한 입으로 테러리즘과 이슬람교를 동시에 언급하는 것을 참을 수 없다. … 책의 종교들은 생명을 파괴하는 것이 아니라 보호하길 원한다. 이슬람교 안에서, 인간 생명을 파괴하는 자는 하느님의 집을 파괴하는 자들과 같다.

이 말은 터키 이슬람교, 정교 분리 국가의 본질, 민주주의의 원리와 직통하는 하나의 태도를 드러낸다. 그의 말은 이슬람교와 관련하여 최근 유럽과 터키에서 일어나고 있는 깊은 변화를 반영한다.

오늘날 유럽 연합에는 적어도 1천 5백만의 무슬림이 있고,

그중 3백만은 터키인이다. 비록 그 역사와 문화가 유럽의 발전과 뒤얽혀있지만, 현대 터키는 몇 가지 커다란 도전 중 하나, 다시 말해 유럽 연합 가입 문제에 직면하고 있다. 터키는 무엇보다 계몽주의와 프랑스 혁명의 이상에 근접해있고 그것을 껴안기에 이른 유일한 무슬림 사회다. 오토만 제국에서 국가는 종교를 지배했고, 터키 이슬람교는 신비적 전통의 의미 있는 영향에 개방되어 있었다. 현대 민족 국가의 개념을 품은 터키는 계속해서 다양한 방식으로 이슬람교 정치라는 이데올로기에 저항해왔다. 이런 점에서 터키는 무슬림 국가 중 유일하다. 왜냐하면 터키는 항상 전통적인 터키 무슬림의 가치들과 시민사회의 시민적 가치들의 매우 깊은 조화를 누려왔기 때문이다. 간단히 말해, 터키는 "이슬람교적이지만 세속적"(Islamic but secular)인 것이 아니라 "이슬람교적이고 세속적"(Islamic and secular)인 국가다.

터키 모델은 이슬람교와 현대 세계의 상호작용이 필연적으로 충돌의 궤도 위에 있지만은 않음을 증명해준다. 이 둘은 서로 모순적이지도 서로 배타적이지도 않다. 무스타파 케말 아타튀르크(1881-1938)가 터키를 "보편적인 문명"이라고 불렀던 세계와 결합시키고자 했던 계획의 결과는 매우 인상적이고 강력했다. 터키 시민은 정부와 이슬람교가 결합되어 있는 여러 이웃 국가보다 더 많은 기회와 좋은 환경을 누리고 있다.

터키의 정교 분리적 이슬람교의 뿌리는 이 나라의 모든 사회적 층위로 깊이 관통한다. 터키인들은 정교 분리의 길로, 민주주의적인 미래로 나아가고 있다. 국가가 냉전의 도전 앞에서 이슬람교를 촉진시켰을 땐 갈등의 시간도 있었지만, 오늘날 이 나라가 바라는 것은 분명하고 모두의 동의를 얻고 있다. 그것은 유럽 연합의 일원이 되기 위해 코펜하겐의 기준들을 충족시키는 것이다. 터키가 진지하게 임하고 있고 유럽 연합에 가입하기 위해 노력중이라는 것은 의심의 여지가 없다.

    유럽 혹은 아메리카의 문화적 정체성인 서방 문명은 더 이상 순전히 지리적인 용어로만 혹은 특별한 하나의 역사와 하나의 문화라는 협소한 경계 안에서만 인식될 수는 없게 되었다. 그것은 인권, 종교의 자유, 사회적 관용, 법치 등과 같이, 전 세계 수많은 나라들이 공유하고 있는 근본적인 가치와 원리들이 결합된 보다 넓은 맥락 안에 위치하고 있다. 터키는 이 가치들에 쉽게 동의하고 또 밀접하게 동일화시킨다. 여러 번에 걸쳐, 터키는 종족의 차이 혹은 종교 신앙의 차이를 불문하고 모든 시민들에게 동등하게 이 가치와 원리들을 적용할 것을 다짐해 왔다. 터키에서 그리스도인, 무슬림, 유대인은 대부분 관용과 대화의 분위기 속에서 함께 살아가고 있다. 예를 들어, 10여 년 전, 페툴라 귈렌(1941년 생)은 이슬람교와 타종교가 대화하면서 지내는 것의 필요성을 신자들에게 가르치기 시작했다. 귈렌은 "부정적 감정들과 특징들이 사람들을 정복하여 그들을 자신의 지배하에 굴복시키고, 선과 친절로 이 백성을 인도하는 종교들조차 심지어 절대선의 원천인 감정들과 특징들까지 악용하는

지점에 이를 수도 있다"고 믿어 의심치 않았다.[25]

터키 이슬람교 모델은 종교적 압력이건 세속적 압력이건 국가에 의해 가해지는 그 어떤 강제도 없이, 모든 종교의 합법성, 선택의 자유의 합법성을 추구한다. 달리 말해, 터키 모델은, 현대 서방 세계에서 모든 종교가 누리는 것과 똑같은 위상과 권리를, 이슬람교 또한 이슬람교 사회 안에서 누리게 하는 것이다. 그것은 지하드와 십자군 개념과는 아주 멀리 떨어진 세계이다.

터키는, 정치적 요구들과의 오랜 투쟁과 민족주의의 발흥을 거치면서, 관용적이고 정교(政敎) 분리적인 자신의 현대적 정체성을 형성해왔다. 오늘날 이 정체성은 냉전 시대의 도래, 우리가 과거에 알고 있던 것과는 꽤나 상이한 새로운 정치 현실의 출현과 함께 다시 한 번 시험 당하고 있다. 우리 세계가 처해 있는 근본적으로 새로운 상황은 근본적으로 새로운 응답과 접근을 요구한다. 그리고 우리는 그것을 두려워할 필요가 없다. 몇몇 비평가들은 세계총대주교청과 내가 터키의 유럽 연합 가입을 지지하는 것에 대해 의심을 표한다. 그들은 그것을 우리 교회가 터키 국가에 굴복한 것으로 보기 때문이다. 이것은 진실이 아니다. 우리의 입장은 그 어떤 기준, 그 어떤 정치적 영향에 의해 부추겨진 것이 아니라, 영적인 관심에 입각한 것이다.

터키가 유럽 연합에 가입하는 것은 이 나라의 종교적 소수자들을 포함하여 모든 시민에게 유익할 것이라는 것이 나의 확

---

25 *Essays, Perspectives, Opinions*, (Somerset, New Jersey : The Light, 2002), p. 26.

고한 신념이다. 왜냐하면 다른 유럽 국가들의 원리를 받아들임으로써, 터키는 자신의 법제도에 상당하고도 근본적인 수정을 가해야 할 것이기 때문이다. 터키가 이 가입에 필요한 기준들을 충족시켰는지 판단하는 것은 우리의 소관이 아니지만, 우리는 터키가 유럽 연합의 회원국으로서 민주주의 원리에 부응하기 위해서 장차 밟아 나가야 할 필수적인 단계들을 제시해 보일 수 있다.

터키 특별히 이 터키적 모델이 유럽 연합과 결합되는 것은 문명의 충돌에 종지부를 찍고, 서방 세계와 무슬림 세계의 유익한 상호 협력의 구체적인 예와 강력한 상징을 제공해 줄 수 있다. 반대로 이것은 터키 총리가 언급했던 '책의 종교들'의 가치에 부합되는 유럽과 유럽적 이상들을 더욱 강화시킬 것이다.

우리는, 동과 서, 무슬림과 그리스도인, 세상 모든 종교, 세상의 모든 문화와 문명을 분리시킨 벽을 허무는, 인간 역사의 가장 큰 도전 앞에 서 있다. 이 독특하고도 예외적인 역사적 순간을 관리하면서, 우리는 거대한 분열 위에 하나의 다리를 놓아야 하고 우리의 공통된 인간 본성과 가치들을 인정하고자 하는 도전에 나서야 한다. 왜냐하면 이것이야말로 의심의 여지없이 하느님이 구상하신 세상의 모델이기 때문이다.

3. 전쟁과 평화 : 갈등과 대화

> 내적인 평화를 얻어라.
> 그러면 네 주변의 수천수만의 사람이
> 구원을 발견하게 될 것이다.
>
> 사로브의 성 세라핌(18-19세기)

변화를 선택하라

신앙 공동체요 종교 지도자들로서 우리는, 끊임없이 전쟁과 폭력을 거부하고 오히려 평화를 인정하고 추구하는 대안적인 길, 인간사를 해결하는 대안적인 방법을 집요하게 추구하고 선포해야 한다. 우리 세상에서 인간적 갈등은 불가피한 것이겠지만, 전쟁과 폭력은 결단코 그렇지 않다. 우리는 인간적 완성에는 도달하지 못할 수도 있겠지만, 평화에 이르는 것마저 불가능한 것은 결코 아니다. 후대 사람들이 우리 시대를 회상하게 된다면, 그것은 분명 평화에 공헌한 사람들 덕분일 것이다. 우리는 믿음을 가지고 "평화를 도모하고 서로 도움이 되는 일을 추구"(로마 14:19)해야만 한다.

하지만 우리 세상에서 대화와 평화를 추구한다는 것은, 따라야 할 것으로 이미 확립되어 버린 규범적이고 방어적인 방법들을 근본적으로 전복시킬 것을 요청한다. 그것은 우리 마음과 우리 사회 속에 깊이 심겨진 가치들, 우리의 세계관을 문제 삼는 사람들이나 우리의 삶의 방식을 위협하는 사람들과의 관계를 결정해버렸던 그 가치들을 변화시킬 것을 요구한다. 영적 의미에서의 변화만이 폭력과 불의의 악순환을 깨뜨릴 우리의 유일한 희망이다. 왜냐하면 전쟁과 평화는 문제와 갈등을 해결하는 서로 모순되는 방법과 시스템이기 때문이다. 마지막으로 그것은 선택의 문제이다. 이것은 평화를 이루는 일이 개인적이고 제도적인 선택의 문제요, 또한 개인적이고 제도적인 변화의 문제임을 의미한다.

그런데, 평화는 또한 회개, 메타니아, 정치와 관습에서의 변화를 요구한다. 평화를 이루는 것은 결국 용기 있는 참여와 희생을 요구한다. 변화의 공동체가 되고자 하는 의지를 우리에게 요청한다.

종교와 평화

2천년 이어온 전통의 수호자로서 나는 정교회가 지혜의 보고를 간직하고 있다고 믿는다. 이 지혜는 유대-그리스도교 경전에 기초해있고 교회 교부들 안에 뿌리를 두고 있다. 이 원천들은 현대 문제에 창조적인 방식으로 응답할 수 있게 해줄 하나의 틀을 우리에게 제공해준다. 어떤 면에서 우리 세계가 직면하고 있는 문제들은 새로운 것이 아니다. 역사는 한 집단이 다른 집단에게 가한 폭력과 잔인성과 야수성의 예들로 가득하다. 하지만 우리의 현 상황은 두 가지 점에서 전례 없는 것이다. 먼저 현재까지는 한 집단의 인간이 이토록 많은 사람을 단번에 멸절시키는 것이 결코 가능하지 않았다. 두 번째로 인류는 지금까지 지구 환경을 이토록 심각하게 파괴하는 상황을 결코 경험하지 못했다. 우리는 평화를 위한 근본적인 결단을 요구하는 새로운 상황에 직면해 있다.

우리는 정치적 필연성으로서의 전쟁에 저항하고 실존적 필연성으로서의 평화를 증진시킬 윤리적 의무를 진다. 인간의 생명과 자연 환경의 생존에 대한 위협은 다른 모든 것에 앞서는 전 세계적 우선 과제다. 평화를 통한 변화라는 대안을 선택할 때, 결국 평화는 항상 우리 마음에서 시작된다는 것을 우리는 명심해야 한다. 더 나아가 평화는 많은 시간과 노력을 요구한다. 그럼에도 평화는 우리가 개인과 민족과 종으로서 생존할 수 있게 해줄 유일한 희망이다.

마음의 길로서의 평화

동방 그리스도교의 초기 영적 문학은 끊임없이, 마음이야말로 하느님과 인간과 세상이 조화 속에서, 혹은, 본문의 표현에 따르면, "기도의" 관계 안에서 합치되는 장소라고 말하며 강조한다. 어쨌든, 기도와 침묵에 관한 글들을 모아 놓은 경이로운 선집인 『필로칼리아』는, 평화는 포기와 버림을 통해서만 얻어지는 것이라는 놀라운 역설을 우리에게 보여준다. 이런 맥락에서, 포기와 버림이란 개념은 세상의 고통에 대한 수동적이거나 무관심한 태도를 함축하지 않는다. 포기와 희생은 우리의 교만과 정념과 이기적 욕구들을 버리는 것, 그리고 동시에 그 반대의 것, 즉 사랑과 관용을 껴안는 것을 의미한다. 사실 포기와 희생은 내적 평화에 도달하는 방법이고, 그것을 통해 우리들 각자와 우리 주변의 사물들은 공통의 평정을 발견한다. 『필로칼리아』의 글들은 "네가 침묵 안에 있을 때, 비로소 너는 하느님과 온 세상을 발견하게 될 것이다!"라고 확언한다. 7세기 시리아의 이삭은 "네가 평화 안에 있으면, 하늘과 땅이 평화 안에서 너와 함께 있을 것이다."라고 말한다.

　침묵과 평정이 동방 그리스도인들에게서 매우 독특한 방식으로 선양되고 있지만, 그렇다고 그것이 우리의 전유물은 아니다. 그것은 그리스도교 세계 밖에서도 발견된다. 고대 유대교 전통은 다윗의 아들 솔로몬이 통치하던 때에 지어진 예루살렘 대성전이 침묵가운데 건축되었다고 말한다. 열왕기상은 "돌은 채석장에서 다듬어 준비했기 때문에 전을 지을 때에는 망치나 정이나 그 어떤 연장을 다루는 소리도 성전에서 들리지 않았다."(6:7)고 전한다. 셈족의 이 같은 과장법은 성경의 언어를 풍부하게 했고, 이미 건축된 성전에서 기도할 때도 불필요하고 거슬리는 소음을 완전한 제거하게 했다. 침묵은 건설적인 것이지 수동적인 것이 아니다. 하바꾹 예언자는 우리에게 명한다. "주께서 당신의 거룩한 전에 계신다. 온 세상은 그의 앞에서 잠잠하여라."(2:20) 시편기자는 권고한다. "너희는 멈추고 내가 하느님인 줄 알아라."(시편 46:10)

신과 세상이 침묵과 평화의 권능 안에서 합치되는 길에 관한 유사한 인식들을 우리는 이슬람교에서도 발견한다. 문자적으로 각각 '신에 대한 복종'과 '신께 복종하는 사람'이라는 뜻을 가진 '이슬람'과 '무슬림'이라는 아랍어의 어근은 완전과 순결 그리고 평화와 평정을 함축하는 심오한 의미를 가진다. 그것은 신과의 관계, 타인과의 관계, 세상과의 관계를 올바르게 설정하는 것을 함축한다. 그것은 '살람'(salaam)의 상태로서, 히브리어로 평화를 의미하는 '샬롬'(shalom)과 매우 가깝다. 신과의 관계 안에서 내적인 평화의 상태를 얻은 사람이야말로 참된 무슬림이다. 다른 말로 하면, 평화는 신이, 아니 신만이 우리 삶의 중심에 자리해야 한다는 적극적인 의식이다. 이것이 달성되면 평화는 우리 가까이 오게 되고, 우리의 통합된 일부가 된다. 더 나아가 우리 자신 보다 더욱 우리다운 특징이 된다.

평화, 고된 길

침묵과 기도는 평화를 세우기 위한 준비일 뿐만 아니라 그 자체로 평화를 이루는 방법이다. 하지만 비록 기도와 침묵이 평화의 토대이긴 하나, 평화가 그 안에만 있는 것은 아니다. 저항은 단지 어떤 끔찍한 일이 우리에게 일어나지 않게 하려는 불안한 시도로 축소될 수 없다. 반대로 침묵의 저항은 평화를 해치는 모든 것에 대한 강력한 거부가 될 수 있다. 그런 침묵 안에 깨어있을 때, 평화는 하느님이 세상에 제공해주신 것에 대한 감사의 표현으로 내부로부터 흘러넘친다. 평화는 두려움에 없애는 것에 있고 사랑의 기초 위에서 발전한다. 사랑이 아니라 공포에 기반을 둔 행위라면, 그런 것으로는 결코 광신주의와 근본주의를 극복할 수 없다. 평화의 회복은 "악한 사람에게나 선한 사람에게나 똑같이 햇빛을 주시고 옳은 사람에게나 옳지 못한 사람에게나 똑같이 비를 내려주시는"(마태오 5:45) 하느님의 무조건적인 사랑 안에 깊이 뿌리를 두어야 한다. 사랑 받고 있음을 마음 깊숙이 느끼고 아는 사람들만이 평화의 진정한 일꾼이 될 수 있다. 우리가 평화를 유지할 수 있는 힘은 하느님의 피조세계 전체, 피조물인 인간뿐만 아니라 피조물인 자연 환경전체를 사랑하는 것으로부터 흘러나온다.

이런 형태로 평화를 유지하는 것이야말로 근본적인 응답이다. 그것은 폭력의 정치를, 그래서 힘의 정치를 위협한다. 이것이 바로 예수 그리스도, 마하트마 간디(1869-1948), 마틴 루터 킹(1929-1968) 등과 같은 평화의 장인들이 사회의 현상 유지를 위협하는 인물로 여겨진 이유다. 때때로 궁극적인 도발은 어떤 위협에도 절대 개의치 않고 흔들리지 않는 것에 있다. 종교의 '도발적' 메시지는 "너희는 원수를 사랑하라. 너희를 미워하는 사람들에게 잘해 주라"(루가 6:27)는 것이다. 우리 시대에는, 점잖은 척하는 온갖 착란적 폭력과 호전적인 광신주의를 이유로 종교를 비난하면서 "신앙의 종말"을 열정적으로 예언하는 사람도 있을 수 있다. 어쨌든 종교 공동체를 향한 항변이 오늘날만큼 필요했던 적은 없다. 행위의 출발점으로서의 영적 침묵은 필요하다. 하지만 전쟁과 폭력에 응답하지 않고 무관심한 침묵은 죄악이며 마땅히 거부되어야 한다. 다양한 차원에서 우리 시대는 신앙의 종말이 아니라 신앙의 시작이다.

평화, 유일한 전진의 길

지난 몇 십 년간 세계총대주교청은 자연 환경의 보존을 영적 관심의 주된 주제로, 사목의 우선적 과제로 삼아왔다. 평화의 유지는 우리 지구의 생존, 지구에 사는 모든 이들이 자연 세계와 맺는 관계의 방식과 밀접하게 결부되어 있기 때문이다. 인간 상호간의 관계뿐만 아니라 인간과 창조주 사이의 책임 있는 관계는, 불가피하게 인간과 자연 세계 사이의 균형 있는 관계를 함축한다. 우리가 타인을 대하는 방식은, 우리가 숨 쉬는 공기, 마시는 물, 먹는 양식을 대하는 방식 안에 반영된다. 역으로 이 모든 것은 우리가 기도하는 방법, 우리가 하느님을 흠숭하는 방식에 직접적으로 영향을 주고 또 그것을 반영한다.

그러므로 우리의 목표는 이 세상에서 살아가는 방법, 우리 지구의 자원을 나누고 사용하는 방법, 우리가 바꿀 수 있는 것과 우리가 결코 바꿀 수 없다고 인정해야만 하는 것 등과 관련된 불일치를 평화롭게 해결하도록 자극하고 고무하는 것이다. 종교 지도자들로서 우리의 참여는 억압이나 지배에 호소하지 않고 열린 교류를 통해 해결을 찾아가는 것이어야 한다. 이와 관련하여 모두에게 각자의 역할이 있겠지만, 신앙 공동체에 속해 있는 우리들은 권력의 위치에 있는 이들에게 영향을 주고 그들을 변화시키는 일에 있어서 더욱 커다란 책임을 지닌다. 우리가 사는 세상에 가해진 상처를 더욱 깊게 만들 것인지, 아니면 그 상처의 치유에 공헌할 것인지는 전적으로 우리 자신의 능력에 달려있다. 다시 한 번 더 그것은 선택의 문제이다.

역설적이게도, 우리의 나약함을 기꺼이 드러내고, 위험을 감수하고, 우리에게 소중한 것을 희생할 준비가 되어 있을 때만, 우리는 우리의 태도와 행위가 다른 사람들과 자연 환경에 어떤 충격을 줄 수 있을지를 의식할 수 있다. 불행하게도 사회적이건 환경적이건 그와 같은 적응의 수많은 노력들이 헛되고 마는데, 그 이유는 개인인 차원이든 제도적인 차원이든, 우리의 삶의 방식과 사고방식을 포기할 의지가 우리에게 없기 때문이다. 우리는 소비주의적 낭비나 민족주의적 교만을 포기하지 않는다. 포기는 종종 쌓아놓는 것이 아니라 나누는 것, 무시하는 것이 아니라 돌보는 것, 사회 안에서 보다 높은 수준의 평등을 추구하는 것을 의미할 수 있다. 평화를 유지하기 위한 모든 노력에서 결정적으로 중요한 것은, 우리의 실천이 타인들에게 특별히 가난한 이들에게, 그리고 환경에, 즉각적으로 그리고 장기적으로 어떤 결과를 초래하게 될지 헤아려보는 것이다.[26] 우리는 전쟁이 생

---

26 2006년 노벨 평화상은 소액대출의 선구자인 방글라데시의 무하마드 유누스에 돌아갔다. 그는 가난 퇴치를 위해 "아래로부터의 경제적 사회적 발전을 일궈내기 위해" 그라민 은행(마을 은행)은 설립했다.

태적, 문화적, 영적, 사회적 환경에 미치는 광대하고도 지속적인 해악을 언제나 깨달을 것인가? 상상력과 의지의 결여를 여지없이 폭로해주는 군사적 폭력과 민족적 충돌이 명백하게 비이성적인 것임을 언제나 인정하게 될 것인가? 환경과 사회 정의의 관계가, 보다 낮은 삶뿐만 아니라 우리의 생존을 위해서도 가장 중요한 것임을 우리는 언제나 이해하게 될 것인가?

마지막으로 평화의 유지가 폭력을 넘어서고 세상을 변화시키는 우리의 유일한 희망이라면, 또 신앙 공동체와 종교 지도자로서 우리가 대안적 방법을 껴안고 선언해야 한다면, 또 평화를 유일한 전진의 길로 인정하면서 전쟁과 폭력을 거부해야 한다면, 우리는 참여할 뿐만 아니라 협력하도록 부름 받는다. 평화의 유지는 우리가 종교, 정부, 제도, 조직, 개인 등 다양한 차원에서 함께 일할 때, 성공할 가장 탁월한 기회를 가진다. 우리가 고립되어 행동한다면, 우리는 금방 지쳐버리고 절망하게 될 것이다. 우리가 연대하여 행동한다면, 우리는 하느님의 현존 안에서 안심하게 될 것이고, 그리스도를 통하여 치유하시는 하느님의 은총이 "단 두 세 사람이라도 그분의 이름으로 모인 곳에"(마태오 18:20) 언제나 함께 할 것이다.

충돌 혹은 대화 속의 문화들

세계총대주교청에 의해 주도되거나 조직된 다양한 회합들은 세상 모든 민족의 평화로운 공존과 긴밀한 협력의 길을 준비함에 있어서 결정적인 중요성을 가진다.²⁷ 그 회합들은 다양한 문화들을 불러보아 만나게 했고, 신자들로 하여금 서로 간에 더욱 의미 있는 소통의 형태를 확립하도록 돕는데 기여했다. 그런 만남 혹은 대화의 바탕에 깔려있는 원리는, 모든 인간이 결국 삶에서 동일한 문제들을 직면하게 된다는 것이다. 대화에 강조점을 둔 참된 만남과 소통을 확립하는 유일한 길로서, 종교 간, 문명 간의 개방적이고 솔직한 대화가 가지는 중요성을 확신하는 것은 절대적으로 중요하다고 나는 생각한다. 종교간 대화는 다양한 종교적 신념을 가진 이들과 상이한 문화적 맥락에 속해 있는 이들을 고립에서 빼내어, 상호존중과 이해와 수용의 과정으로 준비시켜준다. 나는 우리가 이런 만남을 참으로 원하기만 한다면, 신앙과 문화의 차이에도 불구하고 어떤 방식으로든 우리가 공존할 길을 발견하게 되리라는 부동의 확신을 가지고 있다.

이슬람교의 경전인 꾸란은 유일신교의 신자이고 아브라함의 자녀들인 그리스도인과 유대인은 개종을 강요받아서는 안 된다고 명시적으로 선언한다. 더 나아가 복음서를 "빛나는 책"²⁸(3, 184)이라 묘사했고, 사랑하고자 하는 마음가짐이 가장

---

27 수세기 동안 이슬람교와 대화해 온 역사에 대한 개관은 다음을 참고하라. Archbishop Anastasios, *Facing the World*, (Crestwood, New York : St. Vladimir's Seminary Press), p. 103-126 ; 한글번역본, 아나스타시오스 대주교, 『세계화와 정교회 신앙 : 세상을 향하여』, 다니엘 김성중 옮김, 정교회 출판사, 2016. 이슬람교를 이해하고자 하는 비잔틴 제국의 관심은 러시아로 이어졌고, 그리스인 막시모스 성인(1470-1556)은 러시아어로 된 이슬람교에 관한 세 편을 글을 쓰기도 했다.

28 역자 주) 한국어 꾸란에서는 그냥 '신약' 혹은 '복음의 성서'라고 번역했다.

많은 사람들로 그리스도인을 꼽았다.(5, 82) 이런 까닭에 그리스도인과 무슬림 사이의 다툼을 정당화할 수 있는 그 어떤 토대도 이슬람교의 가르침 안에는 없다. 물론 신앙과 신념에 있어서 많은 차이들이 있지만, 꾸란은 이것이 갈등의 불가피한 원인이 될 수 있다고 말하지 않는다.

사실 그리스도인과 무슬림 사이의 역사적 충돌들은 보통 종교 그 자체가 아니라 정치에 뿌리를 두고 있다. 예들 들어 십자군 원정의 비극적 역사는 문화적 이질감과 종족 감정의 유산을 남겨놓은 대표적이고 분명한 예이다. 종교가 적대감과 공격성을 자극하는데 이용될 때마다, 그것은 언제나 대중의 순박함을 악용하여, 그들을 종교적 불관용과 인종적 차별의 행위로 일탈시키곤 했다. 역사적 맥락 안에서 주의 깊게 살펴보고 숙고해 보면, 이런 것들은 결코 정당화될 수 없는 것이다. 특별히 충돌의 주된 영역을 종교라고 여긴다면, 불가피하고도 냉혹한 '문명의 충돌'을 말하는 것은 옳지도 타당하지도 않다.[29] 간혹 종교

---

29 Samuel Huntington, *The Clash of Civilizations and the Remaking of the World Order*, (New York : Simon and Schuster, 1997). 이점과 관련하여 마치 종교가 정치학자들의 현실주의보다 더 관대한 입장을 지니는 것으로 드러나는 것은 얼마나 아이러니한가. 최근 몇 십 년 동안, 종교의 출발점은 "동·서방 교회의 거대한 종교적 분열 …"을 비신화하하고 이해하려는 대화의 추구였다.(위의 책, p. 160) 11세기 이래로 이 두 교회를 갈라져 있게 했던 이 분열의 결과들을 수동적으로 받아들이는 대신에, 반대로 이 분열을 극복하기 위해 최근 몇 십 년 동안 실천해온 세계총대주교청의 교회 일치를 위한(에큐메니칼) 선구적 노력을 여기서 새삼 검토하지는 않겠지만, 2006년 11월 교황 베네딕투스 16세가 이스탄불의 세계총대주교청을 방문한 사건을 상기하는 것은 매우 중요하다. 그것은 동·서방

지도자들이 그리스도인과 무슬림을 고립시키거나 서로 공격하도록 부추기기도 하고, 정치가들과 선동가들이 광신주의와 민족 간의 호전성을 강화하기 위해 종교를 동원하기도 했다. 그럼에도 이것을 종교의 참된 본질과 목적으로 혼동해서는 안 된다. 그리스도인과 무슬림은 비잔틴 제국과 오토만 제국 시기에 이 두 유일신 종교의 정치 지도자들과 종교 지도자들의 허용 혹은 지지를 누리면서 같은 지역에서 함께 살아왔다. 스페인의 안달루시아에서는 유대인과 그리스도인 그리고 무슬림이 몇 세기 동안이나 평화롭게 공존해왔다. 이 역사적 모델들은 다원주의와 세계화로 특징지어진 우리의 세상에도 많은 가능성을 시사해준다.

더 나아가, 마치 아무 접촉도 없었고 또 의미 있고 창조적인 방식으로 서로 수렴된 적이 단 한 번도 없었다는 듯이, 동방과 서방의 문화와 문명을 날카롭게 구분하는 것은 지나친 단순화이다. 분명, "문명의 충돌" 이론에 맞서거나 옹호하기 위해, 역사를 일반화하는 것은 그 무엇이든 지나친 단순화다. 그럼에도 역사 해설가들과 정치학자들에게는 거의 드물게만 인정되는 하나의 사실을 상기하는 것은 매우 유익할 것이다. 비잔틴 역사 연구가 알렉산드르 바실리에프(1867-1953)는 그 사실을 이렇게

교회의 관계뿐만 아니라 그리스도교와 이슬람교의 관계에서도 매우 역사적인 사건이었다. 이처럼 새로 선출된 교황은 그의 전임 교황 요한 바오로 2세에 의해 확립된 하나의 전통을 이어갔다. 요한 바오로 2세 교황 또한 1978년 교황으로 선출된 직후 파나르를 방문했었다.

요약했다.

> '이탈리아 르네상스'의 기원과 발전에 있어서 우리는 비잔틴 제국과 이슬람교의 문화적 영향을 감지할 수 있었다. 비잔틴에서 주의 깊게 보존되어 온 고전에 대한 이해 그리고 아랍인들(오토만 제국)에 의해 보존되었을 뿐만 아니라 더욱 완성된 다양한 지식 분야들이 새로운 문화적 환경을 조성하는 데 핵심적인 역할을 했다. … 그것은 고대 문화와 현대 문명을 재결합시키는 끈이었다. 우리는 여기서 중세의 가장 강력하고 풍부했던 두 개의 힘, 즉 비잔티움과 이슬람교의 문화적 협력의 예를 가지게 된다.[30]

그러므로 어떤 불가피한 문명 충돌이 아니라, 서로 다르고 구별되는 다양한 문화들이 서로를 풍부하게 해줄 수 있는 것에 우리의 상상력을 집중시키는 것이 더욱 필요한 일일 것이다. 현대 터키 저술가 투란 오플라조글루는 이 희망을 매우 역설적인 방식으로 표현했다. "우리에게 필요한 것은 우리의 본성에는 잘 맞지 않는 이방 문화의 그런 면모들을 통해서 우리 자신을 풍요롭게 하는 것이다."[31]

그래서 차이를 인정하면서도 그 차이를 좁혀나가는 방법을 추구하는 종교적 대화는 문화와 민족 간의 적절한 소통의 길을

---

30 Alexandre Vasiliev, "Byzantium and Islam", in *Byzantium : An Introduction to East Roman Civilization*, ed. Norman H. Baynes and H. St. L. B. Moss, (Oxford : Clarendon Press, 1949), p. 325.

31 Turan Oflazoglu, "Making Use of Traditions", *Türk Dili*, no. 475, (July 1991), p. 1-10.

열어가는데 매우 유익하다. 종교적 대화는 미신들을 흩어버릴 수 있고 편견들을 해소할 수 있다. 그것은 상호 이해에 이바지하고 평화적인 해결의 길을 열 수 있다. 두려움과 의심은 나쁜 조언자다. 우리가 사람들을 보다 깊이 이해하고 그들의 동기를 충분히 알게 될 때만, 우리는 그 두려움과 의심을 쫓아버릴 수 있다. 나는 젊어서 세계총대주교 아테나고라스(1886-1972)를 만났던 일을 생생하게 기억한다. 그는 심오한 비전과 에큐메니즘의 감수성을 가진 놀라운 지도자였다. 큰 키에 꿰뚫는 듯한 눈빛, 긴 수염을 가진 분이셨다. 총대주교 아테나고라스는 갈등을 해결하는 놀라운 능력이 있었다. 그는 갈등하는 이들을 서로 만나게 할 때 이렇게 말하곤 했다. "와서, 서로 눈을 마주하고 바라봅시다. 그리고 서로에게 할 말이 무엇인지 알아봅시다."

생각의 관점을 바꾸느니 자신의 목숨을 내놓겠다며 신념을 굽히지 않을 사람도 분명 많을 것이다. 하지만 우리가 이런 종류의 순교 정신을 받아들일 수 없는 것은, 바로 그런 사람이 종종 무죄한 이들의 생명을 희생시킬 준비가 되어있다는 점 때문이다. 이런 사실은, 외적인 행위의 이면에 있는 내적 동기들을 분별하려면, 우리가 더욱 주의 깊게 경청하고 "눈을 마주치며" 더욱 깊이 "서로를 바라보아야 함"을, 그리고 더욱 가까이서 검토해 보아야 함을 끊임없이 일깨워준다. 원하든 원치 않든, 알든 모르든, 받아들이든 그렇지 않든, 우리는 언제나, 서로 떨어져 있는 것보다 훨씬 더 가까이에 있다. 실제로 우리는 생각하거나 상상하는 것보다 더 가까이에 있다. 생물학의 최근 발견들이 우리에게 보여주는 것처럼, 두 사람의 우연한 신체적인 차이는 공통으로 가지고 있는 엄청난 수의 특징에 비교하면 미미할 뿐이다. 문화, 종교, 출신 등의 용어로 구별되는 차이보다, 동일한 종에 속한 구성원으로서 우리는 훨씬 더 많은 것을 공유하고 있고 훨씬 더 비슷하다.

대화는 자신의 종교 신앙을 부정하거나 자신의 종교적 소속을 부정하는 것을 함축하지 않는다. 대화는 오히려 영적 상태의 변화와 태도의 변화를 의미한다. 영적인 언어로 우리는 그것을 "참회" 혹은 그리스어로 "메타니아"라 부른다. 문자적 의미로 이 단어는 사물을 또 다른 관점으로 바라보는 것을 의미한다. 그래서 대화는 많은 인내를 요구하는 오랜 회심 과정의 시작이다. 그것은 결코, 개종 혹은 계약과 같이, 신념의 어떤 합법적 교환을 겨냥한 근본주의자들의 충동이 아니다. 그것은 합의에 도달하기 위해 먼저 경청하는 법을 배우는 것이고, 무슬림들이 그리스도교 국가에서 안전한 가운데 환대받고 있음을 느낄 수 있게 해주고, 또 역으로 유대인들과 팔레스타인 사람들이 근동지역에서 서로 안전을 향유하며 자기 집에 있음과 같이 느낄 수 있게 해주며, 모든 지역의 소수자들이 그들의 이웃과 똑같은 권리와 특권을 누릴 수 있게 해주기 위한 것이다.

종교간 대화의 중요성

자주 우리는 우리가 사는 이 세계가 위기에 처해 있다는 주장을 듣는다. 하지만 역사상 그 어떤 시대도, 지금처럼 사람들이 단지 만남과 대화를 통해서 이토록 긍정적인 변화를 가져왔던 적이 없었다. 오늘날 통신과 교통의 기술적 발전으로 인해, 사람들과 종족 그룹들의 상호작용은 직접적이고 즉각적이다. 다양한 문화와 종교적 신념을 가진 사람들이 해결책을 모색하기 위해 다양한 컨퍼런스로 모인다. 우리 시대가 위기의 시대임은 분명하지만, 각각의 전통, 종교, 문화적 특수성에 이토록 관용을 보여준 적이 없었다는 것 또한 마땅히 강조되어야 한다.

이렇듯 세계의 대(大)종교들의 신자들 간에, 개인적인 차원에서 전개된 비공식적인 대화를 비롯하여, 종교 지도자, 종교 기관들에 의해 국제적인 차원에서 조직된 공식적인 대화들은 사람의 마음과 정신을 평화적 공존과 협력의 가능성을 향해 점차적으로 준비시킴으로써 모든 세속적인 오해들을 분명하게 풀어내기 위해 노력한다. 이 만남을 위한 노력은 그 자체로 거룩한 것이 아니겠는가? 그것은 솔직히 신비 혹은 성사만큼이나 거룩한 것이라고 여겨질 수 있지 않겠는가? 서로 친교와 소통을 나누고 관계를 맺고자 하는 이 노력보다 하느님의 눈에 더 귀한 것이 또 있겠는가? 인류의 미래를 위해 이보다 더 소중한 것이 어디 있겠는가?

그리스도인과 무슬림이 함께 사는 것, 특별히 지중해 지역에서의 그것은 몇 세기 동안이나 하나의 정상적인 현실이었다. 그로부터 매우 커다란 친밀함과 우정이 생겨났다. 이 '더불어 삶'은 토론과 교류를 촉진시켰고 상호이해와 관용을 가능케 해주었다. 특별히 비(非)아랍어권뿐만 아니라 아랍어권 그리스도인들은 무슬림들과 함께 살아왔고, 이 두 종교의 문학과 예술들을 배양했으며, 두 종교는 서로 그것들로부터 많은 유익을 얻었다.

더 나아가 다마스커스 도시에 고대로부터 안티오키아 정교회 총대주교좌를 두었던 시리아, 레바논, 요르단 등의 국가들, 그리고 고대로부터 예루살렘 총대주교좌의 관할 하에 있던 베들레헴, 나자렛과 같은 도시들에서, 다수를 점하고 있는 무슬림들과 곁에서 함께 살아가는 그리스도인의 비율은, 역사적으로 터키, 이란, 이라크 등 다른 무슬림 세계의 도시들보다 월등하게 높았다. 이들 중 어떤 지역에서는 그리스도인과 무슬림 사이에 백년 이상 지속되어 온 공존과 협력의 경험, 이 공동체 구성원들 사이에 모든 차원에서 일상적으로 지속되어 온 공동의 삶과 협력, 그리고 이 두 종교에 속한 개인들이 국가 고위직과 그 밖의 중책들을 맡게 되었던 것 등의 요소가, 두 종교의 신자들로 하여금 실제적이고 책임 있는 대화에 더욱 민감하고도 개방적으로 반응하게 만들었다.

종교적 가르침과 영적 경험에 관한 교류와 대화는 수 세기 동안 계속 있어왔다. 하지만 특별히 세 유일신 종교 안에서, 신앙의 본질에서의 절대성의 문제는 종종 논쟁을 격화시켰고 창조적인 대화를 부정적 변증으로 축소시켜 버리곤 했다. 이것은 한 종교의 신앙이 다른 종교의 그것보다 더 우월함을 보여주려고 애쓴 다양한 변증적 저작들의 홍수를 낳았다. 이런 일이 일어날 때, 토론은 상호이해를 증진시키기보다는 합리적이고 설득력 있는 논증에 몰두하면서 반대를 강조하게 되고 차이를 보여주는데 급급해한다. 하지만 분열의 요소를 가리키는 것이 아니라 오히려 연합시키는 신앙의 심오한 메시지를 발견코자 노력했던 예외적인 지도자들은 언제나 있었다.

이것은 교리적 차이가 무의미하다거나 중요치 않다는 의미가 아니다. 그러한 차이는 세상에 대한 서로 다른 인식으로 이끌고, 결과적으로 서로 다른 삶의 방식을 가져오기 때문이다. 차이를 찾으려 하지 않는 것은 무관심을 함의하지 않는다. 절대적 가치들을 강조하는 것이 최소주의를 함의하지 않듯, 또 연합시키는 요소를 찾으려 하는 것이 혼합주의(syncretism)를 함의하거나 혹은 차이를 경솔하게 해소해버리는 것을 의미하지 않듯이 말이다.[32] '혼합주의'란 용어는 비교와 경쟁이라는 의미를 함축하는 그리스어 단어에서 비롯되었다. 내가 제안하는 것은 협력주의(synergism)의 감정이지 혼합주의가 아니다. '협력주의'의 그리스어 어원은 공동의 관심사와 관련된 문제에 응답하기 위한 밀접한 협력을 함축한다.[33] 평화와 연대 안에서 함께 일하고 살아가는 이 감정은, 고유하고도 반복될 수 없는 각 인격과 각 문화에 대한 깊은 존중을 의미한다. 참된 대화는 각 인간이 자신만의 신앙의 길, 희망과 사랑의 길을 따라갈 불가침의 권리를 인정한다. 몇 세기 전, 잘랄 알-딘 루미(Jalal al-Din Rumi, 1207-

---

32 혼합주의(Syncretism)라는 용어는, 종종 종교적 보수주의 진양 안에서, 서로 다른 교리들을 하나의 철학적 혹은 문화적 시스템 안에 결합시키는 것을 지칭하기 위해 사용된다.

33 '시너지'(synergy), 혹은 '시네르기아'(συνεργία)는 종종 하느님과 세상의 거룩한 관계를 묘사하는 매우 전문적인 신학 용어로 사용된다.

1273)는 "종교의 충돌"이라는 제목의 시를 썼다.

> 눈 먼 자들은 예배를 드릴 때
> 하나의 딜레마에 직면한다.
> 이 쪽 저 쪽 힘센 자들이 버티고 서 있고,
> 각 자리는 저만의 방식으로 만족스럽다.
> 오직 사랑만이 충돌을 멈추게 할 수 있다.
> 그들의 주장에 반대해서 도움을 요청할 때,
> 오직 사랑만이 그대를 도우러 올 수 있다.

결과적으로 우리는, 충돌이라는 틀 안에서 적대자의 논거에 반대해 우리의 논거를 제시하려고 대화에 임하는 것이 아니다. 우리는 사랑과 진실과 정직의 정신으로 대화에 착수한다. 이런 점에서 대화는 동등성을 함축하고, 그 동등성은 겸손을 또한 함축한다. 정직과 겸손은 적대감과 교만을 흩어버린다. 대화에서 우리는 얼마나 다른 이들을 수용하고 존중할 준비가 되어 있는가? 우리는 얼마나 배우고 사랑할 자세가 되어 있는가? 수용하고 배울 준비가 되어 있지 않다면, 과연 우리는 진정 대화에 들어갈 수 있는가? 혹시 우리는 독백에 만족하고 있지는 않는가?

종종 보수적인 그리스도인과 그룹들은 세계총대주교가 다른 교파나 타종교와의 대화를 우선적인 과제로 제안하는 것에 충격을 받는다. 이단들과 동등한 조건에서의 대화는 있을 수 없는 일이라고 생각하기 때문이다. '이단'(heresy)이라는 단어는 종교 신학 사상의 역사에서 매우 잘못 사용되고 남용된 또 하나의 용어이다. 나는 신학적 교리의 중요성과 그 적확성을 조금도 축소할 의도가 없다. 그리고 우리는 이미 앞 장들에서 이 주제에 관해 상세하게 다루었다. 그럼에도 여기서 '이단'을 의미하는 그리스어 '헤레시스'(αἵρεσις)는 일차적으로 잘못된 교리를 의미하지 않는다. 그것은 오히려 의식적으로 신앙의 한 측면만 선택하고 신앙의 다른 차원은 배제하여 그 한 측면만을 근본주의적으로 절대화시키는 것을 함축한다. 그리스도인, 유대인, 무슬림 모두가 동일한 방식으로 이 죄를 범하고 있음을 겸손하게 인정해야만 한다. 더 나아가 나는 대화의 목적이 정확히 이 태도의 잘못과 교만을 폭로하는 것이라고 확신한다. 그리스도교 진리의 충만을 소유하고 있다고 믿는 정교 그리스도인들을 포함하여 대화에 참여하는 모든 이들에게 요구되는 것은 바로 이런 겸손이다.

참된 대화는 하느님의 선물이다. 4세기, 콘스탄티노플의 대주교였던 성 요한 크리소스토모스에 따르면, 하느님은 항상 인간 존재들과 인격적인 대화를 나누고 계신다고 한다. 하느님은 항상 말씀하신다. 예언자들을 통해서, 사도들을 통해서, 성인들과 신비성사들을 통해서, 그리고 피조된 자연세계를 통해서 항상 말씀하신다. "하늘은 하느님의 영광을 속삭이고 창공은 그 훌륭한 솜씨를 일러줍니다."(시편 19:1)라고 노래하지 않았던가! 사람과 피조된 자연세계의 침묵의 말씀 안에서 하느님의 말씀을 알아들을 수 있는 사람은 참으로 복된 사람이다. 하느님 말씀은, 우리가 신앙 안에서 응답할 때 우리에게 하나의 의미를 가진다. 그리고 말 또한 독백보다는 대화 속에 있을 때 훨씬 풍요롭다. 유아시절부터 교육을 거쳐 성숙해지기까지, 대화는 사람의 가장 근본적인 경험이다. 대화는 또한 가르치고 설교함에 있어서 가장 효과적인 소통의 방법이다. 대화는 지식과 학문을 증진시키고 진리와 감정들을 드러내주며, 두려움과 편견을 없애고, 관계를 일구고 지평을 확장시켜준다. 대화는 서로를 부유하게 한다. 그래서 대화를 거부하는 사람은 초라하고 가난해진다. 끝으로 대화는 강제가 아니라 설득을 추구한다. 그것은 응답의 본질적 요소인 책임성을 제거하지 않는다.

종교간 대화는 존중과 창조성과 책임성의 정신 안에서만 전개될 수 있다. 대화의 목적은 상호 이해이고, 그 출발점은 지난 몇 세기 동안 형성되고 더욱 강화되어 온 오해들의 명료화다. 더 나아가 대화는 진리의 일부를 진리 전체로 간주하는 것에 반대한다. 이미 살펴보았듯이, 이것이 바로 '이단'이다. 대화는 특별한 전통과 신앙을 무차별적으로 현재의 맥락에 적용하려 하는 대신, 오히려 그것의 역사적 맥락을 분별하려고 노력한다. 예를 들어 우리는, 사랑이나 자애와 같은, 모든 시대 모든 사람에게 해당되는 하느님의 보편적인 의지와, 사랑과 자애가 실행되는 특별한 행위의 방식으로서의 하느님의 잠정적인 계명들을 구분해야만 한다. 이것은 하느님의 본질적 의지가 변한다는 것이 아니라 인간과 역사적 상황이 변화에 종속되어 있음을 의미한다.

종교 지도자들은 오류에 빠지거나 오류를 생산하지 않아야 할 특별한 책임을 진다. 사람들이 하느님의 의지를 이해하고 해석함에 있어서 그들의 분별력은 결정적인 열쇠이다. 그래서 그들의 진정성은 대화의 과정에서 사활적 역할을 한다. 14세기 중반, 테살로니키의 대주교 성 그레고리오스 팔라마스는 이슬람교의 유명한 대표들과 신학적 논쟁을 벌였다. 한 무슬림 지도자는 상호 이해가 두 종교의 신자들의 주된 관심사가 될 그런 날이 오길 바라는 염원을 표하였다. 성 그레고리오스는 그런 때가 속히 오길 바라는 똑같은 바람을 표하면서 동의하였다. 나의 겸손한 기도는 그 순간이 지금이길 비는 것이다. 지금이야말로 그 어느 때보다도 대화를 위한 때이다.

대화가 아무런 희생도 위험도 없이 진행되리라 생각할 정도로 나는 순진하지 않다. 타인이나 타종교와 문화에 가까이 다가서는 것은 언제나 위험을 내포한다. 어떤 일이 일어날지 누구도 확신하지 못한다. 상대방이 나에 대해, 혹은 내 의도에 대해 혹시나 의심하지 않을까? 상대방이 나를 자신들에게 내 신앙의 체계나 삶의 방식을 강요하려는 사람으로 인식하진 않을까? 나의 전통이나 가치들에만 있는 고유하고 특징적인 것을 타협하거나 더 나아가 잃어버리게 되진 않을까? 우리가 토론해야할 공통의 영역은 무엇일까? 대화가 가져올 긍정적인 결과들은 무엇일까? 이런 질문들은 대화하고자 하는 사람의 정신을 짓누르고 그 마음을 동요시킨다. 하지만 그 정신과 마음을 대화의 가능성에 넘겨줄 때 뭔가 거룩한 일이 일어난다고 나는 분명히 믿는다. 모든 두려움이나 공격성을 넘어서서, 다른 이를 품고자 하는 동일한 의지 안에서, 신비로운 불꽃이 일어난다. 그리고 우리보다 더욱 위대한 어떤 실재 혹은 어떤 존재가 짐을 대신

짊어지고 가져간다. 그러면 대화의 유익이 얼마나 이 모든 위험을 능가하는지 우리는 알게 된다. 문화, 종교, 인종의 차이에도 불구하고 우리가 상상할 수 없을 정도로 서로에게 더욱 친밀함을 우리는 확신하게 된다.

수 세기 동안의 종교적 대화

긴 역사 속에서 사람들은, 혹은 호전적인 억압을 통해서 혹은 평화롭고 의미 있는 대화를 통해서, 충돌들을 해결하려고 노력해왔다. 다른 인식과 의견을 가진 사람들이 불일치하는 것은 너무도 당연하고, 다른 세계관과 다른 역사적 유산을 지닌 사회와 문화들이 동일한 인식을 공유하지 못하는 것은 불가피하다. 문화적 가치들과 종교적 원리들이 특별히 그와 같은 충돌을 격화시킨다. 사람들은 아무런 비판 의식 없이 전통으로 받아들인 것을 열정적으로 수호하려 하기 때문이다. 이로 인해, 서로 충돌하거나 모순적인 입장들 가운데서 진리를 분별하는 것은 항상 쉬운 것만은 아니다. 소아시아와 근동지방으로의 십자군 원정 기간 동안, 그리고 중세의 종교 재판에서, 또한 종교개혁 전쟁들에서, 어떻게 광신주의가 사람들로 하여금 종교적 공존에 등을 돌리게 했는지, 우리 모두는 잘 알고 있다. 최근 몇 년 동안 우리는 이와 똑같은 근본주의와 광신주의가 전 세계적으로 고문과 테러리즘으로 나아가고 있음을 목격해왔다.

한 사회나 한 국가 전체가 다른 문화적 인식이나 종교적 전망에 기초한 요소들을 멸시하기란 매우 쉽다. 그런 만큼, 느리고 힘겹게 전진하는 대화를 통해, 그와 같은 오해의 성벽의 돌 하나하나를 해체해 나가기란 더욱 힘들다. 너무도 자주, 의도적인 무지와 왜곡이 절대 다수 대중들로 하여금 제대로 정보를 얻지 못하게 만들고, 그렇게 해서 그들로 하여금 맹목적인 불관용에 빠지게 하며, 비판 정신을 결여한 심판과 단죄로 나아가게 한다.

정교회의 타종교 존중은 그리스도교의 초기로 거슬러 올라간다. 철학자이자 순교자인 성 유스티노스(100-165)는 "발아(發芽)의 원리"(germinative principle) 혹은 "종자(鐘子) 진리"(seminal truth)에 대해 말하면서, 진리의 충만에 대한 진지함과 열망이 있는 곳이라면 어디서나 그런 것들이 식별될 수 있다고 말했다.[34] 유스티노스는 정당하게도, "그들 안에 심어진 말씀의 씨앗 덕분에 희미하게나마 진리를 볼 수 있었던"[35] 고대 저술가들과 다른 종교적 신념들 안에서도 하느님의 말씀이 식별되고 발견될 수 있다고 믿었다. 알렉산드리아의 클레멘트(150-215)는 고대 철학에 대해 말하길 "완전으로의 길을 여는 것, … 하느님 말씀의 섬광을 포함하는 것"[36]이라 했다. 신학자 성 그레고리오스에 따르면,

---

34 유스티노스는 '종자 이성'(λόγος σπερματικός), 다시 말해 "하느님 말씀의 씨앗"에 대해 말했다. 타종교 이해와 관련된 정교 신학의 접근에 대해서는 다음을 보라. Archbishop Anastasios, *Facing the World*, p. 127-153. 한글 번역판, 아나스타시오스 대주교, 『세계화와 정교회 신앙 : 세상을 향하여』, 다니엘 김성중 역, 정교회 출판사, 2016, 155-190쪽.

35 *Apology* 2, 13 and 46, in *The Apologies of Justin Martyr*, ed. A.W.F. Blunt (Cambridge, U.K. : Cambridge University Press 1911).

36 *Stromata* I, 5, PG 8, 728, and *Exhortation to the Heathen*, 7, PG 8, 184.

모든 인간 문화는 "하느님을 열망하고 … 추구한다."[37] 과거 세기의 이 개방성과 이 감수성을 우리는 배우지 않을 것인가?

이 개방성과 감수성은 성 삼위 하느님 교리에 기초한다. "불고 싶은 곳으로 부는"(요한 3:8) 성령을 통하여, 특별한 인간 조건과 문화를 충만하게 수용하시고 공유하신 한 하느님을 경배할 때, 하느님은 인간의 각 조건과 문화에 심오하게 결합되시고 동화되신다. "육신이 되시어 우리 가운데 거하신"(요한 1:14) 하느님 말씀과 연결될 수 없거나 그분의 것이 될 수 없는 문화나 종족은 결코 존재하지 않는다. 하느님과 세상을 참으로 성 삼위 하느님 신앙에 비추어 이해하게 될 때, 하느님은 모든 시대 모든 장소에 들어가시고 문화적으로 동화되시는 분이라는 영감을 우리는 얻게 된다. 세상에 대한 우리의 전망을 확장시키시는 분, 모든 민족, 모든 문화 안에서 그리스도의 현존을 알아차리게 하시는 분은 바로 하느님의 성령이시다. 동일한 성령이 우리로 하여금 세상에 대한 이 비전을 더욱 분명히 정의하게 하시고, 모든 백성 모든 문화 안에서 하느님의 말씀을 식별할 수 있게 해주신다.

교회로서 정교회는 성령의 영감을 통해서 진리의 충만을 받았다고 확신한다.[38] 이 진리는 성도들의 공동체 안에서 보존되고 자라난다. 하지만 개인으로서의 인간 존재에게, 신적 진리의 지식은 끝없는 발전 속에서 점진적 과정을 밟아 나간다. 각 사

---

37 *Second Theological Oration*, or *Homily*, 28, 15, PG 56, 45.
38 참고로 요한 16:13.

람은 이 기나긴 길을 걸어가며 때론 불안정한 땅에 발을 딛기도 한다. 그리고 이 길을 가는 사람 모두가 똑같은 보폭과 발자취를 따라가는 것은 아니다. 이렇기 때문에, 우리는 이 여정 중에 있는 다른 사람을 오류에 빠졌다거나 잘못 가고 있다고 비판할 수 없다. 각 사람이 자신의 공동체적 경험, 자신의 성향 그리고 자신의 개인적 역량에 걸맞게 진리를 수용하고 인식한다는 것을, 종교지도자들은 각 개인들에게 깨우쳐줄 책임이 있다. 신적 진리는 존재하고 충만하게 계시되었다. 하지만 이 진리 안으로 관통해 들어가는 것은 사람마다 다 다르다. 이것은 신학적 진리라는 좁은 교리적 관점이 아니다. 하지만 그것은 세상의 현실에 있어서는 본질적인 영적 관점이다. 그리고 그것은 교만한 권위를 흩어버리고 타종교 신자들을 대하는 새로운 길을 열어준다. 그것은 고결함과 자애, 믿음과 희망, 관용과 화해를 전제한다. 그것은 강제적인 개종과 충돌, 억압과 불관용, 호전성과 폭력성에 반대한다.

우리의 입장에서, 우리가 하느님의 진리를 점진적이고 과정적으로 알고 경험한다는 것을 겸손하게 깨닫는 것은, 우리 자신에 대한 신뢰를 수정한다. 우리가 하느님의 의견을 말하고 하느님의 뜻을 표현하고자 할 때, 겸손은 또한 우리만으로 족하다는 그런 느낌을 완화시킨다. 더 나아가 그것은 우리로 하여금, 순전히 우리 자신의 의향과 결정일 뿐인 것을 하느님의 것이라고 주장하는, 우상숭배의 죄와 다를 바 없는 그런 비극적인 유혹에 넘어가지 않게 해준다. 성인들의 친교 공동체에서, 특별히 이런 분야에서 깊은 통찰을 보여주는 시인과 신비가들에게서 조언과 영감을 얻고자 한다면, 하느님은 오래 참으시고 자비로우시며 자비를 베풀고자 열망하시며, 큰 인내심을 가지고 우리의 이해를 기다리고 계시는 분이시라고 모두가 합치하여 말하고 있음을 우리는 보게 될 것이다. 과연 무슬림, 유대인 자매형제들과 대화할 때, 그리스도인들이 그와 달리 어떻게 할 수 있게 있겠는가? 불일치 가운데 있을 때, 우리는 하느님의 오래 참으심을 기억해야 할 것이다. 우리의 의견이나 확신을 강제하고픈 유혹이 생길 때, 우리는 하느님의 자비로우신 사랑을 기억해야 할 것이다. 세 유일신 종교에서 설교되는 신을 닮아가려고 노력할 때, 종교는 분열된 현대 사회에서 분명 긍정적인 역할을 하게 될 것이라고 나는 믿어 의심치 않는다.

혼란한 세상 속의 하느님의 평화

방송매체들이 보도하거나 보도하지 않은, 국제사회에 알려졌거나 혹은 우리가 모르고 싶어 하는, 최근 몇 년 동안 벌어진 수많은 파괴의 이야기들은, 2001년 9월 11일의 비극적인 사건 안에 강렬하고도 상징적인 방식으로 표현되었다. 하지만 그와 유사한 사건들과 비극들은 차고 넘친다. 상상할 수 없는 고문과 형벌들, 전쟁에 의한 파괴, 피난민들의 고통, 이 글을 쓰고 있는 시점에 발생한 인종청소의 만행, 이 모든 것들은 종교세계에, 그리고 인도주의 정신을 가진 사람들에게, 자비로우시고 오래 참으시며 의로우시고 공평하신 신을 보여줄 것을 요구한다.

이런 신을 믿는 모든 신자들에게, 똑같은 신적인 덕과 가치들을 본받으라고 요청한다. 어떤 이름이든, 어떤 형상을 띠든 상관없이 "신의 이름으로" 자행되는 이 모든 고통과 피흘림을 피하고자 한다면, 이 방법밖에는 없다.

나는 종교의 이름으로 수행되는 전쟁은 종교에 반대하는 전쟁이라고 수차례 반복하여 주장했다. 신의 이름으로 행하는 전쟁은 그 자체로 신에 대한 모독이다. 종교적 광신주의와 정치적 행동주의는 종교적 신념과 정치적 현실주의로부터 구별되어야 한다. 그것은 종교가 아니다. 그것은 차라리 종교적 확신을 근본주의와 광신주의로 왜곡한 것일 뿐이고, 그래서 결국은 파괴적이고 유혈낭자한 충돌로 치닫고 종국에는 세속적 혹은 정치적 지배를 위해 대립하고 경쟁하게 될 뿐이다.

모든 종교는 자신의 종교의 이름으로 행해지는 폭력뿐만 아니라 그 앞에서 침묵함으로써 결국 막아내지 못한 모든 폭력에 대해서도 마땅히 비판해야 한다. 평화주의라고 인정받는 종교들조차도, 그 중 일군의 사람들이 신의 이름으로 모든 폭력과 박해를 정당화할 심산으로 모든 종교에 반대하여 결집하고 있다는 고발을 피할 수 없다. 『바가바드기타』 속의 "영감받은 아들"은 아르쥬나에게 크리슈나의 끔찍한 말을 전한다. "이제 일어나서, 원수들에 대한 승리의 영광을 받아라. 부유한 왕국을 누려라. 너의 원수들은 이미 내가 다 죽였으니, 다른 누구도 아닌 네가 홀로 도구가 되어야 하느니라."(11, 33)

그러므로 어떤 종교의 역사적 역할을 이상화하는 것은, 어떤 종교를 그 자체로 단죄하는 것만큼이나 잘못이다. 그것은 극단을 단순화하거나 진리를 왜곡하는 것이다. 참으로 신을 섬기는 종교라면 그 어떤 종교도 자신의 신자가 박해와 살인의 도구가 되어야 한다는 사상을 승인하지 않을 것이다. 실제로 교회와 종교들이 그러한 잔혹한 범죄에 개입되었다면, 회개해야 하고, 그 지도자들의 손이 흘리게 한 피에 대해 용서를 구해야 한다. 그것은 그 종교들이 경배하는 신을 진정시키는 피도 아니요, 또 그 신에 의해 인정받을 수 있는 피도 아니다. 그러므로 우리는 비판하기 위해서가 아니라 더 잘 이해하고 동일한 잘못들을 피하기 위해서라도, 다양한 종교적 가르침들을 구별해야 한다. 예를 들어 한 종교 안에서, 한편으로는 역사적으로 어떤 개인이나 사회의 특수한 역사적 맥락 안에서 신의 뜻의 표현이라고 해석되어 온 특별한 가르침과, 또 한편으로는 인간 정신의 발전에, 차별이나 배제 등에 대한 우리 시대의 이해의 진보에 모순되기 때문에 오늘날에 와서는 잘못된 것이라고 여기질 수 있는 그런 가르침들을, 겸손하고도 솔직하게 구별해야 한다. 역사적 맥락 안에서 이해되어야 하고, 또 오늘날에는 결코 똑같이 행동하거나 본받아야 할 행동이라고 해석될 수 없는, 성경속의 교리들과 행위들이 분명 존재한다는 것을 우리는 잘 알고 있다. 오늘날에는 불의한 행위로 판단되는 그런 행위들을 정당화하기 위해 유대-그리스도교 경전이나 이슬람교의 꾸란을 인용하는 것은, 다만 우리 자신의 이익이나 정치적 이득을 위해 그것을 조종하는 것일 뿐이며, 이 두 가지는 우리가 경배하는 신께 합당치 못한 것이요, 이 신을 믿는 신자들에게도 결코 어울리지 않는 것이다. 노예제와 해적행위가 과거에는 합법적이었고 허용될 수 있는 것이었지만, 오늘날 그것에 찬동할 사람은 하나도 없는 것과 같은 이치이다.

전쟁은, 자신의 고유한 시각을 강요하려는, 정당하지 않고 정당화될 수도 없는 수단들 중 하나로 규정되어야 한다. 신약 성경은 전쟁에 대해 거의 언급을 안 하는 대신, 평화에 대해 그리고 평화를 증진시키는 이들에 대해서는 많은 말을 하고 있다. 평화를 위해 일하는 사람은 "복되다"고 선언되었고, "하느님의 아들"이라 불린다.(마태오 5:9) 더 나아가 신약 성경은 세상에 선을 확립하기 위해서는 먼저 우리 자신의 마음에서 악을 뿌리 뽑아야 한다는 것에 대해 많은 것을 말하고 있다. 그리스도인들은 모든 사람과 평화를 누려야 한다고 권면 받는다.(로마 12:18) 하느님은 평화의 하느님이라고 특징지어진다. 실제로 이런 확신은 그리스도인의 인사에서 가장 최초의 표현으로 채택되었다. 물론 유대인들과 무슬림들의 경전인 구약 성경과 꾸란은 충돌과 전쟁을 묘사하고, 묵시록은 하늘에서의 전쟁에 대해 말하기도 한다! 하지만 모든 거룩한 경전은 평화에 대해 더 많이 얘기한다. 구약성경에는 평화를 수백 군데서 언급하고 있고, 평화는 하느님의 선물이라고 말한다. 하느님의 법을 따르는 이들은 평화의 길에 나설 의무가 있다. 더 나아가 꾸란에서도 평화는 최고선으로 특징지어진다.(4, 128) 신은 분명히 모든 이들을 평화의 길로 초대하기 때문이다.(9, 26) 실제로 한 개인을 죽인 사람은

온 인류를 죽인 것으로 간주된다!(5, 35)

정교회 전통 안에서, 성 요한 크리소스토모스(347-407)는 "그 어떤 것도 평화보도 더 값진 것은 없다"고 선언한다.[39] 그와 동시대인이었던 소아시아 케사리아의 주교 성 대 바실리오스(330-379)는 "평화는 가장 완전한 최고의 복이다"[40]라고 확신한다. 그들의 가까운 친구였고 콘스탄티노플 총대주교였던 신학자 성 그레고리오스(329-389)는 이렇게 쓰고 있다. "평화를 위해 노력하고 또 평화를 품으려 열망하는 이들은 하느님께 속한 사람이고 신성에 가까이 간 사람이다." 성 대 바실리오스는 "평화를 실천하는 것만큼 그리스도인에게 특징적인 것은 없다."[41]고도 했다. 그래서 정교회는 모든 예식의 첫 번째 연도에서 평화의 간구를 바친다.

> 평화로운 마음으로 주님께 기도드립시다. 주여, 우리에게 평화를 내리시고 우리 영혼을 구원하소서. 세상을 평화롭게 하시고 교회를 굳건하게 하시고, 온 인류가 화합케 하소서.[42]

어쨌든, 이미 언급했듯이, 세상의 평화에 도달하려면 먼저 그 마음 안에 평화를 얻어야 한다는 것은 초기의 거룩한 금욕가

39　*Homily* 36 *on Genesis*, 2-3, PG 53, 335.
40　*Commentary on the Prophet Isaiah*, 3, PG 30, 528.
41　St. Basil the Great, *Epistles*, 114, PG 32, 528.
42　정교회에서 연중 매일 혹은 매주 거행되는 성 요한 크리소스토모스의 신성한 성찬 예배에서 인용.

들의 확신과 전통이었다. "만약 자신의 영적인 원수들(이른바, 자신의 악한 의도, 동기, 태도 등)을 정복하지 못한다면, 그는 결코 평화 안에 있지 못할 것이다."[43]라고 시리아의 이삭(700년경 안식)은 쓰고 있다. 성 요한 크리소스토모스는 이렇게 덧붙인다. "왜냐하면 하느님을 아는 지식과 덕의 습득 말고는 그 어떤 것도 평화를 낳을 수 없기 때문이다."[44] 전쟁이 탐욕과 이기주의에서 비롯된다는 사실을, 우리는 최근 몇 십년간 너무도 분명하게 확인해왔다. 그것은 초기 그리스도교 저자들의 일관된 현실 인식이었다.(야고보 4:1-2) 사회적이고 세계적인 평화는 영적이고 내적인 평화를 전제한다. 그것은 인간 존재에 대한 존중이 하느님께 드리는 참된 예배의 전제 조건인 것과 마찬가지다.

정확하게 이런 까닭으로, 종교 지도자들은 평화의 회복을 위한 과정에 주도적으로 나서야 한다. 아마도 이런 점에서 종교 신앙을 가지고 있는 우리, 특별히 종교 공동체 안에서 지도적 위치에 있는 이들은 비판과 비난을 달게 받아야 할 것이다. 그것은 전쟁을 일으켰다거나 충돌을 야기했기 때문이라기보다는, 오히려 평화와 화해를 위한 자신의 책임을 충분히 다하지 못했기 때문에 받는 비판과 비난이다. 이 점에서 나는 신자들 앞에서, 우리의 모든 인류 형제들 앞에서 그리고 하느님 앞에서 조금도 핑계를 대거나 정당화할 수 없다.

---

43 *Oration*, 68.
44 *Commentary on Psalm*, 4, 15, PG 55, 57-58.

결론 : 평화의 사역으로서의 화해

화해라는 심오하고도 강력한 개념은 정교 신학과 영성의 모든 차원을 관통한다. 그것은 "인간의 육신을 수용하신"(요한 1:14) 하느님에 대한 교리의 근본 주제다. 이 개념은 정교회의 신성한 성찬 예배, 성사 그리고 기도 예식들에 영감을 준다. 그것은 내 사역의 중심에 있는 자연 환경 보전에서도 중요한 내용이다. 그것은 또한 세계총대주교청의 사역으로 하여금 세상의 종교와 문화들 사이에 다리를 놓고, 세상의 모든 민족과 국가 사이의 평화를 이룰 수 있게 힘을 준다.

"평화를 위하여 일하는 사람은 행복하다. 그들은 하느님의 아들이 될 것이다."(마태오 5:9) 하느님의 아들이 되고 그렇게 불린다는 것은 하느님의 의지에 온전하게 순종하는 것을 의미한다. 이것은 하느님이 원하시는 것을 원하기 위해 내가 원하는 것을 포기하는 것을 함축한다. 이것은 평화와 정의에 반대될 수 있는 사회적인 압력에도 불구하고, 피조세계를 향한 하느님의 계획과 의도에 충실함을 의미한다. 평화를 일구는 사람이 되기 위해서, 하느님의 아들이 되기 위해서, 우리는 우리 자신에게 이익이 될 수 있는 것을 멀리하고, 다른 이들의 권리를 지켜주는 것을 가까이 해야 한다. 우리는 소수만 아니라 모든 인간이 이 세상의 모든 자원을 함께 나눌 자격이 있음을 인정해야만 한다.

평화를 위해 일하는 것은 매우 힘겨운 일이고 시간이 필요한 일이며, 고되고 보람 없고 느린 과정일 수 있다. 하지만 그것은 이 깨어진 세상을 회복할 수 있는 유일한 희망이다. 평화에 장애가 되는 것을 제거하기 위해 일할 때, 인간의 고통을 치유하기 위해 일할 때, 또한 자연 환경을 보존하기 위해 애쓸 때, 우리는 "엠마누엘 하느님이 우리와 함께 계신다는 것", 우리가 혼자가 아니라는 것, 이 세상과 하늘 왕국을 동시에 물려받게 될 것이라는 진리를 확신할 수 있다. 우리는 그리스도의 이 말씀을 들을 자격을 얻게 될 것이기 때문이다.

> "너희는 내 아버지의 복을 받은 사람들이니 와서 세상 창조 때부터 너희를 위하여 준비한 이 나라를 차지하여라."(마태오 25:34)

후기
우리 안에 있는 희망

> 여러분이 간직하고 있는 희망에 대해서
> 설명을 듣고 싶어하는 사람들에게는
> 언제라도 답변할 수 있도록 준비해 두십시오.
> 그러나 답변을 할 때에는
> 부드러운 태도로 조심스럽게 해야 합니다.
>
> I 베드로 3:15-16

> 그대가 희망하지 않는다면,
> 그대의 희망 너머에 있는 것을
> 결코 발견하지 못할 것입니다.
>
> 알렉산드리아의 클레멘트 (3세기)

희망의 세상

희망은 생명에 본질적인 것이다. 몸이 산소 없이 살 수 없고 영혼이 믿음 없이 살 수 없는 것처럼, 생명은 희망 없이 존재할 수 없다. 항상 희망은 있다. 종교적인 사람은 희망이 신의 선물임을 안다. 그것은 생명의 의미에 대한 확신이요 절망에 대한 저항이다. 그것은 너무 늦은 때란 결코 없다는 확신, 개인적인 차원뿐만 아니라 제도적인 차원에서 우리는 항상 무언가를 바꿀 수 있다는 확신이다. 믿음의 의미가 바로 그러하다. 그리고 종교 제도들은 그것에 기여할 수 있다.

　우리는 환경을 오염시켰다. 세계적인 차원에서 용기 있는 노력들이 계속되고 있음에도, 가난은 여전하다. 인종주의와 종교적 불관용은 점점 더 위협적이다. 광신주의와 긴장들이 횡행하고 있다. 인권과 자유라는 선물은 국가적 교만과 종교적 차별의 이름으로 짓밟히고 있다. 그럼에도 우리는 이런 세상이 우리가 가질 수 있는 최고의 세상, 혹은 우리가 더 이상 어떻게 잘해 볼 수 없는 유일한 세상이라고 믿길 거부해야 한다. 이런 점에서, 하느님 나라와 관련하여 정교회 영성이 전해주는 메시지는 희망의 메시지다. 하늘나라에 대해 말할 때, 정교회 그리스도인은, 현실 도피가 아니라 이 세상의 변모에 대한 믿음을 강조하기 위해서, 그들 안에 있는 희망을 표현한다.

　우리는 희망하기 위해 믿음이 필요하다. 우리는 믿어야 한다. 우리는 항상 희망으로 살아가면서 동일한 목표를 향해 다함께 일해야 한다. 그것이 바로 인간의 삶의 존귀함과 고귀함이다. 이것은 우리가 그에 따라 창조된 바, 하느님의 형상과 닮음을 표현한다. 그리고 그것은 우리가 우리 자녀들에게 주어야 하는 가장 위대한 선물이다. 우리는 더 나은 세상을 믿고 희망한다. 더 이상 전쟁이 없는 세상, 인종과 종교가 동등하게 존중받는 세상, 자연의 다양성이 찬미되는 세상, 모든 사람이 필요한 것을 누리는 세상, 관용의 언어가 세계 가족의 모국어가 되는 세상, 그리하여 사랑의 신이 영광 받으시는 세상. 그것은 "하느님의 나라가 하늘에서와 같이 땅에도 임하는"(마태오 6:10) 세상이다.

선진국의 시민들은 종종 치안, 가난, 폭력, 오염, 불평등과 같은 사회 정의 문제에 있어서 정부보다 더 앞서있다. 그들은 종교적 신념에서 영감을 받아 혹은 그들 자신의 양심에 따라 이런 문제에 매우 민감하다. 이 점과 관련하여 이 시민들은 개인적으로 동시에 집단적으로 전 세계 시민 사회의 "양심"이 되었다. 그것은 확실히 그 자체로 희망의 징표이고, 낙관적인 계기이며, 우리가 사는 세상의 변화에 있어서 하나의 약속이다.

변화의 희망

정교회 영적 고전들에 의하면, 변화는 다가올 하느님 나라의 미리 맛봄을 의미한다. 이 세상에서는 그것이 결코 완전하게 실현될 수도 없고 또 완전히 누릴 수도 없을 것이다. 그것은 언제나, 이 세상에 영적인 의미를 제공해주며 스며들어 있는 천상의 세상을 향해 뻗어있다. 그리스도인은 교회가 단지 이 세상에 적응하는 것이 아니라 이 세상을 변화시켜야 할 소명을 가지고 있음을 기억해야 한다. 궁극적인 목적은 이 세상과 타협하는 것이 아니라 다른 방식으로 보고 살아가고 행동하는 것을 보여주는 것이다.

이것이 바로 정교회의 부활절 전례의 확신이다. 그리스도의 부활은 "다른 방식의 삶의 첫 열매" "새로운 시작의 담보"로 선언된다. 다볼 산과 그리스도의 무덤에서 빛나는 빛 안에서 변화된 우리는, 똑같은 것을 전혀 다르게 볼 수 있다. 비록 종종 불가피하게 이미 확립된 모델들과 이론의 여지가 없는 관습들과 수용된 규준들에 부딪히기도 하지만, 우리는 다른 리듬으로 걸을 수 있다.

이런 방식으로 변화된 그리스도인은 이 땅의 겨자씨, 누룩, 소금이 된다. 그들은 열성일꾼이 되고, 하늘 왕국의 빛을 우리 세상에 기쁨으로 증언하는 자가 된다. 하지만 우리는 변화의 백성과 공동체로서 하느님의 은총과 함께 할 때만 성공할 수 있다. 고립되어 행동할 때, 개인과 제도들은 금방 지치고 좌절한다. 그러므로 시편의 비전이야말로 우리의 것이어야 한다. "이 다지도 좋을까, 이렇게 즐거울까! 형제들 모두 모여 한데 사는 일!"(시편 133:1) 이것이 바로 변화를 향한 에큐메니칼 비전의 명령이다.

기쁨어린 슬픔

『거룩한 사다리』의 저자요 시나이 산의 역사적인 성 카테리나 수도원의 원장이었던 성 요한 클리막스(579-649)가 만들어낸 하나의 표현이 있다. 영적인 삶에 관한 그의 걸작 『거룩한 사다리』는 총 서른 개의 계단을 포함한다. 성경과 전례서를 제외하면, 동방 그리스도교 역사에서 이 책보다 더 많이 연구되고, 복사되고, 번역된 책은 없다. 그것은 평신도 신자들을 포함하여 동방 세계 전체에 깊고도 깊은 영향을 주었고 또 그것을 빚어냈다. 사다리의 일곱 번째 단계는 '눈물의 신비'에 바쳐진다. 성 요한은 기쁨과 슬픔이 동시에 결합된 상태를 묘사하는 기술적 용어들을 최초로 채택했다. 그는 '하르모리피'(χαρμολύπη) 즉 "기쁨어린 슬픔", "하로피온 펜토스"(χαροποιόν πένθος) 즉 "기쁨을 낳는 애도"에 대해 말한다. 그것은 영적 기쁨을 추구하는 가운데 겪게 되는, 지치고 넘어지는 쓰라리고도 달콤한 경험을 강조하기 위한 하나의 방법이다. 기쁨어린 슬픔은 하느님의 은총을 선취하는 기쁨과 타락한 상태의 세상에 직면해야 하는 슬픔이 뒤섞인 감정이다.

'기쁨어린 슬픔'은 아마도 정교회 영성과, 예술, 건축, 음악 등 비잔틴 미학의 가장 특징적인 요소일 것이다. 그것은 또한 세상을 가득 채운 어둠과 하느님의 빛을 화해시키기 위해 투쟁했던 성인들의 삶의 본질적 특징이기도 하다. 우리를 둘러싸고 있고 때로는 우리를 짓누르곤 하는 현실 앞에서, 그것은 희망의 징표, 낙관주의의 상징, 위로의 원천이다. '기쁨어린 슬픔'이라는 이 개념은 또한 현재까지도 힘겹고 암울한 시기를 거치며 싸우고 있는 세계총대주교청의 역사에서도 가장 특징적이고 규정적인 요소이다. 단 한 번도 세상적인 권력을 가진 세상적인 기관으로 자신을 증거하려 하지 않았다는 점에서, 언제나 파나르(콘스탄티노플)의 세계총대주교청은 의심의 여지없이 그 약함을 통해서 힘을 발견했다. 실제로 세계총대주교청은 그 자체로서, 세속 국가의 형태를 수용함으로써 세상 권력처럼 조직된 모든 종교 제도에 대한 하나의 비판이다. 결국 그러한 개념은 "카이사르의 것과 하느님의 것"(마르코 12:17)을 혼동시키는 데로 이끌기 때문이다.

'기쁨어린 슬픔'의 가장 생생한 경험과 표현은 매년 '축일 중의 축일'인 부활대축일 주일에 일어난다. 다른 어떤 날보다 더욱 빛나는 이 밤에, 나는 그리스도의 무덤을 상징하는 제단이 있는 지성소에서 나와 승리의 기쁨 가득 차서 노래한다. "와서 빛을 받을 지어다!" 이 말을 통해 내 촛불의 빛은, 이 순간까지 어둠 속에서 기다려온 교회 회중 전체에게 나눠지고, 성당 전체를 빛으로 가득 채운다. 그것은, 내 마음과 또 성당 안에 있는 이들의 마음 안에 있는 모든 어둠 보다, 또 세상의 어둠보다, 하느님의 빛이 더 눈부시고 더 빛난다는 확신이다.

바로 서서 기도함

테오토코스 성모님께 바쳐진 6세기의 성가 하나가 존재한다. 아마도 그것은 비잔틴 시대 가장 독창적인 시인 중 하나인 성 로마노스 멜로도스(565년경 안식)의 작품일 것이다. 성가는 '아카티스토스'(ἀ-κάθιστος) 성가, 즉 '성모 기립 찬양'라 불리는데 문자 그대로 "앉지 않음" 혹은 "서 있음"을 의미한다. 이 기립 찬양은 첫 문자가 알파벳 순서로 되어 있는 24개의 절로 구성되어 있고, 각 절의 시구들은 "기뻐하소서"라는 말로 시작된다. 기립 찬양은 대사순절 금요일마다 불리는데, 정교회 세계에서는 평신도나 성직자 모두에게 가장 대중적이고 경건한 신심이 되었다. 수도원에서는 연중 매일 이 기립찬양을 읊기도 한다.

하지만 기립 찬양은 또한 콘스탄티노플의 역사와 깊은 관련이 있다. 전통에 따르면, 외적의 침략이 있었을 때, 성모님이 발현하셔서 도성을 지켜주시고 백성들을 구원해주신 것에 대하여, 도성의 그리스도교 백성 모두가 밤새 일어서서 철야예배를 드리며 이 감사의 찬양을 불렀다고 한다. 경건한 정교회 신자들은 또한 개인적 좌절 혹은 일반적인 재난의 순간에 보호를 간구하며 이 성가를 사용한다.

기립 찬양은 실업과 가난 같은 사회적 문제, 전쟁과 테러 같은 정치적인 문제, 인간의 오염과 자연 파괴 같은 환경의 문제 등 이 순간에도 우리를 공격하는 수많은 문제들 앞에서 온 세상이 취해야 할 태도의 상징이다. 우리 각자는 항상 경계하도록, 서 있도록, 그리고 양심과 기도의 예민한 감각을 보존하도록 부름 받는다.

빛은 동방으로부터

마지막으로 정교회의 영적이고 신비적인 전통의 보화들은 정교회 신자들로 하여금 "이 모든 것의 증인"이 되라는 부르심을 받은 존재임을 상기시켜준다. 우리 자신이야말로 그리스도를 통해 이 세상 안에 들어온 새 생명을 증언하는 자들임을 우리는 바로 이 마르지 않는 샘에서 깨닫는다. 이 변화와 부활의 증인으로서 우리는, 우리를 둘러싼 어둠과 혼란에도 불구하고, 다가올 세상에 대한 희망의 감각을 지켜나갈 수 있다.

내가 어린 시절부터 알았던, 히오스 섬 출신의 현대 그리스 시인인 그레고리오스 베리티스는 이렇게 적고 있다.

> 나는 하느님께 감사한다네
> 매번 태양은 지지만
> 곧이어 다시 태양이 떠오르나니.

의심할 필요도 없이, 낙관주의가 없다면 삶이 있을 수 없고, 믿음이 없다면 미래도 있을 수 없다. "정의의 태양"이 떠오르는 동방으로부터 비쳐오는 빛 한 줄기가 있다.

> 너희는 내 이름 두려운 줄 알고 살았으니, 너희에게는 정의의 태양이 비쳐와 너희의 병을 고쳐 주리라.(말라기 4:2)

우리를 둘러싼 모든 것이 우리 안에 있는 희망과 모순될지라도, 하느님의 은총으로 태양은 다시 떠오를 것이고, 밤의 짙은 어둠은 대낮의 태양 빛에 자리를 넘겨줄 것이다. 실재에 대한 이런 감각은 영원을 향한 우리의 비전을 통해 강해져서 현재를 충만하게 살아가게 해준다. 우리가 하느님의 사랑을 신뢰할 때, 전 세계의 우리 자매 형제들과 연대하고, 미래 세대의 재산인 우리의 경이로운 지구와 우리의 기쁨을 위해 전능하신 하느님이 주신 이 모든 선물들을 보존하면서, 이 하느님의 사랑을 숙고해 나갈 때, 신새벽은 떠오를 것이다.

추천사
만남의 신비와 희망의 영성

† 디오클리아의 칼리스토스 웨어 대주교
영국, 옥스포드

> 나 자신이기 위해서, 나는 여러분이 필요합니다.
> 만약 우리가 눈으로 서로를 바라보지 않는다면,
> 우리는 참으로 사람일 수 없습니다.[01]
>
> 세계 총대주교 바르톨로메오스

이론이나 철학이 아니라, 경험

1991년 가을 콘스탄티노플 주교좌에 오른 세계총대주교 바르톨로메오스는 중요하게는 현재의 생태적 위기와 관련된 강력하고도 용기 있는 선언들로 대중에게 알려져 있다. 다른 어떤 종교 지도자도 환경 문제를 그토록 우선적인 과제로 삼지 않았기에, 그가 "녹색 총대주교"(Green Patriarch)라는 별칭을 얻은 것은 당연하다.[02] 다른 그리스도인들, 특별히 로마 가톨릭 교회와의

---

01 O. Clément, *La vérité vous rendra libre. Entretiens avec le Patriarche oecuménique Bartholomée Ier*, Paris, J.-C. Lattès-DDB, 1996, p. 98.
02 *Cosmic Grace, Humble Prayer : The Ecological Vision of the Green Patriarch Bartholomew I.*, ed. J. Chryssavgis (Grand Rapids, Michigan : B. Eerdmans Publishing Co., 2003).

대화에 매우 열심이었고, 유대교와 이슬람교에 대해 개방적이었다는 점에서, 사람들은 그를 높이 평가한다. 참으로 전 세계 정교회 공동체의 지도자로서 그의 사역 20여 년 동안, 그는 가교의 건설자로 행동하기 위해 끊임없이 노력했다.

이 책에서, 총대주교는, 비록 생태학과 대화에 관해 할 말이 이보다 더 많겠지만, 이 두 문제를 보다 폭넓은 맥락, 즉 정교회 신앙과 삶 전체 안에 위치시키길 원한다. 그의 목표는 정교회 영성을 체계적이고 남김없이 제시하는 것에 있지 않다. 그것은 그의 스타일이 아니다. 그는 오히려 그의 총대주교 사역 안에서 가장 피부에 와 닿는 주제들에 집중한다. 독자들도 금방 알아차리겠지만, 그는 부드러우면서도 강력한, 권위 있으면서도 겸손한 어조로 말한다. 그의 관점은 무엇보다도 매우 연민에 차있고 사목적이다.

20세기 위대한 세르비아 주교, 성 니콜라이 벨리미로비치는 이렇게 썼다. "우리 종교는 이 세상의 다른 모든 물리적 현실만큼이나 확실하게, 보고 들은 그런 영적 경험에 기초한다. 그것은 이론도 철학도 인간적 감정도 아닌, 경험이다."[03] 이런 생각은, "신앙과 경험의 동등한 중요성"이라 말하며 경험을 강조한 세계 총대주교의 입장과도 같다. 그는 말한다.

> 정통 그리스도교(정교회)는, 교리와 실천, 신앙과 삶을 직접

---

03 M. Heppell, *George Bell and Nikolai Velimirovic : The Story of a Friendship* (Birmingham (UK) : Lazarica Press, 2001), p. 32.

적이고도 심오하게 결부시키는 삶의 방식이다. 신앙과 삶
의 이 통일성은, 영원한 진리의 현실이 일련의 이데올로기
적인 구성과 법제화에 있지 않고 오히려 그 경험적 능력 안
에 있다는 것을 함축한다.[04]

이 경험적 입장을 요약하며 바르톨로메오스는 하나의 경구
로 확언한다.

> 진리는 느껴진다. 하지만 그것은 지성적으로 이해되지 않
> 는다. 하느님은 보인다. 하지만 하느님은 이론적으로 검증
> 되지 않는다. 아름다움은 지각된다. 하지만 그것은 추상적
> 인 방식으로 사유되지 않는다.[05]

이 책에서 총대주교는 이 관점에 매우 충실하다. 비록 신학
박사 학위를 가지고 있지만, 그의 말들은 사변이나 학문적 연구
가 아니라 그가 겪은 경험에 기초하고 있다. 어머니와 함께 했
던 어린 시절의 기도, 그의 고향 임브로스 섬에서의 예배, 할키
섬의 총대주교청 신학교 신학생이었을 때 드렸던 예배, 파나르
에 있는 그의 주교관 옆에 있는 소성당에서 거행했던 만과와 석
후과 등, 그는 개인적인 추억들로 이야기들을 빛나게 한다. 교
리와 삶은 늘 함께 간다.

이 책 맨 마지막 부분에 있는, 존 크리사브기스의 글 「세계
총대주교 바르톨로메오스의 간략한 생애」가 잘 지적하고 있듯

---

04 *Cosmic Grace*, p. 209.
05 위의 책, p. 215-216.

이, 총대주교의 영적 경험에는 두 가지 중요한 측면이 있다. 첫째는 임브로스 섬에서의 유년 시절부터 가지게 되었고 할키 신학교에서 공부하면서 더욱 강화된 전통적인 정교회 신앙심이고, 둘째는 로마, 보세이, 뮌헨 등 서방에서 신학을 공부하면서, 또 20년 동안 그의 선임자인 세계총대주교 디미트리오스의 개인 비서로 일하면서, 그리고 총대주교좌에 오른 후 지칠 줄 모르는 여행자로서 끊임없이 외국을 오가면서 얻은 매우 폭넓은 의식이다. 이 둘 중 첫째는 그에게 깊이를 가져다주었고, 둘째는 넓이를 가져다주었다. 하나로 연합된 이 두 측면이 그를 가교의 건설자, 가교의 일꾼으로 만들었다.

단 하나의 중심 주제가, 총대주교 바르톨로메오스가 이 책에서 우리에게 전하고자 했던 모든 것을 연결시킨다. 인간의 가치에 대한 그의 강조가 바로 그것이다. 첫 장에서부터 그는 이렇게 말한다. "하느님의 형상에 따라 유일무이하게 창조된 각 인격은 하나의 신비일 뿐 그 어떤 것으로도 환원될 수 없는 존재다." 미국에서 열린 환경 회의에서 강연할 때, 그는 매우 특색 있는 방식으로 "오늘날 우리가 살고 있는 세상과 관계된, 정교 그리스도교의 세 가지 주요한 힘들"을 구별하면서, 그는 인간에 대해 말하는 것으로 시작한다.

첫 번째 힘은 인간을 하나의 인격으로 이해하는 정교회의 개념이다. 우리에게, 인격성은 하나의 존재론적 범주다. 이 신학 사상은, 하느님을 성 삼위 하느님으로, 위격들 간의 친

교로 이해하는 우리 전통 안에 깊이 뿌리내리고 있다.[06]

한 가지 덧붙이자면, 총대주교의 인격주의(personalism)는 단지 이론이 아니라, 현실적이고 실천적인 방식으로 표현된다는 점이다. 그는 우정의 감정, 자녀를 대하는 아버지와 같은 감정을 은사로 가진다. 그는 만나는 모든 사람과 즉각적인 관계를 맺는 능력이 있고, 얼굴과 이름을 놀라울 정도로 잘 기억한다.

총대주교의 인간 이해에는 네 가지 주요 특징이 있다. 신비, 자유, 관계 그리고 총체성이다.

신비

"그 어떤 다른 것으로도 환원될 수 없는 하나의 신비." 바르톨로메오스가 주장하고자 하는, 인간의 첫 번째 특징은 바로 이것이다. 그는 이 주제를 발전시키면서 이 책에서 계속하여 이렇게 말한다. "인간은 어떤 특성이나 묘사로 완전히 남김없이 담아내거나 정의할 수 없는 존재이다." 우리가 할 수 있는 최선은 "구체적으로 알고 있는" 어떤 것을 보여주는 것일 뿐이다. 말하자면 우리는 인격이라는 것이 무엇을 의미하는지를 가리킬 수 있고, 그 형상들과 예들을 제시할 수 있을 뿐이다. 그것이 전부다. 왜냐하면 인격은 정의될 수 없고, 인격성도 다른 것으로 환

---

06 Address to the environmental symposium convened in Southern California by Jean-Michel Cousteau and Bruce Babbitt, Nov. 8, 2001, *New Perspectives Quarterly* 16, no. 1, 2002.

원될 수 없기 때문이다. 한 인격의 신비는 생리학이나 심리학 혹은 사회학이 밝혀낸 과학적 사실들로 환원될 수 없다. 한 인격에게는 말로는 적절하게 표현될 수 없는 그 이상의 어떤 것이 항상 남아 있게 마련이고, 한 인격은 우리가 줄 수 있는 그 어떤 설명보다도 더 위대하기 때문이다. 항상 그 이상의 어떤 것을 향해 개방되어 있음은 인격성의 내재적 표지이다. 이것은 우리가 우리 인격성의 한계들, 우리 인격성의 잠재적 가능성들, 그것의 궁극적 완성에 대해 명확하게 알지 못함을 의미한다. 한 인격으로 존재한다는 것이 무엇인지 우리는 잘 알지 못한다는 말이다. 신학자 성 사도 요한의 말을 빌자면, "우리가 장차 어떻게 될지는 아직 드러나지 않았다."(1요한 3:2)는 것이다.

니싸의 성 그레고리오스가 지적하고 있듯이, 인간 인격의 신비롭고도 헤아릴 수 없는 특징에는 특별한 이유가 있다.[07] 총대주교가 여러 번 강조한 바와 같이, 이것은 우리가 "하느님의 형상에 따라 닮아가도록" 창조되었다는 사실과 관계있다.(창세기 1:26) 그러므로 성 그레고리오스가 보여주고 있듯이, 하나의 형상은, 그것이 진정 그 무엇의 형상인 한, 원형의 속성들을 재현해야 한다. 우리의 원형인 하느님은 모든 이해를 넘어서는 분이시기에, 다른 차원이긴 하겠지만, 그의 형상인 인간 인격도 그럴 수밖에 없다. '아포파시스 신학'과 균형을 맞추려면, 우리에겐 '아포파시스 인간학' 또한 필요하다. "사람의 마음은 깊다."(시편 64:6)

07 *On the Creation of the Human Being* 11, PG 44, 153D, 156B.

자유

쇠렌 키르케고르의 표현대로, "인간에게 주어진 가장 멋진 것은 바로 선택, 자유다."[08] 이는 또한 총대주교 바르톨로메오스의 견해이기도 한데, 총대주교는 이 자유를 인격의 네 가지 특징 중 두 번째로 꼽으면서, 특별히 이 특징에 우리가 관심을 가져주길 원한다. 그는 자신의 책에서 "자유의 개념은 정교 신앙과 삶에서 매우 결정적"이라고 주장한다. 2005년 11월 3일 "격변의 유럽에서 종교의 역할"이라는 주제로 행한 런던 정치경제대학교(London School of Economics) 강연에서, 그는 인간의 자유를 정확히 "유럽적 사유"의 결정적 구성요소로 강조한다.

> 우리가 자주 말했듯이, 유럽은 단지 하나의 지리적인 의미로서의 지역이 아니라 하나의 사상이다. 우리는 자문한다. 그렇다면 유럽에 통일성을 부여하고, 유럽의 '영혼'을 형성하며, 유럽 연합이 비록 불완전하게나마 구현코자 하는 이 근본적인 사상은 무엇인가?
>
> 대답은 마르틴 부버가 『하시딤 이야기』(Tales of the Hasidim)에서 언급한 하나의 문장 안에 있다. 한 랍비에게 묻는다. "악한 욕망이 실행할 수 있는 최악의 것은 무엇인가?" 랍비가 대답한다. "우리 모두가 한 임금의 자녀라는 사실을 잊게 만드는 것이다." 인간 인격으로서 우리 각자는 영적인 의미에서 다 왕족이다. 다시 말해 우리 각자는 모두 자유롭다. 이 인격적 자유, 모든 인간 존재의 자유로운 존엄과 통

---

[08] *The Journals of Soren Kierkegaard*, ed. Alexander Dru (London : Oxford University Press, 1938), p. 372.

일성은 우리가 유럽적 사유라고 말하는 것의 핵심에 있다. 그것은 유럽 연합의 첫 번째 방향이요 원리다.

정확히 이런 관점 안에서 우리는 유럽에서의 종교의 역할을 평가하려고 한다. 이 인격적 자유는 인간 인격에 대한 그리스도교의 가르침에서도 동일하게 근본적이기 때문이다. 그리스도는 확언하신다. "진리가 너희를 자유케 하리라."(요한 8:32) 또 성 바울로는 주장한다. "내가 자유롭지 않단 말입니까?"(I 고린토 9:1)[09]

자유 없이는 진정한 인격도 없음을 확신하면서, 총대주교 바르톨로메오스는 "자유로울 때만 진정 나는 한 인격일 수 있다"는 사상을 발전시켰다.

하나의 실존 현실로서의 인간 존재는 자유롭게 살아갈 때만 참으로 한 인격일 수 있다. 가능성의 모든 영역이 우리의 자유롭고 의식적인 선택 앞에 놓이는 그런 조건 안에서만, 우리는 우리의 지상적인 현실만 아니라 하느님 나라의 형상으로서의 우리 자신을 변화시킬 수 있다. 우리의 인간성은 타인과의 자유로운 관계 행위를 통해서 실현된다. 인간 인격은 차별성과 고유성을 우리 인간성의 근본적인 측면으로 만드는 자유로운 친교 행위이다.[10]

---

09 이 강연 원고 전체는 다음을 참고하라. *Yearbook of the Greek Cathedral of St. Sophia 2005*, Bishop Theodoritos of Nazianze, (London, 2006), p. 6-11. 참고. Martin Buber, The Tales of the Hasidim : The Early Masters, (New York : Schochen Books, 1968), p. 282.

10　*Cosmic Grace*, p. 209.

마지막 두 문장에서 바르톨로메오스는 우리를 인격성의 세 번째 측면으로 이끈다. 이에 대해 우리는 뒤에서 다시 언급할 것이다. 하지만 먼저 이 문장에서 강조된 본질적인 지점, 자유의 특질, 선택의 자유에 대해 생각해보자. 7장에서 그는 여기서 암시하고 있는 것의 몇 가지 함축을 발전시킨다. 먼저 자유는 우리가 하느님의 형상에 따른 존재라는 사실과 곧바로 결부된다. 하느님은 자유로우시므로, 하느님의 살아있는 이콘으로서 인간 인격 또한 자유롭다. 물론 하느님께 이 자유는 절대적인 것인 반면, 인간에게 그것은, 비록 완전히 파괴된 것은 아니지만, 죄로 인해 제한되었다. 신적 형상의 발현인 자유는 단지 창조된 인격성의 본성적 특징만은 아니다. 그것은 또한, 더욱 심오한 차원에서 볼 때, 그 안에 창조되지 않은 분의 불꽃을 포함하고 있는, 은총의 선물이다. 하지만 그것은 단지 하나의 선물일 뿐만 아니라, 총대주교가 말하고 있듯이, "지속적인" 과제요, "많은 영적 분투를 통해 획득되는 선물"이기도 하다. 그런 점에서, 자유는 역동적인 금욕적 훈련을 전제한다. 실제로 금식의 주된 목적은 정확히 우리로 하여금 자유를 되찾도록 도와주는 것이다. 자유롭다는 것은 단지 우리가 좋아하는 일을 하는 것이 아니다. 유일하게 참된 자유는 하느님의 뜻을 행하는 것이기 때문이다. "참된 자유는 순종이다."[11]

다음으로, 자유는 나뉠 수 없다. 나의 자유를 지키는 것은

---

11 O. Clément, *La Vérité vous rendra libre*, p. 164.

타인의 자유를 존중하는 것과 함께 가야만 한다. 자유를 위한 투쟁은 이 세상의 "가난한 자들", 억압받는 자들, 배척당한 자들, 차별과 남용의 모든 희생자를 위한 지칠 줄 모르는 싸움을 의미한다. 이것 역시 총대주교에게는 결정적인 중요성을 가진 것이다. "한 지체가 고통을 당하면 다른 모든 지체도 함께 아파하지 않겠습니까? 또 한 지체가 영광스럽게 되면 다른 모든 지체도 함께 기뻐하지 않겠습니까?"(I 고린토 12:26)

관계

자유에 대해 말할 때, 우리는 불가피하게 인격의 세 번째 특징, 즉 '관계'를 접한다. 방금 인용한 강연에서 총대주교가 말한 것처럼, 인격은 "타인과의 자유로운 관계 행위… 자유로운 친교 행위"다. 달리 말해, 자유는 "타인을 향하게 하는 자극"[12]을 함축하기에, 개인적인 것일 뿐만 아니라 또한 개인 상호간의 것이다. 자유는 사랑과 분리될 수 없다. 7장에서 그는 이렇게 적고 있다.

> 인간 존재로서 우리는 다른 사람들과의 관계를 거부하는 그런 고립 속에서는 결코 자유로울 수 없다. 자유로운 인간들의 공동체에 속해 있을 때만 우리는 실제로 자유로울 수 있다. 자유는 결코 고독한 것일 수 없고, 도리어 언제나 사회적이다. … 자유는 만남 안에서만 표현된다.

---

12 위의 책, p. 166.

여기서 다시 한 번, '인간성 안에 있는 하느님의 형상'이라는 교리는 인격의 신학에 직접적인 관련을 가진다. 우리는 하느님의 형상에 따라, 다시 말해 단지 하나(One)일 뿐만 아니라 '하나 안에 있는 셋이신'(three-in-one), 단일성(unit)이실 뿐만 아니라 세 위격의 연합(union) 혹은 친교(communion)이신, 그런 하느님의 형상에 따라 창조되었다. 성 삼위 하느님이 상호적인 사랑의 신비이신 것처럼, 인간 존재 또한 상호적인 사랑을 위해 창조되었다. 그래서 우리는 신성한 성찬 예배에서 "하나의 같은 마음으로 성부 성자 성령, 본질이 같으시고 나뉠 수 없는 성 삼위 하느님을 고백하기 위해, 우리 서로 사랑합시다."라고 선언한다. 페르가모스의 대주교 요한 지지울라스가 확언하듯이, 하느님의 존재는 "관계적인 존재"[13]이고, 이런 까닭에 웨슬리 성가의 표현처럼 "삼위일체 하느님의 복사(複寫)"인 우리 사람 또한 오직 하느님의 삼위성-단일성을 반영하는 인격 상호간의 친교 안에서만 우리의 인격성을 실현할 수 있다.

이 점과 관련하여, 인격을 의미하는 그리스어 단어가 문자적으로 "얼굴" 혹은 "낯"을 의미하는 '프로소폰'(πρόσωπον)임을 잊지 말자. 다른 인간 인격을 향해 돌아서서 "얼굴을 맞대고" 바라볼 때, 그들의 눈을 마주하며 바라볼 때, 그리고 그들로 하여금 우리의 눈을 마주보도록 허용할 때, 그때 우리는 비로소 참으로

---

13 John D. Zizioulas, *Being as Communion : Studies in Personhood and the Chruch*, Contemporary Greek Theologians Series, no. 4, (Crestwood, New York : St. Vladimir's Seminary Press, 1997), p. 17.

인간적일 수 있고, 참으로 인격적일 수 있다. 다름을 기꺼이 인정하며 타자에게 인사를 전할 때, 우리는 비로소 참으로 인격적일 수 있다. 인격성은 사회적이다. 다른 어떤 것도 아니다. "내가 진정 나 자신이기 위해, 나는 당신들이 필요하다." 한 인격으로 존재한다는 것은 다른 인격들에게 자리를 내주는 것을 함축한다. 뉴욕의 무역 센터 테러로 인해 파괴된 성 니콜라스 정교회 성당 잔해 위에 서서 총대주교가 말했던 것처럼, 그것은 "하느님이 우리 모두를 위해 창조하신 이 지구 위에는 우리 모두를 위한 자리가 있다"고 타인들을 향해 말하는 것이다.[14]

매년 '피조세계 보전의 날'(9월 1일)에 발표되는 회칙 서신에서 바르톨로메오스가 자주 확언했던 것처럼, 그리스도교는 "열정적인 연대"를 함축한다.[15] "인류에겐 연대가 있다. 세 위격이신 한 하느님의 형상에 따라 창조된 존재이기에, 인간은 상호의존적이고 상호내재적이다. 어떤 인간도 고립된 섬이 아니다. 우리는 '서로에게 지체이다.'(에페소 4:25)" … 도스토예프스키의 소설『카라마조프 가(家)의 형제들』에 나오는 스타레츠(원로) 조시마의 말에 의하면, "우리 각자는 모든 사람, 모든 것에 대해 책임이 있다."[16] 아리스토텔레스의 표현에 의하면, 인간이란 동물은, 신이 폴리스(polis, πόλις) 혹은 도시에서 살도록, 상호 연민과 의무를 특징으로 갖는 구조화되고 상호작용하는 사회 속에

---

14 2002년 3월, 9.11 테러로 인한 비극의 희생자들을 위한 추도식 설교.
15 *Cosmic Grace*, p. 61.
16 위의 책, p. 45.

살도록 창조한 "정치적(politique) 동물"이다. 바르톨로메오스는 "고대 그리스인들은 사람이 발전하기 위해선 도시가 필요하다고 말하는 습관이 있었다"[17]는 점을 주목한다. 총대주교가 좋아하는 오래된 수도원 속담이 있다. "내 형제는 나의 생명이다."[18] 이 속담을 설명하면서, 그는 덧붙인다. "각각의 인간 존재가 다 우리의 이웃이다."[19]

이 책의 독자들은 바르톨로메오스가 '관계', '만남', '친교', '나눔', '대화'와 같은 단어들을 얼마나 자주 사용하는지 금방 알게 될 것이다. 그 밖의 유사한 단어들과 더불어 이 용어들은 이 책 전체에 두루 등장하면서 하나의 통일된 관점을 제공해주는, 황금색 실과도 같다. 인격들로서 우리는 "만남을 위해 창조되었다"고 한다. 기도는 하나의 "관계의 말"이다. 우리의 기도는 그 성격으로 볼 때, "대화 같은" 것이다. 그 목적이 단지 말하는 것에만 있지 않고 또한 듣는 것에도 있기 때문이다. 금식을 통해 육체는 인격적으로 되어간다. 금식하는 것은 육체적 필연성들, 먹고 마시는 본성적 욕구를 "나눔의 신비"로 변화시키기 때

---

17 1994년 5월 31일, 런던 대학 명예박사 학위 수여식에서 행한 강연.
    O. Clément, *La Vérité vous rendra libre, Entretients*, p. 323.
18 위의 책, p. 103. 이 속담은 아토스 성산의 성 실루아노스에 의해서도 인용되었다. "자기 형제를 사랑하는 영혼은 복되다. 우리의 형제는 우리의 생명이기 때문이다." Archimandrite Sophrony, *Saint Silouan the Athonite* (Tolleshunt Knights, Essex : Monastery of St. John the Baptist, 1991), p.371.
19 1994년 5월 31일 강연. O. Clément, *La Vérité vous rendra libre, Entretients*, p.324. 총대주교는 본래의 원고에 이 인용문을 이탤릭체로 표시하여 강조하였다.

문이다. 사실 교회의 모든 성사는 하느님과만 아니라 나머지 모든 사람과의 친교와 공동체성을 회복하는 것을 목표로 삼는다. 이콘 또한 관계와 만남이라는 용어들로 이해되어야 한다. 하나의 창 혹은 문으로 사용됨으로써, 이콘은 이콘에 경배하는 사람으로 하여금 그 안에 표상된 인격과 대면하여 만나게 해주기 때문이다. "이콘은 그리스도교가 '얼굴의 종교'라는 것을 우리에게 상기시킨다."[20]

이 '관계와 만남의 신학'에서 영감을 받은 총대주교 바르톨로메오스는, 파나르에서 지내온 세월 내내, 그리스도인들 간의 대화와 종교 간의 대화를 가장 강력하게 지지했다. 1995년 6월 로마에 가서 교황 요한 바오로 2세를 방문했을 때, 그의 수행원 중에 터키 무슬림인 한 유명한 자선가가 포함되어 있었다는 사실은 그의 접근방식의 전형적인 예를 보여준다. "참된 대화는 하느님의 선물이다"라고 그는 강조한다. 진지한 대화라도 장애를 만날 수 있음을 인정했지만, 그럼에도 그는 언제나 낙관적이었다. 이 책에서도 말하고 있듯이, "역사상 그 어떤 시대도 지금만큼, 만남과 대화라는 수단을 통해서 그토록 많은 이들에게 긍정적인 변화를 가져다 줄 수는 없었기" 때문이다. 우리 시대는 단지 불안의 시대일 뿐만 아니라 또한 대화의 시대이기도 하다.

그런데 대화는 자유를 전제한다. 항상 그랬듯이, 여기서 인격성의 두 번째, 세 번째 특징은 서로 같이 간다. 하느님 자신이 대화의 참된 정신을 어떻게 묘사하고 있는지를 그려보기 위해, 바

20 위의 책, p. 111.

르톨로메오스는 2세기에 쓰인 『디오그네토스에게 보내는 편지』를 즐겨 인용한다. "하느님은 강요하지 않으시고 설득하신다. 폭력은 그분께 낯선 것이기 때문이다."[21] 이런 정신을 지니고, 바르톨로메오스는 이른바 "인간적인 참여"와 "절제 있는 대화"의 필요성을 강조한다. 그는 모든 형태의 개종주의에, 호전적인 방식으로 타인의 자유를 짓밟으며 매수하고 위협하는 선동적인 포고 방식에 확고하게 반대한다. 어떤 것이든 이런 유의 침해는 종교의 이름을 빌린 범죄이기에, 총대주교는 여러 차례 베른 선언(1992)과 보스포로스 선언(1994)을 인용하며 "종교의 이름을 빌어 자행된 범죄는 종교에 가해진 범죄이다"[22]라고 격분했다.

자유와 상호관계에 대한 이 호소는, 전체 정교회 세계 안에서 콘스탄티노플 세계총대주교좌가 차지하는 역할에 대한 총대주교 바르톨로메오스의 해석을 정확하게 보여준다. 정교회는 총 15개에 이르는 총대주교관구(Patriarchate) 교회들과 독립관구(Autocephalous) 교회들로 구성된 하나의 가족으로서, 이 모든 교회들은 신앙과 성사적 친교 안에 연합되어 있지만 또한 각각 내적인 삶의 조직화에 대해서는 자결의 원리로 운영된다. 이 전 세계적 친교 안에서, 콘스탄티노플 세계총대주교는, 정교 신앙의 보편성을 지키는, '영예상의 수위권'(honorary primacy)을 누린다. 하지만 로마 교황과는 달리, 세계총대주교는 적어도 나머지

---

21 *Epistle to Diognetus* 7, 4.
22 *Cosmic Grace*, p. 117에 인용된 "Bosphorus Declaration of Feb. 9. 1994"를 보라.

정교 세계와 관련해서 직접적이고 즉각적인 관할권을 가진다고 주장하지 않는다. 바르톨로메오스가 자주 사용하는 표현처럼, 세계총대주교는 자신의 위상을 단지 "맏형의 위치" 혹은 "동등한 자들 중의 첫째"(first among equals)로 여긴다. 세계총대주교는 자신의 결정을 다른 정교회에 강요하거나, 명령하거나 강제하려 하지 않고, 요청이 없는 한 내부의 일들에 간섭하지 않는다. 그의 사명은 주재하고, 주창하고, 조정하는 것이다. 그는 제안하지만 강요하지도 강제하지도 않는다. 프랑스의 정교회 사상가 올리비에 클레망이 표현한 것처럼, "불러 모으는 것은 이 교회다. 하지만 이 교회는 항상 다른 정교회들과의 충만한 일치와 의견타진을 통해서, 이 '불러 모으는 사명'을 감당한다."[23]

1961년 로도스(Rhodes) 섬에서 첫 번째 범정교회 컨퍼런스를 소집했을 때, 매우 용감하고 예언자적 인물이었던 세계총대주교 아테나고라스가 추구했던 이상과 실천이 그러했고, 로도스 섬과 벨그라드 그리고 스위스 샹베지에서 개최된 이후의 범정교회 컨퍼런스들이 또한 그러했다. 아테나고라스의 계승자인 디미트리오스 총대주교 또한 그런 원칙 위에서 일했고, 바르톨로메오스도 마찬가지다. 1991년 11월 2일 착좌식 강연에서 말했던 바와 같이[24], 다른 정교회들과의 접촉에서 그리고 터키 정부와의 관계에서, 그는 항상, 세계총대주교청은 "순전히 영적인 기관이고, 화해의 상징이며, 무장하지 않은 힘"이라는 사실

---

23   O. Clément, *La Vérité vous rendra libre*, p. 51.
24   *Cosmic Grace*, p. 67.

을 이해시켰다.

총체성

총대주교 바르톨로메오스에 따르면, 인간 인격의 네 번째 특징은 총체성, 통합, 포용성이다. 우리의 신학적 인간학에서, 인간 인격은 언제나 영혼과 육체의 나뉘지 않는 단일체이고, 영적인 것은 어떤 경우에도 물질적인 것과 분리되지 않는다. 우리의 육체성을 통해 하나의 정신-신체적 총체를 구성하기에, 우리 인간은 자연 환경의 일부가 된다. 인간 존재로서 우리의 상호관계는 단지 다른 인간 존재들만 아니라 창조된 질서 전체를 포함한다. 우리의 상호관계는 그 범위와 영향력에 있어서 우주적이고, 총대주교의 표현처럼, 인류와 물질세계는 "바느질 없는 통옷"을 형성한다. 그로부터, 자연 세계를 생각할 때, 우리는 이 관계적 휴머니즘의 빛 속에서, 항상 자연 세계를 "그녀/그/그것"이 아닌 "너/당신"으로 여긴다. 세상은 '만남'의 용어 안에서만, '친교의 신비'라는 맥락 안에서만 올바르게 이해될 수 있다.

무엇보다도 우리 마음의 눈을 세상의 아름다움을 향해 열 때, 우리는 피조세계라는 "바느질 없는 통옷"과의 이 친교를 이해하게 된다. "만드신 모든 것을 하느님이 보시니, 그것은 좋고 아름다웠다."(창세기 1:31)[25] 총대주교 바르톨로메오스는 이 우주

---

25 여기 인용된 성경 구절은 정교회가 사용하는 칠십인역 그리스어 구약 성경의 번역이다. 대부분 "참 좋았다" 정도로 번역되었지만, 그리스어 본문은 '칼라 리안'(καλὰ λίαν)이라 되어 있고, 그리스어 형용사 칼로

적 아름다움에 대해 말하고 싶어 했다. 어린 시절, 학교에서 글짓기를 할 무렵부터, 그는 자연의 아름다움에 매우 민감했다.[26] 하지만 그의 눈에 이토록 중요했던 이 아름다움은 단지 미적인 차원에서만 아니라 또한 '테오파니'(신현현)의 차원에서 그러했다. 그것은 우리를 창조주 하느님께로 향하게 해주기 때문이다.

우리 인간 상호관계의 이 우주적 영향은, 성찬 예배에서 축성을 위한 성령초대기도(에피클리시스)를 드리기 직전에, 집전자가 "모든 것으로 모두를 위해, 우리가 당신의 것을 당신으로부터 당신께 바치나이다."라고 선언할 때, 분명하게 선언된다. "모든 것으로." 우리의 성찬 예물은 동물, 식물, 나무, 강, 산, 대양 등 모든 인간 존재뿐만 아니라 자연 전체를 포괄한다. 우주 한 가운데 위치한, 소우주요 중재자요, 영혼과 몸의 통일체인 인간 인격은 피조세계의 사제로서, 은총에 대한 감사의 보답으로 온 세상을 다시 하느님께 바치도록 부름 받았다. 우리는 "이성적" 혹은 "정치적" 동물일 뿐만 아니라, 더욱 심오하게는 "감사하는" 동물(eucharistic animal)이다.

우리의 관계성이 가지는 우주적 차원, 인간 본성의 본질적 총체성에 대한 총대주교의 신념은, 그로 하여금 열정적이고 활

스(καλός)에는 "좋은"이라는 의미뿐만 아니라 "아름다운"이라는 의미 또한 포함되어 있기 때문이다 : "εἶδεν ὁ Θεὸς τὰ πάντα, ὅσα ἐποίησεν, καὶ ἰδοὺ καλὰ λίαν."

26 그의 어린 시절 글들은 책으로 엮여 출판되었다. *Ektheseis tou Mathitou Dimitriou Ch. Archontoni*, (Athens : Syndesmos ton en Athinais Megaloscholiton, 2000).

동적인 생태주의자로 만들었다. 바르톨로메오스에게, 예컨대 환경 위기의 뿌리는 일차적으로 경제적인 것이 아니라 영적인 것이다. 이 위기는 환경 그 자체에 있지 않고 인간의 마음 안에 자리하고 있다. 세 번째 천년 기에 접어들며, 진정 우리에게 기대되는 것은, 더욱 정교해진 과학적 역량일 뿐만 아니라, 더 근본적으로는 '메타니아', 즉 참회다. 그리스어 단어인 '메타니아'(μετάνοια)는 문자적 의미로 "정신의 변화" 혹은 "영의 변화"를 뜻한다. 우리 자신과 창조된 세상과 하느님을 이해하는 새로운 인식 방법을 얻는 것이 우리에겐 시급하다.

생태론자로서 바르톨로메오스는 "인간중심적"(anthropocentric)이지 "인간일원적"(anthropomonist)이지는 않음을 사람들은 간파했다.[27] 실제로, 그는 하느님이 인간 인격을 피조세계의 중심에 놓으셨다고 믿는다는 점에서 인간중심적이다. 하지만 그것은 인간이 자연을 이기적이고 자의적으로 지배해도 좋다는 뜻이 아니라, 창조된 세상을 다시 빚고 변모시키며, 그 세상을 대변하고, 사제로서 그것을 다시 하느님께 봉헌하라는 뜻이었다. 반대로, 자연 환경을 착취하고 희생시키면서 인간의 자기중심적 유익에만 배타적으로 집중하는 인간일원론(anthropomonism)을, 그는 확고하게 거부한다.

그와 같은 배타적 집중과 고립은 세속주의의 본질 그 자체이다. 세속주의는, '사제적(priestly) 존재'요 '감사의(eucharistic) 존

---

27 *Cosmic Grace*, (p. 19)에 실린 J. Chryssavgis의 서문을 참고하라.

재'로서의 인간의 정향성을 무시하고, 도리어 인간을 하느님과 세상으로부터 분리시키는 인간일원론적 이단이라고 총대주교는 생각한다. 세속주의자는 더 이상 세상을 하느님의 선물 혹은 신적 현존의 성사로 여기지 않는 사람이다. 그에게 세상은 더 이상 투명하지 않고 침침하며, 인간 존재는 더 이상 피조세계의 사제가 아니라 그 소유자요 지배자다. 하지만 총대주교는 이런 의미의 세속주의는 오직 서방에서만 나타나는 현상이 아니라, "전통적인" 정교회 국가들에도 심각하게 영향을 끼치고 있다고 덧붙이며 강조한다.

심오한 기초들

인간 인격을 신비, 자유, 관계, 총체성으로 이해하는 이 해석은 심오한 기초들을 가진다. 이 기초들 중 네 가지는 필히 언급되어야 한다. 첫째, 이미 살펴보았듯이, 인간으로 존재한다는 것의 의미가 무엇인가에 대한 우리의 이해는, '성 삼위 하느님에 대한 교리'에 기초한다. 우리는 "하느님의 형상에 따라", 다시 말해 단일성(Unity)이실 뿐만 아니라 삼위성(Trinity)이신 하느님, 인격적이실 뿐만 아니라 상호인격적(interpersonnel)이신 하느님의 형상에 따라 창조되었다. 그러므로 우리 인간은 오직 상호관계를 통해서만 이 성 삼위 하느님의 형상에 걸맞은 인격을 구현할 수 있다. 바르톨로메오스의 표현을 빌자면, 성 삼위 하느님은 "만남과 친교의 상징"이다. 그것은, 마므레 상수리나무 아래서 아브라함과 사라를 방문한 세 천사의 모습(창세기 18:1-2)으로 성 삼위 하느님을 표상한, 아브라함의 환대 이콘에 가시적으로 표현된다. 다수의 예에서, 특별히 성 안드레이 루블료프가 그린 유명한 '성 삼위 하느님 이콘'에서, 세 천사는 단지 일렬로 앉아 있지 않고, 마치 대화를 나누듯 서로를 향해 있다. 하지만 바르톨로메오스가 우리에게 말하듯, 그것은 또한 우리 인간들을 끌어들이는 대화다. 세 천사는 식탁의 세 면에 각각 자리하고 있는 반면, 네 번째 면은 비워져 있기 때문이다. "이콘은 이렇게 해서 우리 각자에게 열려 있는 초대를 형상화한다. 우리는 이 낯선 손님들과 함께 식탁에 앉지 않겠는가?" 우리가 성 삼위 하느님의 형상에 따른 참된 인격이 되는 것은 오직 우리가 하느님의 이 초대에 응답할 때만 가능하다.

둘째로 인간 인격에 대한 바르톨로메오스의 존중은 그의 그리스도론에 기초한다. 자유와 상호관계는 십자가에 달리신 그리스도의 케노시스(자기 비움), 희생, 죽음을 통해서만 구체화될 수 있다. 착좌식 강연에서 바르톨로메오스가 앞으로 전개될 자신의 총대주교 사역을 십자가 죽음에 비유한 것은 매우 감동적이다. 그는 "우리 주님과 함께 십자가에 달리기 위해, 또 주님과 더불어 십자가에 달린 그분의 교회와 함께 자신도 십자가에 달리기 위해, 첫 번째로 부름 받은 사도 안드레아의 십자가를 받아들인다."고 선언하였다. 심지어 그는 자신이 짊어져야 할 이 십자가를 "짊어질 수 없는", "견딜 수 없는" 것이라고 묘사하기까지 했다. 하지만 여기서 그리고 다른 많은 기회들을 통해, 총대주교는 갈보리와 빈 무덤 사이의 단절되지 않는 연관을 강조했다. 그는 "함께 십자가에 달리기 위해"라고 말한 뒤, 곧바로 또 "부활의 빛을 영원히 비추기 위해"라고 덧붙인다.[28]

총대주교 바르톨로메오스에게 십자가 죽음이 무엇을 의미하는지는, 1994년 성 대 금요일, 로마에서 교황 요한 바오로 2세가 읽은 '십자가의 길'에 대한 총대주교의 묵상 글을 읽어보면 분명해진다. 여기서 바르톨로메오스는 '육화하신 하느님 말씀'이 인간 고통의 모든 차원에 참여하셨음을 조금의 타협도 없이 주장한다.

> 예수의 인간적 의지,
> 우리의 모든 외로움,
> 우리의 모든 슬픔, 우리의 모든 반역과의 연대…
> 그리스도 안에서, 하느님은 인간적으로
> 우리의 모든 비명을
> 역사의 엄청난 비명을,
> 우리 운명에 대한 욥의 거대한 울부짖음을
> 경험하신다.
> 오 그리스도여, 당신께 영광과 찬미 드리나이다.
> 당신은 우리 자신보다 더욱 우리 자신 같은,
> 그런 존재가 되셨나이다.
> 예수, 육화하신 말씀이시여,
> 당신은 길 잃은 인류가 갈 수 있는
> 가장 먼 곳까지 가셨나이다.
> 나의 하느님, 나의 하느님, 어찌하여 나를 버리셨나이까?…

---

28 *Cosmic Grace*, p. 66.

> 십자가의 달리신 하느님이, 잠시나마,
> 무신론자가 된 듯 …[29]

그리스도의 십자가 희생과 죽음은 위에서 언급한 인간 인격의 네 번째 측면, 즉 총체성과 생태적 책무에 특별히 중요하다. 십자가 지는 것을 포함하지 않는 한, 참다운 신학적 생태론은 있을 수 없다. 2002년 6월 22일 베니스에서 열린, 아드리아 해에 관한 네 번째 국제적 간(間)종교적 회의의 마지막에 행한 바르톨로메오스의 강연 주제가 바로 그것이었다. 여기서 그는 현재의 생태 프로그램이 "결여하고 있는 차원"에 대해서 말했다. "십자가는 우리 모두가 부름 받은 궁극적 희생의 길로 안내하는 상징이다."라고 그는 말한다. "십자가 없이는, 희생 없이는, 우주의 축복과 변모도 있을 수 없다."[30]

셋째로, 인간 인격에 관한 총대주교 바르톨로메오스의 가르침은 교회의 "신비들" 혹은 성사들에 대한 그의 이해에 기초한다. 이 책에서는 세례와 감사의 성찬 예배에 대해 자세히 다루지 않고 있지만, 5장 마지막 부분에서 그는, 다른 성사들과 함께 이 "신비들"이 우리 인격성의 관계적 특징, 만남과 친교라는 의미를 특별한 방식으로 표현하고 있음을 알게 해준다. 더 나아가, 성령에 의해 변모된 물질로서의 성사들은 자연세계와 맺고 있는 우리의 총체성과 친밀성을 회복시킨다. 진정 그리스도교적이려

---

29 O. Clément, *La Vérité vous rendra libre*, p. 325-327, 350.
30 *Cosmic Grace*, p. 305-308. 또한 4장 '사랑의 소명'을 참고하라.

면, 모든 생태 신학은 불가피하게 성사 신학일 수밖에 없다.

마지막으로, 우리가 성 삼위 하느님의 친교를 공유하는 것, 그리스도의 십자가와 부활의 의미를 꿰뚫는 것, 그리고 하나의 성사적인 삶을 살아가는 것, 이 모든 것은 오직 내적인 기도를 통해서만 이뤄질 수 있다. 이것이 바로 네 번째 기초이다. 여기서 총대주교는 모든 그리스도인의 소명에 있어서 수도 영성의 규범적 가치를 강조한다. 그래서 그는, 10세기 이래로 정교회 수도 영성의 주된 중심지인 아토스 성산이 전체 정교회에 엄청난 기여를 했다는 사실로 우리의 관심을 이끈다. 총대주교는, 1994-1995년 어간, 총대주교청에 대해 아토스 성산의 자치를 요구했던 일부 수도사들과 긴장관계에 있었다. 하지만 이런 불일치는, 어떤 경우에도, 바르톨로메오스가 아토스 성산에 구현된 수도영성의 드높은 이상을 과소평가 함을 보여주는 것이 결코 아니다. 정반대로, 그는 아토스 성산을 "세계 총대주교좌의 영적 심장"이라고 규정할 정도였다.

바르톨로메오스는 특별히 아토스 성산에서 "아름다움의 사랑"을 의미하는 『필로칼리아』라는 제목으로 간행된, 정교회 금욕가와 신비가들의 글을 모아놓은 선집에 호소한다. 그는 『필로칼리아』의 중심 주제인 '헤지키아' 즉 고요와 침묵으로 우리의 관심을 이끈다. 이 개념은 단어들 사이의 멈춤, 혹은 말의 그침 등과 같이 부정적인 용어가 아니라, 오히려 하느님을 기다리는 자세, 성령의 음성을 듣고자 하는 태도 등과 같이 긍정적인 방식으로 해석된다. 그것은 어떤 부재(不在)가 아니라 어떤 현존(現存)이다. 이렇게 '기도'와 마찬가지로 '침묵' 또한 근본적으로 '관계적'인 단어다. 자주 그렇듯이, 여기서도 총대주교는 만남과 친교의 용어로 사유한다. 정교회 금욕 신학의 핵심 개념인 '마음' 또한 관계라는 관점에서 이해된다. 마음은 "하느님, 인간, 세상이 조화로운 … 관계 안에 공존하는 장소"다. 이는 내가 지금까지 본 것 중에 가장 훌륭한 정의(定義)다!

"나는 결코 절망하지 않는다."

이 책 전체를 통해서, 총대주교 바르톨로메오스는, 특별히 환경의 악용과 우리 세계의 불의에 대해서 우리에게 많은 것을 말하고자 한다. 하지만 동시에, 그는 의심할 바 없이 멸망이 아니라 희망의 예언자이다. 그의 에필로그 주제가 바로 이 희망이다. "희망은 삶에서 본질적이다. … 그리고 언제나 희망은 있다." 그는 낙관주의자로 여겨지는 것을 두려워하지 않는다. "나는 결코 절망하지 않는다. 해결책은 언제든 찾아질 수 있다는 점에서 나는 항상 낙관적이다."[31] 그는 6장에서 생태론에 대한 글을, 이와 유사하게 희망 가득한 언급으로 결론을 맺는다. "의아스럽게도, 우리 시대의 생태적 문제들은 나를 짓누르지 않는다. 우리는 분명 환경 위기에 직면해 있고, 그 위기는 어떤 정치가도 소홀히 여길 수 없으며, 어떤 과학자도 과소평가할 수 없

---

31 총대주교는 2002년 3월 6일 워싱턴(DC)에서 이 말을 했다. 그때는 유니아트(uniate 귀일교회) 교회 문제로 정교회와 가톨릭 교회 간의 대화가 많은 어려움을 겪고 있을 때였다.

다. 어쨌든 나는 항상 '하느님의 형상에 따라 닮아가도록 창조된'(창세기 1:26) 인간의 근본적인 선함과 긍정적인 의도를 매우 낙관적으로 생각해왔다."

이 희망에서 영감을 받는 총대주교는 수동적인 체념이 아니라 행동의 필요성을 끊임없는 강조하고 권면한다. "우리는 수동적으로 머물러 있어서는 안 된다"고 그는 주장한다.[32] 아드리아 해에 관한 2002년 국제회의를 마무리하면서 교황과 함께 서명한 「환경 윤리 선언」에서, 이 두 사람은 "하느님은 세상을 버리지 않으셨다. … 결코 늦지 않았다."고 강조했다. 총대주교 바르톨로메오스는 절망이 아니라 희망을 가지고 미래를 내다봤고, 이 점에서 그는 우리 모두에게 하나의 모범이 된다. 그래서 그가 이 책의 마지막 문장을 다가올 신새벽에 대한 희망으로 장식한 것은 결코 우연이 아니다.

> 우리가 하느님의 사랑을 신뢰할 때, 전 세계의 우리 자매 형제들과 연대하고, 미래 세대의 재산인 우리의 경이로운 지구와 우리의 기쁨을 위해 전능하신 하느님이 주신 이 모든 선물들을 보존하면서, 이 하느님의 사랑을 숙고해 나갈 때, 신새벽은 떠오를 것이다.

---

32 그의 착좌식 강연(1991), 파트모스 섬 회의에서의 강연(1995)를 보라. *Cosmic Grace*, p. 71, 155.

세계 총대주교 바르톨로메오스
지금까지 살아 온 길

존 크리사브기스(John Chrissavgis)

나는 사명을 수행하고 있는 종일뿐이다.

가자의 성 바르사니피오스(6세기)

현재의 세계총대주교 바르톨로메오스는 1940년 2월 29일 터키 해안가, 오늘날 괴크체아다(Gökçeada)라 불리는 작은 섬, 임브로스(Imbros)에서 태어났고, 디미트리오스 아르콘도니스라는 이름으로 세례를 받았다. 1991년 11월 22일, 그는 성 안드레아 사도에 의해 세워진 2천년 된 교회의 270번째 대주교가 되어, 새 로마, 콘스탄티노플의 대주교요 세계총대주교로 봉사하게 되었다. 그때로부터 바르톨로메오스 대주교는 정교회 수장들(orthodox primates) 사이에서 주재(主宰)하며, 3억 신자의 영적 지도자로 살아왔다. 어린 시절부터 이 교회 직위에 오르기까지, 총대주교 바르톨로메오스는 항상 권위와 동시에 커다란 감수성을 보여주었다.

이발소 겸 카페의 주인이었던 크리스토스 아르콘도니스의 아들, 그 어린 디미트리오스는 에게 해, 산이 많은 작은 섬의 '아기이 테오도리'('테오도로스 성인들'이라는 뜻)라는 작은 마을에서 자랐다.[01] 부모인 크리스토스와 미로피에게는 네 명의 자녀가 있었다. 맏이는 딸이었고, 디미트리오스는 세 아들 중 두 번째였다. 아버지는 매우 엄격했고, 어머니는 부드러웠다. 디미트리오스는 방학 때 카페에서 일했다. 이렇게 마을 중심에 있는 이 카페에서 그는 사회성을 키웠다. 사람들은 카페에 모여 담소를 나누고, 커피를 마시고, '콤볼리'(κομβολόι)를 돌리며 정치에 대해, 세상 돌아가는 것에 대해 토론하길 좋아했다.

이 시기 임브로스 섬에는 거의 8천 명에 달하는 정교 그리스도인이 살고 있었다. 오늘날 삶은 다시 고요를 찾았지만, 이제는 소수의 거주민만 살고 있다. 섬의 대부분의 땅은 몰수되었고, 그리스 학교는 폐쇄되었다. '아기이 테오도리' 마을은 이제 '엘레오나스(올리브 나무)' 마을이라 불린다. 마을의 성 요르고스 소성당은 현 총대주교의 주도로 다시 복구되었고, 이 소성당을 섬기는 사제는 총대주교의 전 사목구 사제였던 아스테리오스 신부의 아들이다. 디미트리오스의 가족은 성녀 마리아에게 봉헌된 작은 소성당 하나를 포함한 땅을 소유하고 있었다. 지금까지도 성녀의 이콘 하나가 그의 방 안에 걸려있어서, 그의 어린 시절을 생각나게 해준다. 그는 또한 가족이 돌보고 있는 이 소

---

01 테오도로스 티론(원로원 의원)과 테오도로스 스트라틸라토스(장군)는 고대 교회의 두 장군 성인이다. 정교회 안에서 이 둘은 자주 결부된다.

성당이 속한 땅의 흙을 조금 가져다가 보관하고 있다.

어린 시절과 교육

어린 디미트리오스는 마을 사람들의 목자인 아스테리오스 신부를 영적 아버지로 두는 복을 누렸다. 신부는 마을의 성 요르고스 중앙 성당에서 예배드릴 때나, 곳곳에 산재해 아름답게 섬을 장식하고 있는 많은 소성당을 옮겨 다니며 예배를 드릴 때, 늘 그를 데리고 다니며 제단에서 봉사하게 했다. 아스테리오스 신부는, 예배에 필요한 성물들과 함께 어린 디미트리오스를 나귀에 태우고, 눈길이나 빗길을 헤치며 수십 킬로미터나 되는 좁은 오솔길을 걷기도 했다. 아무도 없이 디미트리오스와 단 둘이 예배를 드려야 할 때도, 예배 시간이 되면, 아스테리오스 신부는 주머니 시계를 보고 종을 치곤했다. 아스테리오스 신부는 초등학교 외엔 교육을 받지 못했지만, 매우 경건한 노(老)사제였다. 그는 기도문과 시편을 읽으면서 똑같은 잘못을 반복하곤 했다. 그럼에도 디미트리오스는 매우 일찍부터 정교회 성찬 예배와 그 예식들뿐만 아니라 정교회의 실천들과 영적 전통에 매혹되었다. 디미트리오스에게 첫 번째 보제복을 제작할 천을 준 사람도 바로 아스테리오스 신부였다.

임브로스와 테네도스 교회의 주교는 재능 많은 멜리톤 대주교(1913-1989)였는데, 그는 그 당시 콘스탄티노플 성직자들 사이에서도 매우 영향력이 있었을 뿐만 아니라 터키 정부가 그의 이름을 총대주교 후보 명단에서 제외하지만 않았어도 분명 총대주교 아테나고라스(1886-1972)를 뒤이었을 분이기도 했다.[02] 미래의 총대주교의 다양한 재능을 일찍부터 알아 본 멜리톤 대주교는 디미트리오스를 그의 날개에 품고, 대부분 자신이 비용을 감당하여, 초등 중등 고등 교육을 받을 수 있게 도와주고 이끌어 주었다.

할키의 총대주교청 신학교

그의 고향 '아기이 테오도리' 마을에서 초등학교를 마친 디미트리오스는 콘스탄티노플(오늘날 터키의 이스탄불)로 가서, 그곳에서 조그라피온 중·고등학교에서 중학교 과정을 마쳤고, 이어서 임브로스로 돌아와 매일 5킬로미터 이상 걸어야만 했던 파나기아 고등학교에 들어갔다. 그의 필사 공책에 보존되어 있는 그의 글과 시 몇 편은 최근 그리스에서 출판되었다.[03] 그는 고등학교를 마치고 마르마라 해협의 프린스 섬[04] 중 소나무로 덮인 두 개의 언덕으로 구성된 섬, 할키(Halki)에 있는 매우 귀중한 총대주교청 신학교에 들어가 신학을 공부했다. 이스탄불 가까이에 있어서 정규적인 배편으로 연결되어 있는 할키는, 자동차가 없어서 걸어서 혹은 삯 마차로 이동해야 하는, 풍광이 수려한 섬이다. 바로 이곳에서, 그리스 정교세계 뿐만 아니라 그 밖의

---

02 그는 곧이어 칼케돈의 대주교가 되었다.
03 예를 들어, *When I Was a Child* (in Greek) (Athens : Kaskanioti, 2003.)
04 비잔틴 시대, 권력에서 축출된 왕자들이 이 섬에 유배되었기에, 이런 명칭을 얻었다.

많은 교회 지도자가 교육을 받았다. 그것은 또한 이스탄불에 거주하는 그리스의 귀족들이 휴가를 보내곤 하던 곳이었다. 고등교육 혹은 신학교육의 산실로서의 할키의 역할은 1950년대 말부터 축소되었고 1970년대 초부터 터키 당국에 의해 공식적으로 중단되었다. 19세기의 아름다운 건물은, 4만권의 장서와 역사적인 필사본들을 자랑하는 도서관, 오래된 나무 책상들이 가득한 강의실, 집무실 그리고 기숙사를 포함하고 있다. 이 총대주교청 신학교를 복교하는 것은 바르톨로메오스의 오래된 간절한 꿈이다. 그는 또한 1923년 로잔 조약을 상기시키며, 터키 당국이 세계적인 범위에서의 총대주교의 법적 위상을 인정하고 성직자들과 지도자들을 양성할 권리를 존중할 의무가 있음을 줄기차게 주장하고 있다.[05]

대학 교육과 여행들

1961년 할키 총대주교청 신학교에서 더 공부를 한 후, 바르톨로메오스는 1961~1963년 동안 갈리폴리에서 터키군 예비 장교로 복무했다. 그는 1961년 보제로, 1969년 사제로 서품되었

---

05 세계 총대주교청은 법적으로는 터키의 한 기관이고, 1936년 터키 법은 오늘날까지 정교회의 모든 재산을, 재단을 해산하고 재단의 소유를 취할 수 있는 권리를 가진 재단 감독관 아래 두었다. 너 나아가 1974년 터키 대법원 판결에 의하면 터키 정부는 1936년 이래로 소수 집단이 재산을 사거나 파는 행위 자체를 금지하였다. 할키 총대주교청 신학교의 복교를 위한 노력에 관해서 더 많은 정보를 원한다면, 다음의 인터뷰를 참고하라. George Gilson, "Vartolomeos Demands Equal Rights", *Athens News*, Feb. 22, 2002, p. 3.

다. 보제 신품성사때, 디미트리오스는 아토스 성산에 살면서 전례서들을 편찬했던 임브로스 섬 출신의 한 수도사를 기리며 바르톨로메오스라는 수도자 이름을 받았다. 총대주교 바르톨로메오스는 아직도 그의 신품성사가 그의 모든 꿈의 실현이었음을 생생하게 기억하고 있다. 보제 신품성사는 임브로스의 주교좌 성당에서 거행되었다.

이 두 신품성사 사이에, 그는 로마의 그레고리우스 대학에 부속된 '교황청 동방 연구소'(Pontifical oriental Institute)에서 공부를 이어갔다. 이 연구소는, 가톨릭과 정교회의 학생들이 같이 공부하고 연구할 수 있게 하려는 희망으로, 교황 베네딕토 15세에 의해 1917년에 세워졌다. 로마에서 바르톨로메오스는 이탈리아어, 라틴어, 프랑스어를 완벽하게 배웠다. 또한 그곳에서 장 다니엘루(1905-1974), 앙리 드 뤼박(1896-1991), 이브 꽁가르(1904-1995)의 신학을 배웠다. 더 나아가 바르톨로메오스는 역사적인 제2차 바티칸 공의회(1962-1965) 회기 동안 로마에 있었다. 그토록 중요한 공의회에 정교회 대표가 참석했던 것은 수세기 이래로 처음 있는 일이었다. 로마에서 바르톨로메오스는 『교회 규범들의 법제화와 정교회의 교회법적 구성』(The codification of the Holy Canons and the Canonical Constitution of the Orthodox Church)이라는 제목의 논문으로 박사학위를 받았고, 이 논문은 곧 이어 1970년 총대주교청 교부학 연구소에 의해 데살로니키에서 출판되었다. 바르톨로메오스는 '동방 교회의 교회법 협회'(Society of Canon Law of the Oriental Churches)의 창설 멤버가 되었고, 여러 번의 임기를 거치며 부대표로 봉사했다.

로마에서 공부를 마친 후, 바르톨로메오스는 총대주교 아테나고라스에 의해 스위스 '보세이 에큐메니칼 연구소'(Ecumenical Institute in Bossey)에 장학생으로 보내졌다. 연구소는 세계교회협의회(WCC) 산하의 대표적인 연구소로, 당시에는 그리스의 진보주의적인 정교 신학자요 아테네 대학의 철학, 종교 심리학 교수였던 니꼬스 니시오띠스(1925-1986)에 의해 지휘되고 있었다. 니시오띠스의 지도 아래 바르톨로메오스는 현대 실존주의, 인격주의 철학에 입문하게 되었고, 성령의 신비의 빛 아래서 신학을 이해할 수 있게 되었다. 마지막으로 뮌헨 대학에서 바르톨로메오스는 독일어를 배울 기회를 얻었고 칼 라너(1904-1984)와 조제프 라칭거(전 교황 베네딕토 16세)의 저술들을 읽었다.

콘스탄티노플로 돌아옴

이 시기에 바르톨로메오스는 당대 정교회의 카리스마 넘치고 명성을 떨친 지도자였던 총대주교 아테나고라스를 매우 잘 알게 되었고 또 협력했다. 총대주교는 곧 이어 바르톨로메오스를 수석대사제로 승격시켰다. 1968년, 바르톨로메오스는 공부를 마친 후 콘스탄티노플로 돌아와 1972년까지 할키 총대주교청 신학교 부학장으로 봉사했다. 1972년 총대주교 아테나고라스가 안식하자, 그는 그의 후계자인 총대주교 디미트리오스(1914-1991)의 비서가 되어 상시적으로 그를 동행하며 보좌했다. 1973년 바르톨로메오스는 필라델피아의 대주교로 선출되었고

1990년까지 총대주교의 비서로 일했다.

세계 총대주교의 행정 비서로서 바르톨로메오스는 안식하신 총대주교 디미트리오스가 착수한 수많은 사업들에서 막중한 책임을 짊어졌다. 이에는 양자 간의 대화를 통한 에큐메니칼 운동 참여를 포함한다. 1980년 공식적으로 시작된 로마 가톨릭 교회와 정교회 간의 신학적 대화가 대표적인 예이다. 이 "진리의 대화"는 이전에 총대주교 아테나고라스가 교황 요한 23세(1881-1963), 바오로 6세(1897-1978)과 함께 시작한 "사랑의 대화"를 보충하고 또 완전케 하는 것이었다. 지금까지 이 대화는 교회에 대한 성사적 이해(1982), 신앙의 성사와 교회의 일치(1987), 성직의 직무(1993)에 관한 세 개의 중요한 선언을 발표했다. 또한 유니아티즘(uniatism, 귀일주의)와 같은 매우 민감한 문제들에 대해서도 다루려 했다.(1993) 얼마간의 단절 후, 대화는 다시 재개되었고 계속 진행되었다.

더 나아가 바르톨로메오스의 통찰과 협력 덕분에 총대주교 디미트리오스는 스위스 샹베지의 세계총대주교청 정교 센터에서 매우 의미 있는, 세 번의 범정교회 컨퍼런스를 소집함으로써, 미래의 거룩하고 위대한 공의회를 착실하게 준비해 나갔다. 마침내 1989년 세계총대주교청은 교회력의 첫 날인 9월 1일을 '하느님의 피조세계를 위한 기도의 날'로 제정하고, 모든 정교회에 보내는 총대주교 서한을 발표함으로써 전 세계적인 차원에서 환경 보전을 위한 노력을 개시했다.

1990년, 필라델피아의 대주교였던 바르톨로메오스는 칼케돈의 대주교로 선출되었다. 그 후로 그는 젊은 나이임에도 성 시노드(주교회의)의 대표적인 대주교로서 다른 교회들과 종교들과 관계하는 최고 수준의 다양한 위원회에서 세계총대주교청을 대표했고, 총대주교 디미트리오스를 수행하며 타교회들, 다른 정교 국가들을 방문했고, 로마 교황을 여러 번 공식 방문하기도 했으며, 성공회 캔터베리 대주교와 세계교회협의회 등도 방문했다. 이어서 그는 신앙과 직제 위원회 위원으로, 또 세계교회협의회 중앙 실행 위원으로 선출되어 활동했다.

세계총대주교 바르톨로메오스

1991년 총대주교 디미트리오스가 안식했을 때, 바르톨로메오스는 이제 겨우 51세의 나이였음에도, 만장일치로 세계 총대주교로 선출되었고 모두에 의해 승인되었다. 1991년 11월 2일 그는 장엄한 예식과 함께 총대주교좌에 올랐다. 처음부터 총대주교 바르톨로메오스는 그가 수장으로서 물려받은 고대의 총대주교좌를 향한 다짐, 그리고 그의 사역을 만들어내고 이끌어갈 비전을 분명하고도 깊이 의식했다. 그는 교회의 살아있는 전통에 속하면서 동시에 그 전통을 전진시켜야 했기에, 교회의 아들이면서 동시에 아버지로서 봉사한다. 그는 그의 사역에 의해 정의되는 바에 따라 교회의 종이 되었다. 가자의 성 바르사니피오스(543년 안식)의 말을 빌자면, 그는 "사명을 수행중인 종이다."[06]

---

06 J. Chryssavgis (ed.), *Barsanuphius and John : Letters*, vol. 1, (Washington, D.C. : Catholic University of America Press, 2006), p. 164.

그의 임기는 정교회 간의 협력, 에큐메니칼 대화와 종교 간 대화, 그리고 그가 이전에는 매우 드물게만 방문했던 정교 국가들에 대한 공식적 방문 여행 등으로 특징지어졌다. 그는 교회와 국가의 최고위급 인사들과의 공식 교환 방문을 실행했고, 많은 방문 초대에 응했다. 그 자신의 교구인 콘스탄티노플에서도 총대주교 바르톨로메오스는 그때까지 방치되거나 황폐화되었던 성당들과, 수도원들, 순례지들, 그리고 자선 센터들을 복구했다.

정교회의 영적 유산을 설교하고, 직접 속해 있는 문화 환경의 사회 정치적 문제들을 다루고, 또 이슬람교와의 상호 존중을 위해 혹은 세계의 평화를 위해 기도함에 있어서, 총대주교 바르톨로메오스는 매우 거침이 없었다. 그는 역사상 그 어떤 총대주교보다 더 많이 온 세계를 여행하였다. 그는 카파도키아, 페르가모스 등 소아시아의 역사적으로 매우 의미 있는 유적지들에서 성찬 예배를 거행했다. 25년 전만 해도 그곳들에서 성찬 예배를 거행하는 것은 상상할 수 없는 일이었다. 그는 또한 종종 논란거리가 되기도 했지만 터키 방송으로부터 호의적인 관심을 받기도 했고, 터키에서 그리스도인과 무슬림 간의 관계에 대해 공개적인 강연을 부탁받곤 했다.

에큐메니칼 사명

터키 시민으로서 바르톨로메오스는 개인적 경험을 통해 종교적 관용과 종교 간 대화에 관하여 고유한 비전을 얻게 되었다. 그는 세계교회협의회와 중요한 양자 간 대화의 틀 안에서 그리스도 교회들 간의 화해를 위해 일했고, 환경보전의 문제에 대한 예민한 양심으로 유명해졌다.[07] 그는 예를 들어 옛 유고슬라비아에서와 같이 가톨릭, 무슬림 그리고 정교회 공동체 간의 화해의 진전을 위해 일했고, 발칸국가들과 우크라이나의 교회 분열 등에서 평화를 회복하고 세계적인 충돌을 없애기 위한 모든 노력을 지지했다. 그는 또한 철의 장막에 가려진 채 수십 년 동안 광범위한 종교적 박해를 거친 후 다시 회복되는 전통적 정교회 국가들에게 끊임없는 영적 정신적 지지의 원천이 되어주면서, 알바니아 독립교회와 에스토니아 자치교회의 회복을 주재했다.

전 세계 정교회의 주된 영적 지도자요 세계적 중요성을 담지한 초국가적 인물로서의 세계총대주교의 역할은 계속해서 점점 더 중요해지고 있다. 총대주교 바르톨로메오스는, 더욱 큰 상호협력과 더 나은 상호 이해를 도모하려는 목적으로, 그리스도인, 무슬림, 유대인들이 한데 모이는, 평화에 관한 국제적인 컨퍼런스들, 인종주의와 근본주의를 주제로 한 만남을 후원했다. 그는 유럽 연합 의회, 유네스코, 세계 경제 포럼, 그 밖의 다

---

[07] 바르톨로메오스는 세계교회협의회의 신앙과 직제 위원회 실행 위원이고 뉴델리(1961), 웁살라(1968), 나이로비(1975), 밴쿠버(1983), 캔버라(1991) 총회에 참여하였다. 그는 정교회들과 동양정교회들(Oriental Orthodox Churches) 사이에 제안된 일치와 관련하여 1989년의 공식 선언을 수용하였고, 최근에 정교회와 로마 가톨릭 교회 간의 대화를 복원하였다. 그는 또한 성공회와의 양자 간 대화를 촉진시켰고 세계 감리교 협의회 등과 같은 타교파 교회들과의 논의에 기초를 놓았다.

양한 나라의 의회에서 연설하도록 초청되었다. 종교 자유와 인권 증진을 위한 노력, 종교적 관용과 세계 종교 간의 상호 존중을 증대시키기 위한 주도적 활약, 그리고 국제 평화와 환경 보존을 위한 활동 등으로 인해 그는 1997년 첫 번째 공식적인 미국 방문 기간 동안 미국 의회의 황금메달을 받았다. 백악관 만찬 때, 빌 클린턴 대통령은 "모든 미국인에게 영감을 불어넣어 줄 수 있는" 세계의 위대한 지도자로 총대주교를 칭송하였다.

화해를 위한 그의 주도적 활약은 전 세계에 걸쳐 환경에 대한 감수성을 증진시키고자 한 그의 노력을 포함한다. 매년 그는 할키 섬에 관한 세미나와 연구모임을 조직했다.(1994-1998) 에딘버러의 필립 왕자도 이 모임들을 후원했다. 그 밖에도 1995년부터는 지중해, 흑해, 다뉴브 강, 아드리아해, 발틱해, 아마존 그리고 최근에는 북극해에 관하여 격년으로 국제적 종교 간 학문 간의 회의들을 조직하고 후원했다. 이런 노력들로 바르톨로메오스는 "녹색 총대주교"라는 명칭을 얻게 되었고, 중요한 환경상들을 수상했다.

세계 총대주교 바르톨로메오스는 그리스의 아테네 대학과 데살로니키 대학, 미국의 죠지타운 대학과 예일 대학, 오스트레일리아의 플린더스 대학과 마닐라 대학, 유럽의 런던, 에딘버러, 루뱅, 모스크바 그리고 부카레스트 등지의 대학에서 다수의 명예박사 학위를 받았다. 모국어인 그리스어와 터키어를 비롯하여, 영어, 이탈리아어, 독일어, 프랑스어를 구사할 줄 알고, 고전 그리스어와 라틴어를 완벽하게 습득했다.

가교를 놓는 사람

1996년 바르톨로메오스 총대주교에게 명예박사학위를 수여한 벨기에 뢰번 가톨릭 대학의 조엘 델로벨(Joël Delobel) 박사는 "동방과 서방의 가교를 놓는 것은 오래도록 총대주교의 주된 관심사였다"고 말했다. "총대주교의 삶 전체는 가교 건설을 위한 준비였다."

> 이 가교들 중 첫 번째는 다양한 정교회들 사이의 가교였다. … 두 번째 가교는 유럽 연합을 동유럽과 남동 유럽으로 확장할 것에 대한 총대주교의 강력한 호소로부터 만들어졌다. 유럽 연합의 미래와 관련된 현재의 주저함 속에서, 더욱 확장된 유럽 연합에 대한 그의 지치지 않는 호소와 환경 보전에 대한 그의 관심은 동방과 서방 모두에게 지침이 되는 빛이다. 세 번째 가교는 그리스도교 교회 간의 대화를 촉진하는 것이다.

가장 중요한 것은, 총대주교 바르톨로메오스와 같은 교회 지도자가 상호 이해를 격려하고 문제들을 직면하고 해결책을 마련하기 위해 전 세계를 두루 다닌다는 사실이다. 다른 방법은 없다. 우리에겐 그와 같은 가교 건설자들이 너무나 필요하다.

1993년부터 바르톨로메오스 총대주교는 비정교회 세계에 대해 더욱 큰 관심을 가졌다. 그래서 그는 브뤼셀을 방문하여 유럽 위원회 위원장 쟈크 들로르를 만났고, 그는 총대주교에게 매우 강렬하고도 긍정적인 인상을 받아서 결국 다음 해 유럽 의회 전체 회의에서 연설하도록 초청했다. 1994년 총대주교 바르톨로메오스는 이스탄불에서 개최된 평화와 관용에 관한 국제 회의를 조직하기 위해 '양심의 호소 재단'(Appeal of Conscience Foundation)에 결합했다. 이 회의는 다양한 종교들 간의 긴장을 완화하고 그로부터 연유하는 적대감을 줄여가기 위해, 그리스도인, 유대인, 무슬림을 모이게 하였다.

1995년 예루살렘 성지를 방문했을 때, 총대주교 바르톨로메오스는 예루살렘 정교회 총대주교만 아니라 이츠하크 라빈 이스라엘의 총리와 팔레스타인 해방기구(PLO)의 위원장 야세르 아라파트를 만났다. 같은 해, 자신의 사목적 관할권 안에 있는 주교들과 신자들을 만나기 위해 전 세계를 걸친 공식 방문과 더불어, 노르웨이를 방문하여 그리스도교 복음화 천년을 기념하였고, 파리를 방문하여 쟈크 시라크 대통령을 만났으며, 런던을 방문하여 가톨릭 주교들의 컨퍼런스에서 강연을 하였으며, 환경 정상회의에 참여하기 위해 일본과 영국을 방문하기도 했다. 이 방문들은 총대주교의 힘겨운 일정뿐만 아니라 위대한 개방 정신을 가진 지도자의 내적인 영혼을 잘 반영하고 있다.

2003년, 총대주교는 전 세계 정교회 공동체들을 방문하는 그의 계획을 계속 이어갔고, 몇 년 전부터 그의 주도로 시작된 정교 그리스도인과 유대인의 대화를 위한 일련의 만남 중 다섯 번째 만남을 실현했다. 다음 해, 그는 전 세계에서 종교에 가장 적대적인 나라인 쿠바를 향한 가교를 놓기 위해 매우 노력했다. 총대주교에 대한 존중의 제스처로, 쿠바의 작은 정교회 공동체를 위해 성당을 건축한 피델 카스트로는 총대주교를 개인적으로 크게 환대하면서 환경에 대한 국제적인 이해와 보존을 증진시킨 것에 대해 크게 칭송했다.

2006년 초, 세계 총대주교는 다시 한 번 미국을 방문하여, 1월 6일 정교 그리스도인들과 함께 신현대축일을 경축한 뒤, 뉴올리언스로 가서 카트리나 태풍으로 야기된 재난의 현장을 보고 재해의 희생자들을 위로했다. 도시의 잔해들 사이를 걷고 있는 모습을 보여주는 한 장의 사진은 「뉴욕 타임즈」의 첫 페이지에 실리기도 했다.

총대주교 바르톨로메오스는 그의 사역에서 결핍을 겪고 있는 사람들, 인류가 직면해야 하는 가장 힘겨운 문제들에 집중했다. 종교의 자유, 인권, 자연환경 보전 등에 관한 그의 지칠 줄 모르는 노력은 세계 지도자들 중에, 특별히 사랑과 평화의 화해의 사도들 중에, 하나의 특별한 자리를 차지하게 했다.

평화의 일꾼

이미 위에서 언급한 바와 같이, 그가 외치는 슬로건 중 하나는 바로 이것이다. "종교의 이름으로 벌이는 전쟁은 종교에 대한 전쟁이다."[08] 총대주교는 고통에 대한 직접적인 경험을 가지고 있다. 그는 총대주교청 담벼락 앞에 정기적으로 나타나 터

---

08 이 부분은 보스턴 대학의 은퇴 총장인 존 실버(John Silber) 교수의 허락을 받아 그의 해석에 기초하고 있다. 그의 논문을 참고하라.
    "Patriarch Bartholomew – A Passion for Peace", www.ecupatriarchate.org

키에서의 추방을 줄기차게 요구하는 극단주의자들에게 끊임없이 공격당하고 모욕당하는 것이 어떤 것인지를 너무도 잘 알고 있다. 4세기에 세워진 총대주교청은 바티칸만큼이나 많은 유산을 소유했었지만, 지금은 '파나르'라 불리는 이스탄불의 후미진 구역에 방치된 채, 좁은 담벼락 안에 제한되었다. 거의 대부분의 소유재산은 20세기를 거치면서 터키 정부에 몰수되었다. 학교와 성당들은 폐쇄되었고, 복구가 거부되었다. 터키 정부 전체는 총대주교가 이스탄불의 작은 정교회 공동체의 지도자일 뿐이라고 집요하게 주장하면서, 주요한 종교 신앙의 영적 지도자로서의 매우 오래된 에큐메니컬한(세계적인) 위상을 인정하길 극구 거부하는 그런 정책을 계속 이어가고 있다.

그럼에도 세계총대주교 바르톨로메오스가 직접적인 경험자요 증인인 이런 권력 남용의 그 어떤 사태도 터키 백성을 향한 그의 연민과 지지를 감소시키지 못했고, 터키와 유럽 사이의 가교로 역할 하고자 하는 그의 결심을 약화시키지 못했다. 예를 들자면, 그는 터키의 경제와 민주주의를 강화하고자 하는 모든 국제적인 노력을 지지했고, 이는 그리스 보수주의자들의 혹독한 비판을 야기하기도 했다. 그는 유럽 곳곳을 다니면서 터키의 유럽 연합 가입 승인을 위해 발언함으로써, 터키를 유럽 연합과 결합시키려는 모든 시도의 강력한 변호자가 되었다. 그는 여러 도시의 많은 유럽인들 앞에서 이렇게 주장하곤 했다. "터키의 유럽 연합 가입이 이뤄진다면, 그것은 문명 충돌 논쟁에 종지부를 찍으면서, 서방세계와 무슬림 세계의 유익한 상호 협력의 구체적인 예요 강력한 상징으로 봉사할 것이다." 이토록 탁월한 그리스도교 지도자의 무조건적 지지는, 2004년 말 협상이 개시된 이래, 7천만 국민의 대다수가 무슬림인 터키를 유럽 연합 안에 받아들이는 것이 과연 정당한가를 문제 삼는 유럽의 많은 회의론자들의 반대를 약화시켰다.

그리스도교 서방 세계와 무슬림 세계 사이의 적대성과 오해가 출구가 없는 위험한 지점까지 이르렀던 시기에, 총대주교 바르톨로메오스는 근동 지방 전체의 무슬림들에게 손을 내미는 자발적인 노력을 펼쳤다. 그는 정통 그리스도교(정교회)가 서방과 동방의 상호접근의 과정을 도와야할 고유한 소명과 특별한 책임을 짊어지고 있다고 굳게 믿었다. 터키 공화국과 마찬가지로 세계총대주교청은 이 두 대륙, 아시아와 유럽에 각각 한 발씩 걸치고 그 한가운데 서있기 때문이다.

더 나아가 근동지역에서 무슬림들과 550년 동안 공존해온 역사 위에 이 노력들을 기초 지으면서, 총대주교 바르톨로메오스는 이 지역 곳곳의 무슬림 지도자들과 일련의 양자 간 대화와 신학적 토론들을 조직했고, 그것을 "애정 어린 진리의 대화"라고 불렀다. 실제로 이 대화를 더욱 강화하기 위해, 그는 리비아, 시리아, 이집트, 이란, 요르단, 아제르바이잔, 카타르, 카자흐스탄, 바레인 등의 국가를 여러 차례 방문하면서 그동안 그 어떤 그리스도교 지도자도 결코 방문하지 않았던 이 나라들의 정치 종교 지도자들을 만났다. 그 결과 총대주교는 가장 커다란 신임을 얻었고 그리스도교와 이슬람교 사이에 가교를 건설할 가장 커다란 기회들을 만들어내는데 이르렀다. 이것은 지금까지 그 어떤 그리스도교 지도자도 할 수 없었던 일이었다.

서방만큼이나 무슬림 세계에서도 얻을 수 있었던 이 국제적인 존경을, 총대주교 바르톨로메오스는 폭력의 사용과 테러리즘의 위협에 맞서는 종교 지도자들의 연합 포럼을 만드는데 활용하였다. 이렇게 해서 9.11 사태 이후 유럽 위원회의 의장인 로마노 프로디와 함께 개최했던 한 컨퍼런스에서, 그는 참가자들 앞에서 종교적 극단주의와 테러리즘을 강력하게 성토하는 발언을 했다. 그는 「타임」지 기고에서 이렇게 언급했다. "그들은 아마도 가장 사악한 거짓 예언자들일 것이다. 폭탄을 터뜨리고 죽이고 파괴할 때, 그들은 생명 그 자체보다 더 큰 무엇을 빼앗는다. 그들은 신앙을 뒤흔든다. 하지만 신앙은 이 증오와 보복의 순환을 깨뜨리는 유일한 수단이다." 총대주교는 브뤼셀 선언 작성에서 핵심 역할을 담당했는데, 이 선언은 1992년 베른 선언에 응답하면서 이렇게 주장했다. "종교의 이름으로 벌이는 전쟁은 종교에 대한 전쟁이다."

지난 15년 동안 세계총대주교 바르톨로메오스는, 동방과 서방의 점증하는 깊은 불신, 자연 환경에서 계속되는 생태 파괴, 주요 종교적 신앙들과 그리스도교 교파들을 특징짓는 심각한 분열 양상 등, 세계가 직면하고 있는 가장 힘겨운 문제들에 대해 발언하는 것을 조금도 두려워하지 않았고, 이런 분야에서 지도자임을 드러냈다. 수 세기 동안 순교의 역사를 경험한 전통에 속한 사람으로서, 또한 현대적인 박해의 경험을 겪은 사람으로서 발언했기에, 그가 직면하고자 했던 문제들의 힘겨움을 그는 조금도 두려워하지 않았다. 일치를 향한 길과 일치를 위한 투쟁은 종교 지도자의 궁극적 소명임을 기꺼이 인정함으로써 그는 오히려 꿋꿋하게 견뎌내고 끊임없이 무언가를 행하고자 하는 결의 안에 머물러 있다.

총대주교의 비전

총대주교좌에 착좌한 이래로 바르톨로메오스는 자신의 직무가 역사적인 인물들의 연속선 안에 있는 한 부분임을 깊이 인식했다. 그는 신학자 성 그레고리오스(4세기), 성 요한 크리소스토모스(4세기), 금식가 요한(6세기), 대 포티오스(9세기), 필로테오스 꼬끼노스(14세기), 게나디오스 스콜라리오스(15세기), 그레고리오스 5세(19세기), 요아킴 3세(20세기) 등, 과거의 거룩한 인물들로 인해 큰 영예를 누리고 있는 그런 자리에 앉아있음을 잘 알고 있었다. 물론 980-984년, 1241-1244년, 1451-1453년 그리고 1918-1921년 등 간헐적으로, 총대주교좌는 공석이었지만, 총대주교 바르톨로메오스는 과거가 얼마나 총체적으로 현재와 결부되어 있는지를 강렬하게 느끼고 있다. 그는 이렇게 말하길 좋아했다. "이 교회는 통시적이다. 그것은 수 세기에 걸쳐 뻗어있다."

그 순간부터, 아니 그의 착좌 강론 이래로, 총대주교 바르톨로메오스는 정교회의 방향성과 비전의 제 측면들을 분명히 했다. 그는 신학과 전례와 영성에 있어서의 깨어있는 교육, 정교회들 간의 일치와 협력의 강화, 다른 교회들과 다른 그리스도교 교파들과의 에큐메니컬 대화 지속적 참여, 평화적 공존을 위한 종교 간 대화의 강화, 생태학적 오염과 파괴에 맞선 환경 보전을 위한 논의와 행동의 개시 등을 강조했다.

아마 역사상 그 어떤 교회 지도자도 에큐메니컬 대화와 소통의 문제를 그처럼 자신의 임기 주요 과제로 강조하지 않았었다. 분명 역사상 그 어떤 교회 지도자도 환경의 문제를 참으로 개인적, 교회적 관심사의 중심에 세우지 않았다. 총대주교 바르톨로메오스는, 지난 20년 동안 전 세계에 걸쳐, 생태론적 프로그램들을 발전시키고, 범정교회의 모임들을 주재하며, 교육적인 세미나들을 조직하고, 독특한 해양 회의들을 주도하는 등, 오랫동안 환경 문제를 그의 교회적 과제들의 첫째 자리에 두었다.

독자들을 정교회 세계로, 특별히 세계총대주교청으로 안내하기 위해 나는 총대주교의 미간행 강연의 몇 구절을 선택하여 여기 인용한다.

> 부족한 우리가 주재하는 세계총대주교청은 16세기의 역사를 가진 기관이다. 이 역사적 기간 내내 콘스탄티노플에 주교좌를 두어왔다. 그것은 모든 지역 정교회 전체의 탁월한 중심이다. 세계총대주교청은 행정적 다스림을 통해서가 아니라 범정교회의 일치와 정교 안에서의 모든 활동의 조정에 있어서의 그 직무의 수위성으로 인해, 모든 지역 교회들 사이에서 주재의 자리를 점한다. 독립(Autocephalous) 교회

들의 관할권에 속하지 않는, 아프리카 외의 4대륙에 거주하는 정교 그리스도인들은 세계총대주교청의 직접적인 관할 하에 있다. 주요한 독립 교회는 다음과 같다. 알렉산드리아, 안티오키아, 예루살렘, 모스크바, 세르비아, 루마니아, 불가리아, 그루지야 총대주교관구, 그리고 키프러스, 그리스, 폴란드, 알바니아 그 밖의 독립 교회. 결과적으로 위에서 언급한 독립교회들의 관할 하에 있지 않은, 유럽과 아메리카와 나머지 아시아와 오스트레일리아의 정교회들은 세계총대주교청의 관할 하에 있다.

정교회 전체의 삶에서 세계총대주교청의 기능은 정교 신앙을 증언하고 지키고 확산하는 천년하고도 수백년이나 되는 그 사역으로부터 흘러나온다. 세계총대주교청은 국가와 지역을 초월하는 특징을 지닌다. 이런 사실에 대한 고귀한 자각으로부터, 그러나 또한 인종과 언어를 막론한 모든 민족 안에서 그리스도에 대한 신앙을 발전시킬 막중한 영적 책임감으로부터, 특별히 언어적 동일성과 여타 다른 전제들 안에서, 동양에, 그리고 카스피해에서 발틱해에 이르기까지, 발칸반도에서 중유럽에 이르기까지, 새로운 지역 교회들이 생겨났고, 그 안에서 총대주교청의 선교 활동이 뻗어 나갔다. 모든 이의 종교적 양심의 자유를 절대적으로 존중하는 가운데, 어떤 개종주의적 방법에도 호소하지 않으면서, 이 선교 활동은 조건이 허락하는 만큼, 극동 지역과 아메리카, 오스트레일리아에까지 이르렀다. 이주민이든 토착민이든 정교 그리스도인이 있는 곳 어디서나, 교회가 세워졌고, 자유롭게 그곳에 오길 원하는 이들에겐 언제나 애정 어린 공동체를 구성한다.

정교회는 성경과 신앙의 교리들에 대한 혁신이나 개인적인 해석들을 피하고, 초대의 가장 오래된 전통과 교리들을 조금도 변개함 없이 보전해왔다는 점에서, 그리고 신자들과의 협력 속에 있는 지역 주교들과, 지역 혹은 그보다 범위가 큰 주교회의, 그리고 최고의 형태로는 전 세계 정교회가 모이는 세계공의회를 가지는, 오래된 공의회 시스템에 따라 운영된다는 점에서, 다른 그리스도교 교회들과 구별된다. 그 세부사항들은 지역적 필요에 따라 처리되는, 교회의 기본적 행정 규범은 일곱 번에 걸친 세계공의회에 의해 확정되었다. 교회는, 비록 요청받을 때에는 선한 사업을 위해 협력하기는 하지만, 각 지역 국가들에 의해 관리되지 않는다.

정교회 전체 안에서는, 선한 의지와 상호 존중에 기반을 둔 절대적인 협력이 있다. 사소한 인간적 문제들은 분명 복음의 정신을 적용함으로써 성공적으로 해결된다. 더 나아가 세계총대주교청은 정교회들 사이에, 혹은 비정교회 교회들과 진행되고 있는 대화들을 조정한다. 그리고 그런 대화의 많은 부분이 매우 호의적인 관점 안에서 발전해가고 있고, 또 다른 대화들은 천천히 전진하고 있다. 이 대화들의 목표는 분열된 모든 교회들의 연합에 장애가 되는 것들을 제거하는 것이다.

우리가 살펴본 것들로부터 분명하게 드러나듯이, 모든 정교신자는 하나의 영적 공동체에 속한 지체들이라는 느낌과 확신을 갖는다. "한 지체가 아프면, 전체가 아프다." 그들은 그리스도교 형제들의 고통을 함께 나누고, 기쁨에도 함께 참여한다고 느낀다. 이 연합의 보편성(catholicity)을 인지할 때만, 다른 정교신자들과 온 세상의 고통을, 자신의 고통인

것처럼 여기고 느낀다는 정교신자들의 표현을 이해할 수 있다.[09]

총대주교의 초상

한 인간으로서의 총대주교를 묘사하는 것은 신비가, 시인의 일이다. 아래의 글은, 편집자의 허락을 받고, 올리비에 끌레망(Olivier Clément)의 책, 『진리가 너희를 자유케 하리라. 세계 총대주교 바르톨로메오스 1세와의 대담』(*La vérité vous rendra libre. Entretiens avec le Patriarche oecuménique Bartholomée Ier*)에서 인용한다.

> 한 인간으로서 총대주교는 대조적인 측면, 강한 인격의 보완적인 모습으로 가득 차 있다. 그는 연약하면서 동시에 의지적이고, 세심하고 신중하지만, 또 한편으론 적극적이고 대담하다. 매우 단순하고, 심지어 우유부단한 듯하지만, 필요할 때는 단호하다. 유머가 많지만 그 사역에 대해서는 용감하고 과단성이 있다. 세부적인 것에도 엄격하고 주의 깊으며, 지혜롭고 예지적이다.
>
> 중간키에, 뚜렷한 이목구비, 큰 안경 너머 꿰뚫는 듯한 푸른 시선이 매우 인상 깊은, 깨끗한 얼굴. 젊으면서 동시에 나이 들어 보이니, 젊음의 특권인 현대 문화와 "아름다운 노인" 이야말로 이상으로 여겨지던 전통 문화를 연합시킨 듯하다. 총대주교는 자신감을 보여주는 거의 백발의 수염을 그냥 자라나게 내버려 두었다. 백발의 머리는 갈색 혹은 밤색

---

09 1996년 11월 6일 홍콩의 Foreign Correspondents' Club에서 행한 강연에서.

이었겠지만, 알 수 없다. 지금은 얼굴에 백발을 휘광처럼 두르고 있다. 전체로, 인상적인 것은, 육체적으로나 정신적으로나 극도의 섬세함을 가지고 있어서, 눈과 미소의 환대에도 불구하고 그 앞에 서면 뭔가 두텁고 무거운 분위기를 느끼게 한다.

그는 예술, 시, 자연을 좋아한다. 그는 할 수 있을 때마다, 할키 섬의 생동하는 고독으로 물러나서, 평화 안에서 깊은 사색에 잠기거나 일을 한다. 그는 예식주의(ritualism)를 극도로 싫어하고, 간결하면서도 의미 있는 예배들을 선호한다. 또한 비잔틴 성가의 남성적 소박함을 좋아한다. …

그는 아이들을 좋아한다. 아이들과 말하고 재미나게 놀 줄 알고, 사탕을 주거나 동전을 나눠주길 좋아한다. "아이들은 낙원에 있는 무언가를 간직하고 있다"고 말하곤 한다.

그는 일중독자처럼 일한다. 그를 늘 지배해온 것은, 오늘과 내일, 세상 속에서 정교회가 짊어져야 할 책임에 관한 것이다. 정교회의 답답함과 분열은 늘 그의 마음을 짓누른다. 그는 "모든 이데올로기적인 구조로부터 해방되고 제도적 형식주의의 무기력한 후퇴에서 벗어난 그런 교회적 양심"을 원했을 것이다. 그는 "인종, 성, 종교, 이데올로기와 상관없이" 사람은 모든 사람과 떨어질 수 없음을 안다. "만물을 창조하시고, 자신 안에서 만물과 만인을 부활시키신 하느님이 육화하시어 십자가의 희생에까지 이르신 것은 우리 모두를 위해서이기 때문이다." 그는 또한 인간 존재 전체를, 또한 인간이 그 자신 안에 요약하고 있고 또한 하느님의 은총을 전해주는 땅을 또한 존중해야 함을 안다. 그것이 바로 개인뿐 아니라 교회로서의 그리스도인이 세상 속에서 살고 행동하는 것을 평가하는 기준이라고 그는 말한다.

정교. 그것은 역사의 때가 묻어 있는 증언, 그럼에도 분열되지 않은 하나의 교회에 대한 위대한 증언, 그리고 하나이고 다양한, 성 삼위 하느님의 형상으로서의, 나뉘지 않은 교회로의 호소이다.

사명은 막대하다. 그리고 그도 잘 알고 있듯이, 그것은 위험이 없을 수 없다. 바르톨로메오스 1세. 그는 "영광과 심연 사이에" 서 있다. 그를 경탄해하는 한 친구는 이렇게 속삭인다. … 더 정확히 말해, 그는 "십자가와 부활 사이에." 서 있다.[10]

총대주교의 하루

총대주교 바르톨로메오스는 외국 방문, 다양한 회의, 혹은 초대받은 다양한 행사들에, 종종 다른 사람들을 초대하여 함께 동행토록 하는 영예를 누리게 해주길 좋아한다. 총대주교는 인터뷰 요청이나 원고 청탁이 있을 때, 자신의 사무실에 방문객들을 초대하곤 한다. 사람들의 말에 의하면, 안식하신 총대주교 아테나고라스는 매일 저녁, 잠자기 전 석후과를 준비할 때, 낮에 있었던 문제들을 상징적으로 집무실 책상의 작은 서랍 안에 잠가버리는 습관이 있었다고 한다. 총대주교 바르톨로메오스는 매우 인상적인 방법으로 밤낮 그 문제들을 신경 쓰고 해결하고

---

10 O. Clément, *La vérité vous rendra libre. Entretiens avec le Patriarche oecuménique Bartholomée Ier*, Paris, J.-C. Lattès-DDB, 1996, p. 73-76.

자 하면서, 차라리 자신의 마음 안에 그것들을 넣어두고 잠그는 것 같다. 그의 집무실에 있는 이콘들 중 하나는 초대 교회의 한 순교자인 성 이쁘모니(ὑπομονή, 그리스 말로 '인내'라는 뜻) 이콘이다.

내가 겪은 가장 감동적인 경험들 중 하나는 파나르 집무실에서 일하고 있던 그를 한 나절 내내 관찰한 것이었다. 나는 평소처럼 고문서들을 뒤지며 교회의 다양한 문서들을 준비하는 일을 도와주고 있었다. 그런데 총대주교는 내가 그의 생애에 관한 글을 준비하기 위해 그를 관찰하고 있다는 것을 조금도 알아채지 못했다. 그러므로 아래의 글은 2005년 1월 어느 비오는 겨울 날 그의 하루 일정에 대한 솔직한 묘사이다.

그것은 열정적으로 일하는 총대주교의 전형적인 하루 일과였다. 평소와 조금도 다를 바 없었고, 특별한 일도 없었으며, 그 어떤 극적인 일도 일어나지 않았다. 그럼에도 점점 더 분명해진 것은 전 세계가 지역과 밀접하게 연결되는 방식, 보편적인 것이 하나의 주교구에 명백하게 반영되는 방식, 에큐메니칼한 것이 의심할 바 없이 세계총대주교 바르톨로메오스의 사목적 직무와 결합되는 방식이었다. 그의 하루가 어떻게 지나가는지 보자.

- 총대주교는 성 요르고스 총대주교청 대성당에서 조과와 신성한 성찬예배에 참여했다. 콘스탄티노플에 있을 때, 그는 항상 8시 아침 예식에 참여한다.

- 성찬 예배에 이어서 방문객들, 발칸지역에서 온 학생들을 영접했다. 총대주교 홀에 들어선 그들에게 총대주교는 공식적인 환영의 인사를 전하셨고, 그들 각자는 한 사

람 한 사람 홀에 들어서며 개인적으로 총대주교와 인사를 나눴다.

- 총대주교는 집무실로 물러나 숙고하고 결정해야 할 일들을 처리했다. 또 성직자와 평신도들을 맞이했다. 뿐만 아니라 총대주교 개인뿐 아니라 비서들이 서신들의 구술, 준비, 검토, 날인 등을 위해 분주하게 오갔다. 총대주교는 그에게 온 편지나 문서 하나하나를 일일이 다 읽고 비서들이 준비한 답장들도 꼼꼼하게 챙겼다. "서신과 관련된 일은 가장 작은 일이다"라고 그는 말했다.

- 점심은 그에게 많은 휴식 시간을 주진 않았다. 그때도 지역 주교들, 외국에서 온 주교들, 또 미리 약속이 정해진 평신도 고위 인사들을 만나야 했기 때문이다. 그들 중 어떤 이들은 식사 후 개인적으로 총대주교를 만났다.

- 오후에 총대주교는 '가난한 자들의 작은 자매회'가 설립하고 운영하는 양로원을 방문했다. 수녀들과 프랑스어, 영어로 대화를 나눈 뒤, 총대주교는 나머지 시간을 대다수가 무슬림인 양로원 노인들과 터키어로 대화를 하며 보냈다. 터키인, 아르메니아인, 슬라브인, 그리스인들이 있었다. 그리스인 노인들은 언제나 개인적인 요청들이 있었다. 멀리 있는 친척들에게 보낼 메시지가 있다든지, 친구에게 안부를 전해야 할 일이 있다든지. 그날 저녁 한 나이 든 부인이 다가와 그 지역에서 열리는 음악회 입장권을 얻을 수 없었다며 불평을 늘어놓았다. 총대주교는 수행하던 주교의 핸드폰으로 또 다른 주교에게 전화를 걸어 입장권을 예약하고 개인적으로 음악회에 같이 동행해 줄 것을 주문했다.

- 다음 약속 장소를 향해 가던 중, 총대주교는 교회와 관련된 일반적인 주제들뿐만 아니라 전쟁, 환경 등 세계적인 범위의 문제들에 관한 인터뷰를 요청했던 언론기자와 만나기 위해 멈췄다. 인터뷰는 기사화될 예정이었다.

- 이어서 규칙적으로 방문하곤 하는 한 병든 대주교의 집에 멈췄고, 또 얼마 전에 결혼을 한 총대주교청의 젊은 무슬림 고용인의 집에서도 멈췄다. 이 방문들은 짧은 것이었지만, 조금도 서두르지 않았다.

- 파나르의 집무실에서든, 집무동 뒤쪽에 있는 소성당에서든, 집에서든, 총대주교는 언제나 하루 일과를 석후과로 마무리했다.

미리 계획된 약속이든 방문이든 총대주교는 그가 가진 시간을 매우 관대하게 사용하였다. 누구도 서두르는 인상을 받지 않았다. 국제회의도, 국회에서의 강연도, 공식 외국 방문도 없었던, 이 습관적인 일과를 상상하는 것이 어떻게 가능하겠는가? 하지만 가장 인상 깊었던 것은, 그 자체로 꽤나 예외적이고 특별했던 이 하루의 평범한 일정만큼이나 많은 사람들과의 인격적 만남이었고, 총대주교로 하여금 현실 속에 겸손하게 닻을 내리게 해주는 다양한 그룹들과의 사목적 만남이었다.

참고 문헌

ANASTASIOS, archbishop (Yannoulatos), *Facing the World : Orthodox Christian Essays on Global Concerns,* Crestwood, N.Y. : St. Vladimir's Seminary Press, 2003.

BOULGAKOV, Serge, *L'Orthodoxie,* Lausanne : L'Age d'homme, 1980.

CHRYSSAVGIS, John, *Light Through Darkness : The Orthodox Tradition,* Maryknoll, N.Y. : Orbis Books, 2004.

CLEMENT, Olivier, *La vérité vous rendra libre. Entretiens avec le Patriarche oecuménique Bartholomée Ier*, Paris : J.-C. Lattès-DDB, 1996.

GEANAKOPLOS, Deno, *A Short History of the Ecumenical Patriarchate of Constantinople (330-1990) : "First Among Equals" in the Eastern Orthodox Church*, Brookline, Mass. : Holy Cross Orthodox Press, 1990.

ISTAVRIDIS, Vasil, *History of the Ecumenical Patriarchate : Bibliography*, vol. 2 (préface en grec ; sources en grec et en anglais), Thessaloniki : Kyriakidis, 2004.

MAXIMOS, métropolite de Sardes, *Le Patriarcat oecuménique dans l'Eglise orthodoxe, Etude historique et canonique* (Théologie historique 32), Paris : Beauchesne, 1975.

MEYENDORFF, John, *The Orthodox Church : Its Past and Its Role in the World Today*, Crestwood, N.Y. : St. Vladimir's Seminary Press, 1981.

PALIOURAS, Athanasios ed., *Oecumenical Patriarcate : The Great Church of Christ* (collected essays in Greek), Athens : E. Tzaphere, 1989.

PELIKAN, Jaroslav, *The Christian Tradition. A History of the Development of Doctrine*. (5 vols), Chicago : University of Chicago Press, 1971-89.

RUNCIMAN, Steven, *The Fall of Constantinople, 1453*. Cambridge, U.K. : Cambridge University Press, 1990.

_____ , *The Great Church in Captivity : A Study of the Patriarchate of Constantinople from the Eve of the Turkish Conquest to the War of Independence*, London : Cambridge University Press, 1968.

SCHMEMANN, Alexander, *For the Life of the World:Sacraments and Orthodoxy*, Crestwood, N.Y. : St. Vladimir's Seminary Press, 1973.

WALKER, Andrew and COSTA, Carras eds., *Living Orthodoxy in the Modern World*, Crestwood, New York : St. Vladimir's Seminary Press, 2000.

WARE, Kallistos (Metropolitan of Diokleia), *The Orthodox Church*, 2nd rev. ed. London : Penguin Books, 1993.

ZIZIOULAS, John (Metropolitan of Pergamon), *Being as Communion. Studies in Personhood and the Church*, Crestwood, New York : St. Vladimir's Seminary Press, 1985.

신비와의 만남 현대 세계와 정교회 신앙

초판 2쇄 인쇄	2019년 12월 20일
초판 2쇄 발행	2019년 12월 20일
지 은 이	바르톨로메오스 세계총대주교
옮 긴 이	박노양 그레고리오스
펴 낸 이	조성암 암브로시오스 대주교
펴 낸 곳	정교회출판사
출 판 등 록	제313-2010-5호
주 소	서울시 마포구 마포대로18길 43
전 화	02-364-7020
팩 스	02-6354-0092
홈 페 이 지	www.philokalia.co.kr
이 메 일	orthodoxeditions@gmail.com

ISBN 978-89-92941-53-2 03230
정가 22,000원

* 잘못된 책은 바꿔드립니다.

이 책의 한국어판 저작권은 정교회 세계대주교청과 독점계약한 정교회출판사에 있습니다.
저작권법에 의해 한국 내에서 보호를 받는 저작물이므로 무단 전재 및 무단 복제를 금합니다.

이 도서의 국립중앙도서관 출판예정도서목록(CIP)은
서지정보유통지원시스템 홈페이지(http://seoji.nl.go.kr)와
국가자료종합목록시스템(http://www.nl.go.kr/kolisnet)에서 이용하실 수 있습니다.
(CIP제어번호 : CIP2018036574)